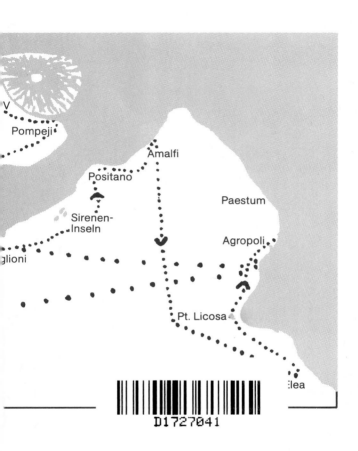

V

Pompeji

Amalfi

Positano

Paestum

Sirenen-
Inseln

Agropoli

glioni

Pt. Licosa

Elea

D1727041

STEENKEN

»KLEINE LIEBE«
ZU ALTEN RÖMERN

HELMUTH STEENKEN

»Kleine Liebe«
zu alten Römern

SEGELN UNTERM VESUV

DIE BRIGANTINE

KOEHLER   HERFORD

Steenken, Helmuth, Dr.
»Kleine Liebe« zu alten Römern
Segeln unterm Vesuv
1. Auflage 1980, 360 Seiten

ISBN 3 7822 0243 0

Schutzumschlag und Innentitelgestaltung
sowie Vignetten:
Martin Andersch, Hamburg
Satz: Maschinensetzerei Janß, Pfungstadt
Druck und Binderei: May & Co., Darmstadt
Printed in Germany

INHALT

VORWORT

Das Jahr 1980 wurde weltweit zum »Jahr der Küste« proklamiert. An den Küsten entstand das Leben, Küsten sind Wiegen der Kultur.

Dies Buch ist ein Küsten-Kultur-Führer über Kampanien, eine der alten Regionen Europas. Sie suchen vielleicht den Duft der großen Welt darin: Bars und Bäder gibts dort natürlich wie überall und irgendwo. Wir suchten sie nicht, suchten nicht nur Winckelmanns oder Goethes Antike, wollten nicht Neapel sehen und sterben. Wir folgten nicht jenen Millionen an der Hand fremder Führer in den Schuhen vergangener Eliten. Doch ist auch unser Blick auf den Vesuv vollgestellt mit Bildungsmöbeln. Das ist keine Frage, und es ist auch nicht schlimm, daß es so ist. Schlimm wäre nur, es zu vertuschen. Es gibt kein Zurück zum Ursprung. Cicero, Marx und Munthe sind wir selbst.

Wir also suchten uns, suchten unsere Welt mit der KLEINEN LIEBE auf dem großen Gedankenstrich zwischen Vergangenheit und Gegenwart. Wir fanden sie in Kampanien unter dem Vesuv. Wir fanden uns unter abgelagerter Geschichte, auf einem der sieben Hügel

Europas, zwischen Neapolitanern, Spaniern, Sarazenen, Griechen, Römern. Wir fanden das Europa der
Regionen. Europa, das aus seinen Regionen wuchs, an
seinen Nationen stirbt, zerrissen im Haß der Klassen
und Generationen, entdeckt heute seine Regionen
wieder. Dort ist noch Tuchfühlung, überwintert Mit-
menschlichkeit, wurzelt Kindheit und Geschichte,
wächst Zukunft. Eine Hoffnung geht um in Europa.
Neapolitaner und Mazedonen, Bayern und Böhmen,
Korsen und Katalanen haben einen Traum von etwas,
worin sie einmal waren: Heimat Europa.
Wir reisten mit Kind und Segel. Sie werden es anders
machen. Reisen sind wie die Kugel des Parmenides:
Nie erreichen wir die Wirklichkeit ganz, ob wir zu
Fuß, zu Rad, zu Schiff, zu Pferde, im Zelt, im Wohn-
wagen, mit Kindern, Enkeln, zu Römern oder Griechen im Dutzend oder billiger reisen.
Die KLEINE LIEBE ist ein Siebenmeterschiff, klein genug für den kleinsten Hafen. In den siebziger Jahren
segelte sie im Siebenmeilenabstand um Italiens Stiefel
zu den Küsten unterm Vesuv, am Ätna vorbei, um
Malta herum zum schönen Untergang Venedigs. Die
Besatzung, eine Familie, fand dabei an den Schauplätzen der Geschichte sich selber.

FÜNFZEHN FENSTER ZUM SÜDEN

1 Die beste aller Welten ist die FAMILIE. Ohne sie werden Staaten zu Räuberbanden. Sie ist das Tor zum Herzen des Südens.

2 Fahre nie eine Nummer zu groß in den Süden. Du brauchst dort FREUNDE.

3 Es kommt nicht darauf an, was du sagst, SONDERN WIE.

4 Verwechsle SAUBERKEIT nicht mit Moral.

5 Der Süden ist nicht Schwarz oder Rot, sondern BUNT.

6 Sie LEBEN laut, aber sie LIEBEN leise.

7 UNPÜNKTLICHKEIT zeigt dir, wer auf wen zu warten hat.

8 Überflüssiger KRAFTAUFWAND ist Dummheit.

9 Nicht jeder, der sich an der Wand den Rücken scheuert ist ARBEITSLOS und möchte mit uns tauschen.

10 Wenn du die anderen für DIEBE hältst, handeln sie danach. Wenn nicht, tröste dich: In dreitausend Jahren sind sie nie reich dabei geworden.

11 Wer REICH ist, wird beneidet, wer ARM tut, verachtet.

12 GELD schafft Gleichheit zwischen Ungleichen.

13 Der STAAT sind die Andern, NATUR wird ausgebeutet.

14 Der Süden ist immer geöffnet. Die NACHT ist die Stunde seiner Liebhaber.

15 Du kannst den Süden nicht ändern, vielleicht ändert er dich. Fahr hin, bevor es ZU SPÄT IST.

NEAPEL,
Versuch einer Ankunft

Im Norden stand noch auf den Schildern: Caduta sassi, Steinschlag. Seit Stunden hatte sich das geändert, wir waren im Süden: Caduta massi. Nolens volens, da sind wir! sprach Vater, die Karte in der Hand, als wir die Autostrada del sole beim Schild Napoli Centro verlassen hatten. Habemus Napoli. Mutter hielt den Wagen an, bekam einen Kuß, eine geschälte Apfelsine, und Vater setzte sich ans Steuer. Nein, er stieg noch einmal aus, umschritt die KLEINE LIEBE sieben Meter hin, stellte sich auf Zehenspitzen, strich dem Sybillenschiff über das staubige Deck, sieben Meter zurück und ließ sich hinter das Steuer fallen. Er reichte die Straßenkarte von Neapel nach hinten. Nico wollte nicht, Mona wollte nicht, nur Uli griff zu. Du kannst lesen? erkundigte sich Nico. In dem folgenden Handgemenge kam die Karte geknickt wieder nach vorne. Nachdem Mutter sie geglättet hatte, gab sie die Parole aus: Richtung Albergo dei Poveri. Es ging los.
Was ist Albergo Po...? wollte Uli wissen. Italienisch, sagte Nico, ich denke du kannst...Laß ihn, sagte Mona, paß lieber mit auf. Albergo dei Poveri heißt

11

Armenhaus, erklärte Mutter. Ist heute ein Kranken-haus, wußte Vater. Kollegen besuchen? befürchtete Uli. Nein, wir haben Ferien, bestimmte Mutter.

Nach drei Kreuzungen endete die Straße, und wir mußten uns für Rechts- oder Linksabbiegen entschei-den. Das einzige Schild zeigte in die Richtung, aus der wir kamen, darauf stand: Caserta. Wir müssen wieder um, meinte Mutter. Aber aus Richtung Caserta kom-men wir doch! Mutter drehte die Karte um. Vater war sicher: Die Grundrichtung zum Hafen ist Südwest, das ist da, wo jetzt die Sonne steht, also müssen wir gera-deaus. Gut, sagte Mona, geradeaus steht ›Latteria‹, dann gehe ich da mal klingeln. Vater stieg aus und ging in das Geschäft. Er kam mit einem Liter Milch und der Familie zurück: Sie haben es nicht geglaubt, daß wir zur Albergo dei Poveri wollten. Die Latteria-Familie untersuchte den Straßenkreuzer. Che bella barca a vela! Sie gaben uns noch einen Liter Milch. Zum Hafen wäre es noch weit. Es war nun siebzehn Uhr, um acht-zehn Uhr ging die Fähre nach Ischia.

Ich will jetzt keine Milch, sagte Vater und setzte die Siebenmetersybille zurück. Die Milch ist Klasse, sagte Uli, soll ich dich rangieren? Das machte schon die Milchfamilie. Ein Sohn lief voraus und zeigte den Weg, zwei fuhren hinten auf dem Trailer mit. Die Signora rief: Mauro, subito, Laura, vene qua! Aber erst als ihre Mama außer Sicht war, sprangen sie ab.

Ich fahre jetzt nach der Himmelsrichtung, sagte Vater, Fragen ist Unsinn. Gut, sagte Mutter und legte die Karte weg, die kleineren Straßen stehen sowieso nicht drin. Die Straßen wurden größer, der Verkehr dichter und zwölf mal zwei Meter wollten manövriert werden.

Die hinteren drei Meter waren unberechenbar wie abgestorbene Füße. Viele Wagen ließen sich überholen, wegen der barca, drehten die Scheiben herunter und faßten sie an. Dann gaben sie wieder Gas und winkten. Einer setzte sich vor uns und machte Zeichen. Mutter war sicher, daß er uns zum Hafen lotsen wollte. Aber an der nächsten Kreuzung verloren wir ihn oder er uns. Mittlerweile drückten wir uns in einen länglichen Platz. Von allen Seiten strömten die Autos zu Dreier-, Vierer-, Fünferreihen, bis sie sich verkeilt hatten wie junge Dackel in einer Wurfkiste. Rechterhand begrenzte ein mächtiger gelber Bau den Platz. Wir schlichen an ihm entlang. Er hörte gar nicht auf, dreihundert Meter, vierhundert? In den neapelgelben Leib waren Fenster eingehauen wie mit dem Maschinengewehr geschossen, hunderte, sechs Geschosse übereinander, ohne Verzierungen, ungegliedert, trocken wie ein Schlagzeugsolo. In der Mitte des Stückes kam der Verkehr zum Erliegen. Es war halb sechs.

Die Werft! sagte Vater, es muß die Werft sein, dahinter kommt der Hafen. Dies löste freudige Überraschung aus. Uli sah Schiffsmasten, für Nico blieben es Fernsehantennen, Mutter sorge sich um einen Platz auf der Fähre und Mona zog Schuhe an. Wir standen. Ein Hupkonzert begann, endete und begann wieder. Unbeirrt wechselten die Ampeln ihre Farbe. Das einzige, das weiter kam, war die Zeit. Viele stiegen aus, steckten sich Zigaretten an, beklopften SYBILLE und buchstabierten: SYBILLE, KLEINE LIEBE. Unser Nachbar entpuppte sich als Deutscher aus Düsseldorf. Er klopfte an unsere Scheibe, um zu fragen, ob wir auch hier wären. Könnten Sie uns vorlassen? fragte Mutter, wir müssen um sechs auf der Fähre sein. Fähre? fragte er und sah sich um. Ja, Fähre! drängte Mutter. Aber bitte sehr, sagte der Düssel. Uli trank Milch. Der gelbe Koloß neben uns strahlte Ruhe aus. Mona schätzte, daß der soviel Fenster hätte wie der Platz Autos. Da kam plötzlich Leben in die Wurfkiste. Die Hupkonzerte brachen ab und wieder begann der Kampf um die Zentimeter. Bei der letzten Ampel kamen wir mit dem letzten Grün auf die Kreuzung. Aber nur mit dem Auto. Unseren Anhänger erwischte das nächste Rot und schon stand er quer zur Meute. Der Gegenstrom wälzte sich gegen das Schiff. Noch stand es wie ein Fels in der Brandung. Vater wollte aussteigen, vielleicht, um durch Leibdeckung etwas zu retten, aber da kam schon dieser unvergeßlich kreischend-kratzige Ton von hinten, der einen sofort mutlos machte. Wir saßen stumm und sahen uns nicht einmal um. Es mußte bei Meter elf oder zwölf passiert sein. Wir fühlten förmlich den Wassereinbruch. Die Situation war da, vor der man uns daheim so gewarnt hatte. Wir saßen und hatten schon das Gesetz des Handelns verloren. Die Türen wurden aufgerissen. Aus Händen, Füßen und Mäulern stießen Stakkati und mähten uns nieder, wir wurden akustisch vernichtet.

Als erster ermannte sich Valter. Er hatte den Wassereinbruch geschluckt. Die Werft war nahe. Gut. Aber etwas brachte ihn auf die Palme. Da war man tagelang mit drei Kindern aus dem Norden hierher gefahren, und da fährt einem einer ins Schiff am Ende des Anfangs des Urlaubs – und schreit nur über seinen eigenen Verlust. Vater ballte die Fäuste. Er kam hoch. Mutter hatte es kommen sehen, sie packte seinen Arm. Sieh

doch erst mal in Ruhe nach, bat sie. Vater brüllte, das Kinn auf die Brust gedrückt, die Fäuste in die Hüfte gestemmt. Er schaffte sich Platz. Die Familie sprang aus dem Auto und versuchte, ihn zurückzuhalten. Es kam hier nicht darauf an, was er sagte, sondern wie. Die Menge wich auseinander, die meisten flüchteten. Ohne Vater wäre es jetzt ganz ruhig gewesen. Aber nun hatte er seinen Auftritt. Doch nur bis Meter zwölf, da stockte er: Der Anblick verschlug ihm die Sprache. Ein kleiner Fiat stand unter dem Heck der SYBILLE. Sicher war er vorher nicht so klein gewesen. Er mußte wohl mit dem letzten Grün versucht haben, unter unserem Heck hindurchzuschlüpfen, und dabei hatte er den Bolzen der Ruderaufhängung nicht gesehen.
Das Haar des jungen Neapolitaners war gescheitelt unter dem aufgeschlitzten Dach, und seine bleiche Amica versuchte, die ursprünglichen Locken wiederherzustellen. Er hatte die ganze Zeit ruhig dagesessen und geradeaus gestarrt. Bei uns am Schiff war überhaupt nichts passiert. Vaters Auftritt brach wie ein Kartenhaus zusammen. Er kroch in den Fiat und bot seine Dienste an. –
Später, als wir alle unter einer Palme am Straßenrand saßen und Lacrimae Cristi tranken – es war inzwischen neunzehn Uhr –, erfuhren wir, daß hinter dem gelben Koloß nicht schon der Golf von Neapel, sondern erst Neapels Innenstadt begann. Bis zum Hafen waren es noch zwei Kilometer. Der gelbe Koloß war auch nicht die Werft, sondern die Albergo dei Poveri, die wir gesucht hatten. Wir armen Irren. Endlich kam die Polizei und fertigte ein Protokoll an.
Fahren Sie mit uns nach Caserta, sagte Mario, nach

Ischia kommen Sie sowieso nicht mehr. Es stellte sich heraus, daß sein Vater Schloßkommandant von Caserta war, wenn wir ihn richtig verstanden. Nach Caserta, sagte Mutter begeistert, wollte ich doch vorhin schon. Es sind nur zwanzig Kilometer, flötete die Amica. Sie stieg zu uns in den Wagen, Nico zu Mario und wir kreuzten zurück nach Caserta. Bleibt morgen dort und versucht, übermorgen durchzukommen, sagte Mario und Amica lächelte uns an. Schöne Menschen. E vero. Sie studierte an der Scuola di Belle Arti.

CASERTA,
mit dem König geschlafen

Mit der letzten Sonne im Rücken liefen wir in Caserta ein. Versailles, erklärte die reizende Amica, die vorne neben Vater saß, Versailles und der Escorial seien die Eltern Casertas. Darin hätten Ludwig, Philipp und Ferdinand, Europas Sonnenkönige, auf der perfettissima monarchia gethront, oder so ähnlich. Vater tat so, als ob er alles verstünde. Der vierzehnte Ludwig habe in seinem goldenen Versailleskäfig die ganzen Padroni eingesperrt und sie dort um Frauen feilschen lassen. So hätten er und das Volk Ruhe gehabt. Die Bourbonen Neapels bauten in Caserta ein neues Rom mit Parlament, Ministerien, Staatsbibliothek, Universität, Kirche, Theater, Sternwarte und Museum, alles unter einem Dach. Von all dem blieb das Museum und Marios Vater als Schloßkommandant. Vater wurde nun alles klar: Amica war die Schwiegertochter der letzten Bourbonen. Die Prinzessin lachte und meinte, sie müsse erstmal ihr Examen schaffen.

Als wir auf den Schloßplatz rollten, wurde es still im Wagen. Wir konnten nicht wie König Ferdinand am Lineal der Straße Neapel – Caserta entlang in das Schloß fahren, einmal weil die Eisenbahn in Italien immer solche Pläne durchkreuzt, und dann auch, weil Ferdinand das Schloßtor nicht für ein Giraffenschiff wie die KLEINE LIEBE gemacht hatte. So fuhr nur Mario mit dem geschlitzten Fiat hinein.

Wir hielten auf dem riesigen Vorplatz und stiegen aus. Tausend Fenster sahen uns an. 1741 sind es, sagte Amica und ließ uns Zeit. Die tiefe Sonne bemalte zweihundertfünfzig mal vierzig Meter unverputzte Wand, und die sagte: Bleib mir vom Leib. Eroica klang aus den Steinen. Vater fand so recht keine Worte und blätterte im Kunstführer. Schweigen und Staunen, kalte Faszination. Mutter dachte an die Albergo dei Poveri, aber an das Armenhaus wollte keiner erinnert werden. Es war noch nüchterner. Vater las: Der erste Bourbonenkönig baute die Albergo dei Poveri und gleichzeitig das Schloß Caserta. Die Architekten Fuga und Vanvitelli hielten ängstlich ihre Pläne voreinander geheim und beschwindelten sich gegenseitig über ihre Größe. Schließlich gewannen beide: Fugas Armenhaus wurde größer, Vanvitellis Caserta teurer. Und während Europa Rokoko spielte, erschien hier die moderne Zeit mit ihrem geheimnislosen nackten Verstand. Caserta, ein Genie der Prosa. Das war's. Caserta, zeremonielle Anstrengung der Willenskraft. Mona wunderte sich, daß zwei verfeindete Architekten zwei so verschiedene Bauten wie Armenhaus und Königshaus am Ende so ähnlich machten. Das wundert mich gar nicht, sagte Uli, Haus ist Haus. Aber die Armen sind keine Könige, belehrte ihn Nico. Uli rechnete. Doch, sagte er, beide haben fünf Buchstaben. Er hatte die Mengenlehre. Unser Schlau meiert, sagte Nico, und so endete es mit Füßetreten.

Da kamen aus dem Schloßtor Mario und ein Mann mit Schirmmütze. Seine Beine deuteten auf reiterliche Vorfahren. Er hob die Arme und mit den Mundwinkeln die Backen und hieß uns willkommen. Auf seiner Schirmmütze stand »Caserta«. Er überreichte jedem von uns eine Eintrittskarte und sagte, es sei schon geschlossen. Das ist Padre, sagte Mario. Wir begrüßten uns.

Dann zeigte Mario seinem Vater den Bolzen am Heck der KLEINEN LIEBE, rangierte den Fiat heran und erklärte mit Körpereinsatz, wie die Deutschen über ihn gekommen waren. Ich wette, sagte Nico, er überzeugt den Alten, daß nicht er unter uns, sondern wir über ihn gefahren sind. Padre blickte ernst, kaute seine Unterlippe und schaukelte den Kopf hin und her. Dann prüfte er den Durchmesser des Bolzens und des geschlitzten Daches mit dem Daumen und dann war er überzeugt. Er holte Luft und kam langsam auf uns zu. Irgendwie hatten wir das Gefühl, von Mario nach Caserta apportiert worden zu sein, um Padre zu Füßen gelegt zu werden. Der kam also auf uns zu. Er war zwar klein, aber bäuerlich kräftig, die Augen blitzten finster unter dem Schirm seiner Mütze. Mario lief hinter ihm her und hielt ihn am Arm fest. Die Tedeschi sind meine Freunde, rief er, sie haben ihre Freundschaft angeboten. Es ist alles in Ordnung. Frag sie selber. Mutter bestätigte, daß wir gute Freunde seien und daß wir auch mit Padre Freundschaft schließen wollten.

Da blieb Padre stehen, streifte den Arm seines Sohnes ab und verwandelte sich, zunächst im Gesicht. Es verzog sich von längsoval zu queroval, die Augen wurden rund, der Mund breit, der Hals lang, überhaupt wurde er größer. Er breitete die Arme aus, die Zähne blitzten. Zuerst kam Mutter dran, dann Mona, Uli, Nico und zum Schluß Vater. Die klopften sich gegenseitig auf den Rücken. Dann sagte er zu seinem Sohn: Ich kenne die Deutschen, sie sind Ehrenmänner, ich habe ihre Generale gesehen, als sie am 29. April 1945 hierher ins Alliierte Hauptquartier kamen, um zu kapitulieren: Galantuomi! – Ich weiß, Vater, ich weiß, sagte Mario, ich hole jetzt Mamma. Vater gab ihm unseren Autoschlüssel, damit er Mamma holen konnte, und Mario verteilte den Rest der Lacrimae Cristi. Irgendwie waren wir alle glücklich.

Wir folgten Padre, der uns zum Schloßtor winkte. Der riesige Platz um uns und dann das gewaltige Tor über uns machte uns klein wie Gulliver bei den Riesen. Das sollte wohl so sein. Im Vestibül fühlte Mutter sich zwischen all den Säulen und Bogen wie ein Dackel, wenn die Ampel grün zeigt. Uli empfand das nicht so; er lief durch den Mittelteil des Riesenbaus, der so tief wie lang war. Avanti, rief Padre und freute sich. Die Tritte dröhnten und Uli kurvte um die Säulenpakete, bis er in der Ferne ein Punkt wurde. Dort sah man in den Schloßpark, der in einem fernen Wasserfall endete, den die letzten Sonnenstrahlen röteten. Rechts und links von uns tauchten beim Durchgehen Höfe und Flügel auf und verschwanden wieder. Das Schloß war nicht zum Ansehen, sondern zum Durchgehen. Das Genie der Prosa war gar nicht so nüchtern, sondern aufregend wie eine Achterbahn. Wir freuten uns schon darauf, morgen mit dem Auto durchzufahren. Padre zeigte nach oben in die mächtigen Gewölbe: Da wohnte der König. Ach ja, den hatten wir ganz vergessen.

Es wurde dunkel. Wir gingen wieder zurück und Mutter lud alle ein, in der SYBILLE zu speisen. Die Heckleiter wurde ausgeklappt, Stützen angebracht, der Mast, der über dem Ganzen lag, an die Seite gezurrt, so daß schließlich alle neune vorsichtig in Kajüte und Cockpit Platz hatten. Mamma war reizend. Sie brutzelte mit Mutter die Ravioli. Mario brachte Brot und Vater besorgte Wein. Da saßen wir über den vielen Leuten, die von unten zuschauten, auf dem großen Platz vor dem Schloß, das unten schon grau war, dessen Dach aber noch gelb und rot leuchtete. Padre reichte manchmal die Weinflasche nach unten, wenn ein Bekannter nach ihm rief. Als wir eine Dose Bonbon heruntergeben wollten, nahm er sie an sich und warf gelegentlich einen runter, mal nach rechts, mal nach links, unberechenbar. Die Gespräche wurden lebhaft. Bald warf Padre General Eisenhower, Feldmarschall Kesselring und König Ferdinand durcheinander, so daß Mamma ihm die Flasche wegnahm und »basta!« sagte. Ferdinando, sagte Padre, war einer von uns. Er setzte seine Caserta auf. Jetzt kam der Schloßführer in ihm zum Vorschein. Da hat ihm dieser Vanvitelli, dieser Holländer (er hieß eigentlich van Wittel), in der Mitte des Schlosses Prunkgemächer gebaut, damit er sich erhaben über uns fühlen sollte, aber er ist gar nicht reingegangen. Ich hab mal drin geschlafen. Mamma hat es gleich gemerkt und gesagt: Du riechst nicht mehr wie sonst, geh weg! Kann man noch in diese Räume hinein? fragte Vater. Ich kann, sagte Padre. Aber für uns ist es sicher verboten? Ich könnte es erlauben.

Vater trank einen langen Schluck Lacrimae und reichte die Flasche Padre: Ich würde zu gern heute nacht dort schlafen. Padre kratzte sich unter der Mütze. Mamma sagte: Du kommst mit nach Hause. Da entschied Padre: Ich mache es möglich. Du schläfst heute nacht mit Deiner Frau im Piano reale!

Gott, war das aufregend! Mario und Amica wollten bei den Kindern auf der SYBILLE bleiben. Wir verteilten die Kojen. Die Eltern nahmen ihren Schlafsack und kletterten mit Padre außenbords. Vergeßt nicht das Zähneputzen, rief Uli. Brauchen Könige nicht, rief Vater und verschwand im Dunkeln. Padre führte uns durch einen Nebeneingang. Wir tasteten an der Wand entlang bis zum Raum der Custoden, wo Padre Kerzen aus einem Schrank holte. Er nahm eine, wir jeder zwei, und dann ging es los. Zwischen den Pfeilern des Vestibüls begann ein gewaltiges Palasttreppenhaus. Der jähe Wechsel zwischen Durchblicken ins Schwarze, Pfeilern, Marmorplatten in stürzenden Mustern und unübersehbaren Raumhöhen erinnerte an Piranesis »Carceri«. Das Wachs tropfte auf unsere Finger. Das Echo unserer Tritte kam aus allen Richtungen. Über uns ahnte man die Kuppel. Wir hatten das obere Vestibül erreicht und standen nun still in der Mitte des Schlosses. Aller Marmor des Königreichs beider Sizilien war um uns. Waren wir über oder unter der Erde? Padre zog uns durch ein Tor: Appartement des Königs, flüsterte er. Rechts daneben war das der Königin. Morgen früh um sechs komme ich, Buona notte!

Wir sahen ihm nach, stellten die Kerzen vor die Säulen und warteten, bis wir ihn nicht mehr hörten. Die Türen zu den königlichen Gemächern schlossen wir wieder. Es zog uns zurück in den Mittelpunkt, den Nabel des Schlosses, um den es sich dreht und in dem es ruht wie das Auge des Taifun. Vater legte eine Decke in die Mitte der Königshalle und streckte sich aus. Mutter kauerte sich daneben. Die Kerzen brannten ganz ruhig, aber ihr Lichtraum hatte nur menschliches Maß. Unter uns ist es so hohl, flüsterte Mutter. Unter uns flutete das Volk von Neapel. Die Kuppel über uns ist wie eine Krone, meinte sie und dann rief sie: Fledermäuse! Ob es wirklich welche waren, blieb im Dunkel.

Dann krochen beide in die Decke und spürten die Kälte des entflohenen Lebens im Schloß. Merkwürdig, daß die Mitte des Schlosses leer ist, sagte Mutter leise, hier hat sicher nie etwas gestanden. Das glaube ich auch, Ferdinando wohnte ja in den kleinen Räumen dahinten. Wie hieß eigentlich seine Frau? Caroline? Vielleicht gab es damals auch schon Fledermäuse? Mutter drehte sich zur Seite. Vater war noch auf der Suche nach der verlorenen Zeit, aber es kamen ihm keine königlichen Gedanken mehr. Denken an sie heißt nicht denken wie sie. Sind wir die ersten Menschen, die hier schlafen? fragte er. Mutter schlief bereits. Caroline, flüsterte er zärtlich und löschte die Kerzen. Die Nacht hielt ihr Scherbengericht und raubte den Denkmälern die Gegenwart.

Am anderen Morgen, bevor die Sonne aufging, füllte sich die Königskrone mit Licht und weckte uns. Je heller es schien, desto kleiner wurden wir in dem gewaltigen Raum. Nur die ionischen Säulen, die uns umstanden, behielten ihr menschliches Maß. Als das Licht bei uns angekommen war und uns am Boden berührte, standen wir auf und rollten unsere Decke zusammen. Dann irrten wir durch die Appartements und suchten ein Fenster zum Schloßplatz. Unversehens standen wir in der Riesennische über dem Hauptportal. Und da war es, daß er uns traf, der Caesarenwahn. Die Sonne hinter den Bergen des Schlosses legte uns das Land bis zum Golf zu Füßen. Wir standen an der uralten Küste des Golfes von Neapel zu Zeiten, als der Vesuv noch unter den Wassern schlief. Rechts im blauen Dunst die Insel Neapel, links in der roten Morgensonne der Vesuv. Unter uns im grauen Schatten des Schlosses stand die schlafende KLEINE LIEBE. Ein Platz für Könige. Spring, sagte jemand zu Vater, du kannst fliegen.

Da erschien Padre auf dem leeren Platz im Schatten des Schlosses. Eine kleine schwarze Drossel mit Caserta-mütze brachte die Realität zurück. Vater sprang nicht. Den Realschülern von heute wird kein Blitz mehr geschleudert.

Das Frühstück in der SYBILLE war himmlisch. Brot, Käse und Milch und aus der nächsten Bar Espresso. Ferdinand und Caroline wurden gebührend begrüßt. Die Fledermäuse waren das Frühstücksgespräch. Das andere ließ sich nicht in Worte fassen. Oder doch? Padre beugte sich grinsend zu Vater und erzählte, was Ferdinando am Morgen nach der Hochzeit über seine Caroline sagte: Dorme come un'ammazzata e suda come un porco, was heißt: Sie schläft wie erschlagen und schwitzt saumäßig. Im Blick auf Mona wechselte Padre rasch das Thema und fragte: Wißt ihr, was heute für ein Tag ist? Heute vor 222 Jahren war die Grundsteinlegung des Schlosses. Wir waren dabei, sagte er. Ein guter Custode hat das am Schnürchen, und so erzählte er, was auf dem Grundstein steht: Möge das Haus wie das Geschlecht der Bourbonen dauern, bis dieser Stein auffliegt aus eigener Kraft. Es kam zu einer physikalischen Diskussion. Uli wunderte sich über den Ausdruck »Geschlecht« der Bourbonen, Nico über den fliegenden Stein und Mario über die Bourbonen. Zum Schluß wunderten sich alle über gar nichts mehr.

Es klopfte an der Bordwand. Ein junger Mann stand unten. Das ist Enrico, sagte Mario. Er mag Deutsche, besonders Marx, sagte Amica. Wir luden Enrico ein, uns bei der Besichtigung zu begleiten. Wir stiegen alle in unseren Wagen und genossen die Durchfahrt durch das Schloß wie einen Film. Nur waren wir nicht die Zuschauer, sondern führten Regie. Wir ließen die Kulissen schieben, die Beleuchtung wechseln, alles drehte sich um uns. Wir kamen, sahen und waren schon durch, ein Schloß für Bewegte. Keiner dachte an den König über uns. In Versailles, sagte Amica, steht man immer vor dem König. In Caserta hat jeder sein Reich für sich.

Am Ende der Durchfahrt stiegen wir aus. Wir waren im Schloßpark. Gegen die Morgensonne ahnten wir sein Ende nur. In der Ferne blitzte der künstliche Wasserfall Grande Cascata. Padre war am Zug: Aus einer Entfernung von über vierzig Kilometern hatte man das Wasser aus dem Taburno-Massiv hierher geleitet, ließ es durch den Schloßgarten schäumen und so mit Sauerstoff angereichert zur Versorgung Neapels fließen. Ferdinand, die Quelle. Das kostete mehr als das Schloß. Berge mußten durchbohrt, Täler fünfhundert Meter weit und fünfzig Meter hoch überbrückt wer-

den. Die Brückenpfeiler sitzen dreißig Meter im Stein.
Ist dies erstaunlich, so ist es unglaublich, daß Vanvitelli
beim Bau auf einen Vorgänger stieß: Eine römische
Anlage aus der Zeit Cäsars. Beim Bau eines Pfeilers
fand er die alten Fundamente. Daneben eine Grotte
mit Skeletten. Arbeits-Sklaven, sagte Enrico. E vero,
lachte Amica, die Knochen waren gezeichnet.

Wir gingen an den Bassins, Kaskaden und Brunnen
entlang, hinauf gegen das sprudelnde Wasser. Dann
bogen wir nach rechts und betraten den Englischen
Garten. Ein subtropisches Paradies, voll Ruhe und
Rückkehr zur Natur. Fast alle Bäume der Welt vertragen sich hier mit Säulen aus dem Serapistempel in Pozzuoli und aus Pompeji. Ein Schwanensee lag vor uns,
Steingärten, kleine schattige Brücken unter dem Im-
mergrün des Südens. Es war der Garten der Königin
Caroline. Ein Park für private Gefühle.

Es wird ihn nicht mehr lange geben, sagte Enrico, als
wir uns am Bagno di Venere im Ufergebüsch niederge-
lassen hatten. Der Staat ist zu arm für so etwas. Verkauft den Park doch an reiche Leute mit der Auflage,
ihn sonntags zu öffnen, meinte Vater. Doch da sagte
Enrico: Wir wollen nicht Reiche, Non ricchi, ma pari.
Basta. Wir sind doch alle gleich, versuchte es Mutter.
Vor Gott, sagte Vater, aber nicht vor Marx. Reiche
werden wir immer haben, sagte Padre. Nutzt das aus,
stimmte Vater zu. Amica wurde böse: Ricchi, ricchi!
rief sie Enrico zu. Warum haßt du sie? Sie schleuderte
ihre Haare aus dem Gesicht. Du bist neidisch! Weh
uns, wenn du einmal reich bist! Oh lala, rief Enrico
und sah ihr lachend in die schwarzen Augen, während
Mario sie küßte. Er liebte die Diktatur der Frauen.

Wer ist eigentlich reicher, fragte Uli seinen Vater, Enrico oder du? Enrico, denn er hat Neapel, den Vesuv und Caserta, er hat noch mehr Jahre zu leben und mehr Mädchen zu lieben als ich und wird einmal Parteisekretär. Viva Enrico ricco! rief Mario und lachte und Enrico lachte auch und sagte: Wir sind beide gleich, aber deine Mamma, die ist reich, denn sie hat dich. Und Amica sagte: Und Nico. Und Mario sagte: Und Mona! Mona ist die reichste, rief Mario, denn sie ist die Schönste! Dem war Mona nicht gewachsen, und sie lief in das Dickicht hinter dem Bagno di Venere, aber Mario erreichte sie doch bei der kauernden Venus. Amica rief: Mario, vene qua! Das tat er auch und trug Mona unter allgemeiner Begeisterung zu uns zurück.

Mutter fand nun, die Zeit sei reif, an den Magen zu denken. Vater lud alle ein, gab Mario den Autoschlüssel und bat ihn, uns in eine Trattoria zu fahren. Doch Enrico winkte ab. Er ließ nur das mit dem Wagen zu. Wir fahren einen Kilometer bis nach S. Leucio. Das sei die schönste Blume Casertas, im Jahr der Revolution 1789 erblüht, wenn wir das richtig verstanden. Amica lachte dazwischen und sagte, S. Leucio sei längst verblüht und dufte nur noch nach Spaghetti. Soviel wurde klar: Dort wohnte Enrico. Wir ließen uns überraschen.

Mario steuerte uns quer durch Park und Cascaden-Unterführung nach S. Leucio. Dort endete die Straße vor einem kleinen Schloß. An ihren Seiten waren gleichförmige Siedlungen, die Quartiere S. Carlo und S. Ferdinando. Vor dem letzten der Häuser stand ein langer Tisch, weiß gedeckt, Teller, Gläser, blitzendes Besteck, Stühle, darüber zwei Sonnenschirme, denn die Mittagssonne schien die Straße hinauf gegen die Fassade des Schlosses. Daran war unten eine Treppenanlage und eine Uhr im Giebel. Wir setzten uns. Die Mamma kam, der Padre, zwei Schwestern Enricos, deren Kinder und Männer. Spaghetti pomodori, vino, frutta folgten. Und dazwischen hielt Enrico eine Rede – beinahe auf Deutsch! Oder jedenfalls war es ein deutsch-italienisches Gemeinschaftswerk mit der für alle unwiderstehlichen Lust am Enträtseln des Sinnes, den wir oft genug aus den Augen verloren, aber immer wieder unvermutet zu fassen kriegten! Dabei gab es viel Gelächter und Bravorufe, wenn wir uns verstanden. Da Enrico die ganze Zeit stand, fütterte Mamma ihn zwischendurch mit Spaghetti und gab ihm Wein. Das war nun für die Kinder besonders lustig, wenn ihm die Spaghetti in den Mundwinkeln schaukelten und sich auf den Teller herunterschnörkelten, seine Worte verkörpernd. Auch er genoß das. Es gab Worte, die gut mit Spaghetti gingen, wie »Germania«, bei »Deutsch« dagegen fiel alles herunter. Er erzählte, daß König Ferdinand sich Spaghetti in seine Theaterloge bringen ließ und sie stehend unter dem Beifall des Publikums mit den Fingern aß. Der König solidarisierte sich mit dem Volk, sagte er. Mamma wischte ihm den Mund ab. Das war nun einigermaßen verwirrend, aber nach kurzer Beratung waren wir uns einig, daß wir den Satz richtig verstanden hatten. Er war eigentlich ganz einfach. Vater rief: Viva il re, was er von »viva il papa« abgeleitet hatte, und Mutter war sich nicht klar, ob er das ironisch meinte. Aber siehe da, Padre erhob sich und rief – man konnte ihn schlecht verstehen, er hatte keine Zähne –: »Viva Germania!« Dann fiel er wieder auf seinen Stuhl, weil Mamma diesen in seine Kniekehlen drückte, während sie ihren Sohn ermunterte: Enrico! parla! Und Enrico erzählte uns nun die erstaunliche Geschichte von S. Leucio. Sein Urgroßvater war in S. Leucio unter dem letzten Ferdinand geboren. Dessen Väter hatten hier in dem weltberühmten sozial-ökonomischen Paradies des ersten Ferdinand gelebt, bis sie daraus vertrieben wurden vom kalten Wind des Marktes. Das Schloß von Caserta, so verkündete König Ferdinand im Jahr der Französischen Revolution, brachte uns keine Zufriedenheit. So faßten wir den Entschluß, den Ort für eine Einsiedelei zu suchen und fanden S. Leucio. Der König ließ den Philosophen Planelli einen Plan machen für das Leben der Siedler. Darin steht: Gleichheit der Menschen ist das Grundgesetz, aus dem sich diese Gesellschaft zusammensetzt. Ein jährlich gewählter Rat sollte Recht sprechen. Gleiche Kleidung war vorgeschrieben, Titel wurden abgeschafft. Die Schule war nicht Recht, sondern Pflicht, das Krankenhaus nicht kirchlich, sondern öffentlich, Altersrenten und Krankenkassen wurden gegründet und ein Teil des Lohns dafür einbehalten. Es gab keine Testamente, alle Kinder erbten gleich viel. Mitsprache der Eltern bei Eheschließung war verboten. Die Sauberkeit der Häuser wurde kontrolliert. Der König stiftete eine Molkerei und Seidenfabriken und suchte die ersten einunddreißig Siedler selber aus. Seidenstrümpfe aus Fernandopoli – wie S. Leucio nun hieß – wurden bald in Europa berühmt. Man kann die Werkstätten mit den alten Handwebstühlen noch sehen. Sie weben heute Dekorationsstoffe. Wir Enkel von Re Ferdinando, sagte Enrico, sind die ältesten Kommunisten Europas! Enrico nahm Platz und begann, endlich selber zu speisen. Verblüfft sahen wir die Enkel an. Die ganze Straße bestand aus zweigeschossigen Reihenhäusern. Wir blickten herunter und wieder hinauf. Oben endete Fernandopoli in jenem zweigeschossigen Schlößchen, und jetzt erst bemerkten wir, daß im mittleren Bogen des Obergeschosses jemand stand mit einer langen Nase als Taubensitz. Darüber die Uhr, die stand. Unter ihr stand Ferdinand, der Re Nasone. Wir gingen zu ihm, er sah auf uns herunter, jener König, der ungebildet, aber nicht dumm war, platt wie ein Lazzaroni sprach und gern als Bauer oder Fischer im Volk untertauchte. Das Volk achtete ihn als Padrone und sah ihm seine Verschwendungen nach. Wir kehrten zurück zu Enricos Haus. Padre schenkte Wein ein. Und da sagte Mamma: Die Jungfrau gab uns einen Re Proletario. Sie macht das manchmal. Und als wir ungläubig guckten, stand Enrico noch einmal auf und sagte: Der König war gut, aber seine Berater waren Hyänen. Die sind jetzt in der monarchistischen Partei unter dem Reeder Lauro. Nun wollte Padre noch etwas sagen, und er durfte auch: Wer früher fleißig arbeitete in der Fabrik, bekam einen Orden, dabei gab er Mamma ein Zeichen. Sie ging ins Haus und brachte einen Orden mit dem Bild des Königs. Wer die meisten Orden hatte, saß in der Kirche vorne, sagte er. Auf dem Orden lasen wir: Befolgt meine Gesetze und ihr werdet glücklich sein. Als Enrico mit Wein und Frutta fertig war, stand er noch einmal auf und sagte laut, wobei er sich umsah und die vielen Zuschauer ansprach, die in den Fenstern der Nachbarhäuser lagen: Damit ihr's wißt: Die Tedeschi sind unsere Freunde, es sind Arbeiter wie wir. Mario hat sie aus dem Gewühl von

Napoli geholt. Er schob seinen Stuhl zurück und kam mit ausgestreckter Hand auf Vater zu. Er wurde umarmt. Alles klatschte Beifall. Vater verbeugte sich nach allen Seiten. Er sei überwältigt. Arbeiter aller Länder vereinigt euch, sagte er, im Namen des Herrn. Mamma rief: Viva Germania! Darauf stießen alle an. Dann stand Mario auf und sagte: Der Padrone hat ein Herz. Er versteht uns. Er ißt mit uns. Er hilft uns, weil wir arm sind. Seine Barca hat mein Auto zerrissen. Er wird helfen. Er hat es gesagt. Viva Padrone! Er kam auf Vater zu, um mit ihm anzustoßen. Alle jubelten. Das steigerte sich noch, als Vater allen Fensterguckern Wein spendierte. Alla salute! kam es aus den Fenstern. Cin, cin! Auf ihr Wohl, sagte Vater und drängte zum Aufbruch.

Mario zeigte allen seinen Fiat. Das eingedellte Dach wurde bestaunt. Was hast du ihm denn versprochen? flüsterte Mutter und Vater hauchte: Ich? Nichts. Wirklich nicht? Mario rief: Ich begleite Sie zur Barca. Auf dem Wege können wir uns noch das Casino S. Silvestro ansehen und einen Freund besuchen, der eine Autoreparatur hat.

Wir verabschiedeten uns von allen herzlich, machten viele Fotos und mußten versprechen, sie ihnen auf der Rückfahrt zu bringen. Dann tauschten wir Adressen aus und fuhren unter Beifall ab. Vom Casino S. Silvestro war nicht mehr viel zu sehen. Mario erklärte, daß König Ferdinand sich hier eine neue Einsiedelei baute. Man sieht noch den Eßplatz unter freiem Himmel, an dem er mit den Bauern speiste. Dies soll auch der Ort gewesen sein, wo ein junger Coloni auf Ferdinand schoß, als er beim Ehevermitteln selber zulangte. Was ist denn aus S. Leucio geworden, als der König tot war? wollte Mutter wissen. Seine Nachfolger haben es an die Leute verpachtet. Aber die machten sich Konkurrenz und das zerstörte den Frieden. Mario hielt nichts von Friedensstiftern, die unsere Bedürfnisse festlegen und einen wie Figuren über ihr Schachbrett ziehen. Amica lächelte: Vierunddreißig Prozent Monarchisten hatten wir noch kürzlich. Wir setzten die Fahrt fort. Vor der Werkstatt hielten wir. Vater und Mario gingen hinein. Als die beiden wieder herauskamen, lachte Mario und hielt Vater die Wagentür auf. Was ist? sagte Mutter. Nichts, sagte Vater, und fügte hinzu: er war nicht versichert, der arme Kerl. Unsinn, sagte Nico, auch in Italien muß jeder versichert sein. Ihr habt doch gestern ein Protokoll gemacht, meinte Mutter. Aber mehr war aus Vater nicht herauszukriegen. Als wir in Caserta die SYBILLE wieder angekuppelt hatten, erboten Mario und Amica sich, uns nach Neapel zu bringen. Uli war gerührt: Zu nett! Mario sagte: Wir fahren voraus, bis zu der Stelle, wo die Reederei Lauro einen Lotsen für Autos nach Ischia postiert hat. Mario und Amica küßten sich, stiegen in ihren geschlitzten Fiat und fuhren davon.

Wir sahen ihnen nach und lange sagte keiner etwas. Dann gelang es Vater, das Schweigen zu brechen: Es kommt mir nicht darauf an, daß ich in Caserta war, sondern wie. Ich habe beim König geschlafen, stellte er fest, und das war unbezahlbar. Mir kommen die Tränen, sagte Nico. Ich fürchtete schon, sie hätten dich übers Ohr gehauen, meinte Mona. Nun laßt ihn, schlichtete Mutter. Ich habe schließlich auch beim König geschlafen. Und wie!

ISCHIA,
KLEINE LIEBE mit Bratsche

Es gibt Dinge, die unbeschreiblich sind, wie die Fahrt der KLEINEN LIEBE durch das Dickicht Neapels zur Molo Beverello. Benito, unser LAURO-Führer, stand im offenen Schiebedach auf dem Polster neben Uli und dirigierte den Geleitzug. Unter ihm schwitzte Vater wie ein Galeerensträfling am Steuer. Unbeschreiblich deshalb, weil alles gleichzeitig passierte: Autoströme, rote Ampel, springende Zigarettenverkäufer, grüne Ampel, Menschenströme quer, pfeifende Polizia, fuchtelnder Benito, der mit dem großen Zeh auf die Hupe drückte, Pip, pip sonare! Ein Wunder, wie er in diesem Orchester, in dem alle die erste Geige spielen wollten, uns über die Bühne brachte. Wir fuhren auf dem gelben Taxistreifen. Mutter, die es überall krachen hörte, glaubte schon, auf der CORSO UMBERTO am Ende ihrer Nerven zu sein. Dabei war es erst der Anfang. Wir kamen uns vor wie der Ball im Rugby. Aber ehrlich gesagt, wir erregten kein Ärgernis, eher große Freude, und am Ende waren wir es wohl allein, die am Ende waren. Wir stiegen aus. Ohne Schramme. Bellissimo, sagte Vater, und Benito verbeugte sich.

Vom Wasser her wehte eine frische Brise. Vor uns lag der LAURO-Dampfer. Benito besorgte Wasser. Wir gossen es uns über die Köpfe. Er besorgte den Verlade-Offizier, der unseren Geleitzug in Augenschein nahm. Er besorgte uns Eis. Er war wie ein Vater zu uns. Koste es, was es wolle, es war uns alles recht.

Als wir dann verstaut waren und ablegten, holten wir tief Luft: Der Vesuv! Da! Und als wir uns endlich umdrehten, war der Palazzo Reale schon klein, aber Castel St. Elmo und Capodimonte und die anderen bunten Matronen der Stadt sahen groß auf uns, auch der Riesenspargel des Ambassador, dieser blasse Strichjunge.

Der Fährdampfer nahm Fahrt auf. Wir waren im Golf von Neapel. Vater mußte sich das immer wieder sagen. Uli fiel es schon leichter. Er war darin nicht so schwer von Begriff. Mit Mona und Nico durchstreifte er erstmal die Decks. Mutter trank einen Espresso. Ferien! sagte sie und sah den Posilip entlang bis zum Ende Neapels und dann in den Golf von Pozzuoli. Wir haben Ferien!

Erst als am Ende des Golfs von Pozzuoli bei Kap Misenum das Land endete, erwachte Vater aus seinem Golftraum. Nico erschien und war der Meinung, wir hätten die SYBILLE doch schon in Neapel zu Wasser bringen sollen. Jede Menge Kräne hatte er dort gesehen. Wir wußten es: Im Mittelmeer-Handbuch von 1966 stand nichts von einem Kran in Ischia, nur von einem Slipp bis 300 Tonnen. Na und? fragte Mutter, wir mit unseren anderthalb Tonnen! Im englischen Denham stand auch nichts von einem Kran, wohl aber, daß Porto d'Ischia der sicherste Hafen des Südens sei – und der vollste. Wir hatten dies Gespräch schon öfter. Der Slipp, sagte Vater, ich weiß nicht, hoffentlich gibt es ihn überhaupt.

Unser Fährdampfer tutete und lief erstmal in den Inselhafen von Procida ein. Fischerhäuser, weiß um eine Bucht gewürfelt, von Dachterrassen und Kuppeln bekrönt, links ein Kastell. Mittelmeerisch, sagte Mutter und konnte es nicht glauben. Uli verstand das nicht. Träumst du? fragte er. Dies ist das Mittelmeer, da, da und da, alles Mittelmeer.

Nun war es nicht mehr weit bis Ischia. Vor der engen Hafeneinfahrt drosselte die LAURA ihre Fahrt in Höhe des Leuchtturms. Auslaufende Schiffe haben Wegerecht, stand im Seehandbuch. Das runde Hafenbecken, ein Krater, den König Ferdinand zum Meer hin öffnen ließ. In der Mitte lagen die Dampfer, daneben die Aliscafi, die schnellen Tragflächen-Fähren, rechts und links Motorkreuzer und Yachten. Links, an der Ostseite der Einfahrt, war eine kleine Werft mit alten, aufgeslippten Holzseglern, durch deren Planken die Sonne schien. Nico suchte im Kieker vergebens einen intakten Slipp. Der einzige Schuppen war eingefallen; das einzige Lebewesen, ein brauner Hund, bellte die Wellen an, die unser Dampfer dort machte. Dies kann nicht die Werft sein, von der das Seehandbuch schreibt, stellte Mutter fest. Hm, sagte Vater.

Die LAURA warf in der Mitte des Hafens ihren Anker, drehte dann das Heck langsam zum Kai. Die Decksleute warfen dünne Leinen hinüber, an denen die Ormeggiatori die schweren Festmacher an Land zogen. Wir setzten uns in unseren Wagen. Das Heck des Dampfers wurde geöffnet, und Autos und Menschen ergossen sich auf den Kai. Wir waren die letzten. Schaukelnd rollte die KLEINE LIEBE von Bord. Und da stand sie nun in Ischia am Ende ihrer Landreise. Nur ein paar Meter waren es noch bis zum Wasser.

Es dauerte nicht lange, da waren wir umringt, ja eingekeilt von Neugierigen. Die meisten fragten, wieviel das Schiff gekostet und wieviel PS der Motor hätte. Wir sagten, daß es ein Segelschiff sei und achtzehntausend Mark gekostet hätte. Das löste Diskussionen aus, ob wir unter- oder übertrieben hätten und warum. Daß wir die Wahrheit gesagt haben könnten, glaubte niemand. Wir fragten nach einer Werft und einem Kran. Gru, sagten wir, dove e gru? Das Wort hatten wir vorher im Wörterbuch nachgesehen und in ein Heft geschrieben, in das nun jeden Tag neue Wörter kamen, bis wir im Laufe der Zeit ein Familienwörterbuch zusammen hatten. Am Ende sprachen wir untereinander eine Art Basic-Italienisch, was Spaß machte. Ja, Kräne und Werften schien es hier reichlich zu geben, so daß es schwer wurde, sich zu entscheiden. Einer wußte einen besonders schönen Kran, er spitzte die Lippen wie beim Küssen und zog Vater mit sich. Ein anderer kannte aber einen besseren Kran. Der schöne sei nicht stark genug und wollte Vater in eine andere Richtung ziehen. Dies war aber sowieso vergebens, weil sich alles dicht um uns drängte. Uli hatte sich bereits unter den Trailer verzogen. Die Menschen merkten, daß uns niemand erwartete, daß wir noch zu keinem gehörten, und so waren wir zum Gebrauch freigegeben.

Eine Frau hakte Mutter unter und sagte, sie hätte auch drei Kinder. Eine andere bestritt das: Du hast noch drei zu Hause, drei sind schon fort. Eine wollte wissen, ob wir alle in der Barca schliefen. Zwei Kinder waren schon auf das Schiff geklettert. Am Heck las eine Frau den Namen und rief: Ich heiße auch Sybille und bin aus Casamicciola. Sie las weiter und rief: Und ihr seid aus »KLEINE LIEBE«! Es war uns recht. Wir hatten, da wir uns über den Namen nicht einigen konnten, bei der Taufe »SYBILLE« auf die eine Seite und »KLEINE LIEBE« auf die andere geschrieben. Uli und Vater wollten »SYBILLE« und die anderen »KLEINE LIEBE«, und nun sah es so aus, als sei Kleine Liebe unser Heimathafen, der am Spiegel, dem Heck einer Yacht, neben dem Namen steht.

Inzwischen hatte Vater den Belagerungsring durchbrochen und sich den angeblich stärksten Kran angesehen. Der bestand aus dem Ladebaum eines Frachtmotorschiffs, das gerade Melonen auslud. Der Schiffer kam mit, war sich aber mit Vater rasch einig, daß sein Hebegeschirr nicht reichte. Der Vermittler aber wollte es nicht glauben und stritt sich mit dem Schiffer. Vater und Nico überlegten, ob sie sich auch noch den schönen Kran ansehen sollten, oder ob es nicht besser wäre, nach Neapel zurückzufahren.

Während der ganzen Zeit stand der Mann im Hintergrund, der die Festmacher des LAURO-Dampfers angenommen hatte und wartete auf seine Zeit. Mutter hatte es schon gesehen. Mona war es auch aufgefallen, denn er sah sie gelegentlich an. Er war größer als die anderen und stärker und saß auf einem Motorroller. Ich würde den da hinten fragen, sagte Mutter, der scheint hier Boß zu sein. Mutter hatte immer einen Instinkt für Realitäten, den Vater zu schätzen wußte. Sie lächelte den Festmacher an. Der kam langsam auf uns zu. Man machte ihm Platz. Ein uomo di rispetto.

Buon giorno, sagte Vater und der Ormeggiatori sagte: Ich bringe euch zu Cesare, einen Kran gibt es hier nicht. Die Kinder kletterten von der SYBILLE, Vater setzte sich ans Steuer und Umberto, der Festmacher, ging mit Mutter voran. Er brachte uns zur Nordwestseite des Hafens. Ein schmaler Weg führte bergan. Das Schiff paßte gerade zwischen die Häuser. Mona und Nico hielten an beiden Seiten Fender zwischen Mauer und Bordwand. Uli machte den Schluß mit einer Schar von Kindern. Umberto dirigierte vorne. Oben war die Straße zu Ende, da lag Cesares Werft, dahinter das Meer. Ein langer, ziemlich steiler Holzslipp führte ins Wasser jenseits des Hafens.

Umberto pfiff, und aus einem hölzernen Schiffsbauch tauchte Cesare auf. Er war klein und hatte Muskeln wie Melonen. Als er eine Leiter mit mehreren fehlenden Sprossen heruntergeklettert war, begrüßte er uns stumm. Umberto zeigte ihm unseren Geleitzug. Er steckte sich eine Zigarette an. Wir sahen uns die Slippanlage an. Sie kriegen das Schiff nicht vom Trailer auf den Slipp, sagte Vater, ohne Hebzug nicht. Außerdem lag noch ein anderer Segler auf dem Slipp. Cesare verglich unsere Kielhöhe mit seinem Slipp. Er ging barfuß über Holzstücke, Nägel und Draht. Dann kam er zu uns, nickte und sagte: Va bene, wird gemacht. Vater schüttelte den Kopf. Wie wollte er das machen? Cesare spuckte seine Kippe weg und sagte etwas, was bei uns ein geflügeltes Wort wurde: Con braccio (gesprochen Bratsche), und er tippte dabei auf seinen Bizeps. Vater wand sich. Unmöglich. Er sah alles in die Brüche gehen. Wir fahren zurück nach Neapel. Da schaltete sich Umberto ein. Neapel? fragte er. Da bleibt nicht viel von eurem Schiff! Er machte eine runde Handbewegung, die in seiner Tasche endete. Hier sind keine Neapolitaner, sagte er, und wie aus heiterem Himmel blitzte es in seinen schwarzen Augen. Morgen um neun kommen viele Leute mit Bratsche. Mutter sagte: Va bene, ließ Zigaretten kreisen und fragte nach dem Preis. Für sie war der Fall klar.

Umberto brachte uns zum Hafen zurück. Wir fragten nach einem Hotel. Umberto sah zu unserem Wagen, dann zu uns, dann nickte er, va bene. Er lud uns zu einem Kaffee ein. Wir gingen zur Ostseite des Hafens, dort, wo die schönsten Restaurants ihre Tische gegenüber den Yachten haben, die dichtgedrängt mit dem Heck zum Kai lagen. Kein Platz für uns, unkte Vater. Umberto führte uns über eine schwankende Gangway auf einen alten Motorsegler. Wir mußten Platz nehmen in alten Holzklappstühlen, in die NINA IV geschnitzt war, der Name der Yacht. Dann rief Umberto einem angelnden Jungen am Kai etwas Unverständliches zu, und der brachte aus der Terme communale auf einem silbernen Tablett sechs kleine Tassen Espresso und sechs Glas Wasser. Umberto lachte, nein, das war nicht Italienisch, sondern Ischitanisch. Diese Yacht gehört mir, sagte er zu Uli, wenn der Generale nicht da ist. Du kannst reingehen. Er öffnete den Niedergang. Dann zeigte er mit dem Daumen über die Bordwand. Auch meins, sagte er, daneben werdet ihr liegen. Unten lag ein kleines Fischerboot mit blauem Waschbord, rotbemaltem Ruder und einer großen Karbidlampe am Bug. Bleibt ihr? fragte Umberto und sah uns von der

Seite an. Ja, sagten wir. Er steckte sich eine Zigarette an. Bis zum nächsten Jahr? Ja, sagten wir. Va bene, sagte er und blies den Rauch aus.

Bellissima! sagte Mutter, ohne Wörterbuch, und sah sich Umbertos Schiff an. Vater bestellte bei dem Jungen drei Cognacs, und Mutter tauschte mit Umberto Zigaretten aus. Er gab ihr Feuer. Doch als der Cognac kam, sagte er: Stomaco! zeigte auf seinen Bauch, kniff den Mund zusammen, pfiff durch die Zähne und krümmte sich wie nach einem Leberhaken. Ach was! sagte Mutter. Umberto kippte den Cognac, dann rollte er die Augäpfel, so daß man den Weg des Cognacs verfolgen konnte. Unten angekommen, sah man nur noch das Weiße in seinen Augen. Teufel! Wein oder Espresso mochte er lieber. Cognac muß man erst gegen das Licht halten, sagte Vater und machte es vor, dann mit der Hand wärmen, dann einatmen und dann davon sprechen. Nein, sagte Umberto und schüttelte sich, Frauen sind mir lieber.

Wir fragten ihn nach seiner Familie. Sein Papa lebte noch, er hatte fünf Geschwister. Seine Frau? Ja, sagte er und sah uns mit traurigen Dackelaugen an, sie hat nur zwei Kinder bekommen. Das zweite tot aus dem Bauch geschnitten, die Ärzte taugen nichts. Sein Kopf sank auf die Brust. Er legte eine Hand auf Ulis Schultern. Dann richtete er sich auf und sagte: Jetzt kommt ein neues. Wir freuten uns. Er winkte Uli. Der durfte was aus seiner Tasche ziehen. Er zeigte uns ein Bild von seiner Frau. Sie muß jetzt immer liegen, erzählte er.

Die Sonne sank und stand schon über dem Niedergang, vor dem wir saßen. Da kam die LAURO wieder herein. Umberto ging hinüber und nahm die Leinen an. Wir gingen mit. Als uns Leute ansprachen, wie bei unserer Ankunft, machte Umberto eine Bewegung mit dem Handrücken und man ließ uns zufrieden. Kein Zweifel, er war der starke Mann. Wir gehörten ihm.

Danach brachte er uns ins Jolly. Es lag nur ein paar Schritte vom Hafen. Vorher zeigte er rechts in einen herrschaftlichen Park. Terme militare, gehörte dem König, heute dem General. Wie oft fährt er denn mit der Yacht, fragte Nico. Jedes Jahr, sagte Umberto. Wir standen vor dem Jolly. Meterhohe violette Bougainvillea, Marmor, rote Läufer, na ja. Umberto sprach Unverständliches mit dem Portier. Wir sehen durch Apfelsinenbäume ein Thermalschwimmbad und im Foyer die große Welt. Dann öffnete der Portier die Wagentür, alles weitere ging von alleine. Umberto entfernte sich, er kam nicht mit herein. Wir konnten nur noch rufen: bis morgen um neun bei Cesare!

Zum Abendbrot tranken wir unseren ersten Epomeo, und dann setzten wir uns unter die duftenden Bougainvilleen an das erleuchtete Thermalschwimmbekken. Vater nahm sich das Tagebuch vor, das Opa uns beim Abschied gegeben hatte, und da stand:

Ankunft in Neapel, 26. Januar 1912. Regen. »Vineta« vermurt. Ließen Leeanker fallen, dann Luvanker, bis wir zwischen beiden fest waren. Volkreichste Stadt Italiens. Dreckig. Enorm viel Syphilis. Napoli, schäme dich, es steht mit dir nicht sonderlich. Aquarium und Station von Prof. Anton Dahn besichtigt: Großartig!

27. Januar. Zur Feier des Geburtstages S. M. des Kaisers Gottesdienst auf der Back. 12 Uhr Ansprache des Kommandanten: Zur Feier des Tages Weck- und

Mahnruf unseres Kaisers: »Eine Ermahnung, die Mir sehr am Herzen liegt für Meine Marine: Der Alkohol. Ich weiß sehr wohl, daß die Lust zum Trinken ein altes Erbstück der Germanen ist, über das schon die alten Römer lachten. Ich wünsche Mir in Meiner Marine Germanen mit den Tugenden der Römer! Heute ist die größte Menge der Verbrechen, die Mir zur Aburteilung vorgelegt werden, neun Zehntel, Folge des Alkohols. Es gilt in der Jugend als schneidig, viel zu vertragen. Das sind Anschauungen, die für den Dreißigjährigen Krieg passen. Der nächste Krieg fordert gesunde Nerven von Ihnen. Durch Nerven wird er entschieden. Die Nation, die das geringste Quantum Alkohol zu sich nimmt, gewinnt. In der englischen Marine sind 20000 Mann den Blaukreuzvereinen beigetreten. Ich wünsche mir am heutigen Tage gleiches von Ihnen!« – Hurra. Zwischen Regenwolken sah ich den Vesuv. Wir Seekadetten führten das Stück: »Zehn Minuten Kommandant« auf. Die Heizer hatten sich als Tiroler verkleidet und tanzten Schuhplattler. Zwölf Grad. SSW 2. Darauf Landgang, Kadetten im Museum. Statuen von Phidias und Farnesi, Alexandermosaik: drei drei drei, bei Issos Keilerei.«

Vater nahm seinen Epomeo und trank im stillen auf die Alten. Was schreibt Opa denn? wollte Uli wissen. Vater las vor: »Tagebuch des Seekadetten Hans Steenken, S. M. S. ›Vineta‹ 1912. Reise nach Neapel, Syrakus, Malta, Korfu, Konstantinopel, Alexandria, stand auf Seite eins. Und auf Seite zwei war gedruckt: »Jeder Seekadett hat ein Tagebuch zu führen, bis zur Beförderung zum Offizier, das der Kommandant alle drei Monate kontrolliert. Die Schreibweise ist knapp und kurz. Ausschmückende Beiwörter, die mit der Sache nichts zu tun haben, sind zu vermeiden. Alle Vorkommnisse dienstlicher und privater Natur sind einzutragen.«

Uli ging lieber baden; und auch wir anderen verzichteten für heute auf Opas Ausflüge mit Leutnant v. Bräutigam und seiner Wache Backbord I. Vater schrieb eine Postkarte.

»Lieber Opa! Ankunft Neapel, 26. Juni 1974. Sonne. Heute Epomeo blanco, noch gute Nerven, morgen Blaukreuzer. KLEINE LIEBE grüßt alte VINETA.«

Am nächsten Morgen knisterte es beim Frühstück. Nico lehnte das Hotel ab, es röche nach Reichen. Mutter verschwieg, daß es ihr gefiel. Vater sah dauernd auf die Uhr, und Mona und Uli waren noch im Schwimmbad. In einer halben Stunde wurde es neun. Vater sah schon wieder schwarz, wenn er an die KLEINE LIEBE dachte. Und dabei hatte er gestern abend beim Epomeowein noch gesagt: Alles klar, kein Problem.

Es war neun Uhr, als wir das Hotel verließen. Auf dem Wege zu Cesare meinte Mutter, die Leute zum Helfen seien bestimmt noch nicht da. Wenn wir Glück haben, kommen sie heute nachmittag. Aber es sollte anders kommen. Einfache Menschen sind pünktlich. Große Leute sind unpünktlich, um den kleinen zu zeigen, wer auf wen zu warten hat. Kleine Leute sind nur unpünktlich, wenn sie die großen nachahmen, oder keine Uhr haben. Wir sind doch hier nicht in Preußen, sagte Mutter, bevor wir die Werft betraten.

Am Tatort war alles anders. Erster Schreck: der Trailer war leer. Nur Cesare saß darauf und rauchte. Was jeder von uns in diesem Moment dachte – wer weiß es noch? Uli jedenfalls sagte: Ich freß einen Besen, der Kahn schwimmt. Und so unrecht hatte er nicht: Die KLEINE LIEBE stand heil auf dem Slipp. Sechs Leute mit nacktem Oberkörper saßen auf den Kanthölzern davor und ließen die Beine baumeln. Sie warten auf Bier, sagte Umberto.

Es war nicht zu glauben. Wir sind nie dahintergekommen, wie sie die anderthalb Tonnen schwere SYBILLE vom Trailer paßgenau auf den Slipp gekriegt hatten. Denn außer Hammer, Säge, Holz und Bratsche hatten sie nichts. Wie zu Odysseus Zeiten. Ja, und dann die List, mit der sie uns Nordlichter ausgebootet hatten nach der Melodie: Ein Meckerer weniger ist ein Arbeiter mehr! Vater holte Bier und Mutter rechnete ab. Die eine Nacht im Jolly war teurer.

Der Stapellauf wurde ein Fest. Cesares Leute holten ihre Familien. Mutter und Umberto besorgten Kuchen, Zigaretten und Wein. Die KLEINE LIEBE glitt auf Schmierseife langsam den hölzernen Slipp hinunter. Vater stand im Schiff und prostete allen zu, Meter für Meter, bis die KLEINE LIEBE im Golf von Neapel war.

Umberto kam an Bord und begutachtete alles. Wir setzten den Mast und takelten auf. Dann hängten wir den Außenbordmotor ins Heck, motorten in den Hafen und legten uns neben die NINA IV. Umberto verholte sein kleines Boot vor die KLEINE LIEBE. Beide zusammen waren wir so lang wie das Generalsschiff.

Am Abend gingen wir zu Gennaro hinüber. Umberto sagte, dort gäbe es Spigola, gekocht mit Tomaten, einmalig. Wir sahen die Sonne hinter der KLEINEN LIEBE untergehen und genossen die Kühle der Nacht.

Gennaro hatte am Kai vor den Tischen seine Meerestiere dekoriert wie ein Juwelier. Unten lagen zwei Langusten, die ihre Fühlarme noch gegeneinander bewegten, darüber staffelten sich Garnelen, Barben, Calamari und Spigola, von einem Scheinwerfer angestrahlt, garniert mit Kräutern und Eis.

Gennaro kannte uns bereits. Ihr gehört doch zu Umberto Catello, sagte er und empfahl uns Zuppe di Cozze. Als die dampfende Terrine mit Muscheln auf dem Tisch stand, zögerten die Kinder. Da griff Gennaro ein. Er nahm eine Miesmuschel in die Finger, brach die Oberschale ab, tauchte die andere mit dem Muschelfleisch in die Tunke und schloß die Augen. Dann öffnete er seinen Mund, schob die Unterlippe vor, damit der Speichel der Eßlust nicht herauskonnte, goß die Tunke hinein und leckte die Muschel mit der Zunge aus der Schale. Wir sahen an seinem Adamsapfel ihren weiteren Weg. Wir mußten alle schlucken, und als er die Augen wieder öffnete, gab es bei uns keine Hemmungen mehr.

Während wir aßen, sah uns ein Junge zu. Er stand neben Uli und beobachtete ihn. Manchmal machte er in der Luft die gleichen Bewegungen wie Uli. Wir boten ihm Muscheln an, aber er schüttelte den Kopf. Er sieht gar nicht aus wie ein italienisches Kind, sagte Mutter, er hat nicht diese schönen schwarzen Augen. Du fällst auf alles herein, was schwarz ist und Locken hat, sagte Mona. Ich habe gelesen, sagte Vater, daß Alfons von Aragon vor fünfhundert Jahren die sechshundert Männer Ischias gegen sechshundert seiner Spanier austauschte, weil sie zu den Franzosen hielten, die er aus Neapel vertrieben hatte. Und die Frauen? fragte Mutter. Sie wurden mal wieder nicht gefragt, meinte Vater. Brutal, fand Mona. Dann bist du ein kleiner Mischling, sagte Mutter und strich dem Jungen über die Kastanienlocken.

Plötzlich rief der Mischling: Papa! vene qua, subito, Tedesci con una barca di vela und zeigte auf unser Schiff. Da tauchte der Papa aus der Menge der Spaziergänger auf, Frau und Tochter am Arm. Quale barca? fragte der Vater und die Mutter sagte: Klaus, du sollst uns nicht immer weglaufen. Sie sprach deutsch. Klaus antwortete deutsch: Sie kommen aus dem Segelschiff KLEINE LIEBE, die Frau hat gesagt, ich wäre ein Mischling von einem König. Uns blieben die Muscheln im Hals stecken.

So lernten wir De Mascias kennen. Er war Badearzt in Casamicciola, Dottore Vincenzo de Mascia, Direttore Sanitario der Terme Scioli; sie kam aus einer wohlhabenden Familie Düsseldorfs und hatte einst mit ihren Eltern in Ischia gebadet. Um den Mischling wieder gut zu machen, lud Vater De Mascias zu Spigola ein. Klaus bestand auf Zuppa di Cozze. Herr de Mascia meinte, wir sind doch alle Mischlinge, wenn wir nicht gerade – wie heißt das? – Ostfriesen sind. Wir traten uns unter dem Tisch auf die Füße und sagten: Ja, ja. Klaus, unser Europäer, sagte Frau de Mascia und strich ihm das Haar zurecht. Und was bin ich? fragte Mascha. Süß, sagte Herr de Mascia zu seiner Tochter. Auch er hatte einen blonden Haarkranz. Im Süden sind nicht alle schwarz oder rot. Mancher ist sogar blond.

Gennaro hatte flink einen Tisch zu unserem gestellt. Er ließ eine weitere Spigola von Hand zu Hand gehen. Frisch? fragte Herr de Mascia. Extra frisch, sagte Gennaro. Herr de Mascia bestellte einen trockenen Epomeo bianco. Wir mußten erzählen. Sie interessierten sich für das Jolly-Hotel. Umberto kannten sie nicht. Sie müssen hier alles selber machen, sagte Herr de Mascia, sonst klappt nichts. Cesare kannte er auch nicht. Mona zeigte inzwischen Klaus und Mascha, die in ihrem Alter waren, unser Schiff. Sie kennen Ischia noch nicht? fragte Frau de Mascia. Der Dottore erklärte. Es hat die Form eines Schwammes, sage ich immer, ist feucht und grün. Er malte Ischia mit dem Messer auf die Tischdecke. Drei Teile: Kopf, Bauch und Hinterteil. Der Kopf ist hier, Ischia Porto mit Ponte und dem Castello Aragonese im Norden, Barano und der Scarrupata-Küste im Süden, dazwischen der pinienbedachte Lavarücken des Arso und die längliche Trippo-di-Staukuppe. Der Bauch Ischias ist der Epomeokrater, 800 m hoch, im Süden der heiße Marontistrand mit St. Angelo, im Norden unser Casamicciola. Er bohrte einen Punkt in das Tischtuch. Und hier ist die Villa Mascia, darin sind Sie morgen eingeladen. Wir dankten und tranken auf sein Wohl und das seiner Frau. Der Hinterteil Ischias liegt an den Westabhängen des Epomeo: Lacco Ameno, Forio und im Südwesten die alten übereinanderliegenden Vulkane an der Punta Imperatore, fügte er hinzu.

Der Fisch kam und wurde tranchiert. Das sind sechs eifersüchtige Gemeinden, sagte Frau de Mascia, liebenswert, mit viel Basisdemokratie. Ja, sagte Herr de Mascia, die Sindaci haben sich noch nie auf einen gemeinsamen Inselbürgermeister einigen können. Sie werden von Neapel gegeneinander ausgespielt und beherrscht. Das alte italienische Übel. Es lockt den Starken. Frau de Mascia lachte und sagte: Ihr habt gute Tenöre, aber schlechte Chöre.

Was haben Sie denn hier vor? frage Herr de Mascia. Wir wollen mal sehen, ob Odysseus schon hier war, und ob wir noch alte Römer finden, sagte Vater, und an den Küsten Kampaniens segeln, bevor es zu spät ist. Sie haben recht, sagte Herr de Mascia, der letzte Ausbruch war 1944. So lange war der Vesuv noch nie still.

Kennen Sie die Buchners? fragte Frau de Mascia. Sie wohnen hinter der Werft, von der Sie erzählten. Der alte Professor sammelt Tausendfüßler. Er wohnt seit 1927 hier und ist jetzt achtundachtzig Jahre alt. Gorgio, sein Sohn, ist Direktor am Nationalmuseum in Neapel, er entdeckte die Griechen auf Ischia. Dahinten, am Monte Vico, lag ihre nördlichste Kolonie in Italien. Als wir 1954 das erste Mal hier waren, fand er den berühmten Nestorbecher, achtes Jahrhundert vor Christi, mit der ältesten griechischen Inschrift: Wer daraus trinkt, sehnt sich nach Aphrodite. Um diese Inschrift streiten sich seitdem die Gelehrten: Ist Homers Nestor gemeint oder hieß der Besitzer des Bechers Nestor? Hat Homer daraus getrunken?

Uli wollte wissen, wo der Becher zu sehen sei. Nicht weit von uns, sagte Frau de Mascia und versprach, die Ausgrabungen zu zeigen. War Odysseus nicht viel weiter nördlich am Cap Circeo? fragte Nico, der gerade Bradfords »Reisen mit Homer« las. So heißt es, sagte Frau de Mascia, aber nicht am Cap Circeo, sondern hier grub Giorgio Buchner zahlreiche griechische Schmelztiegel mit Eisen aus den etruskischen Gruben im Norden aus. Ischia war das Ruhrgebiet der Antike.

Im Kapitel über Circes Insel sagte Odysseus: »Denn ich sah, auf einen schroffen Ausguck hinaufgestiegen, eine Insel um mich.« Aber das Cap Circeo ist doch gar keine Insel, sagte Vater, wo hatten die ihren Homer? Herr de Mascia kratzte sich den Schädel. Ich will euch mal was sagen, entschied Mutter: Odysseus kam nur bis Ischia. Herr de Mascia bestellte einen Dolce Sorriso, die weiße Spätlese aus Ischia, und protete Mutter zu, süßes Lächeln auf den Lippen. Wir tranken auf seine Insel.

Umberto kam vorbei und sagte, wir sollten die KLEINE LIEBE zuschließen, es seien Neapolitaner hier. Er ginge jetzt zu Mamma nach Hause. Wir ließen sie grüßen. Zum Platznehmen war er nicht zu bewegen. Uns zog es nun auch in die Kojen. Wir freuten uns morgen auf eine Probefahrt in Odysseus' Kielwasser.

ISCHIA,
mal sehn, ob Odysseus hier war

Die Nacht war kurz und warm und zwischen zwei und sechs Uhr auch leidlich still. Unsere Bord-Nachbarn wurden sich lange nicht einig, aber dann begannen sie zu singen. Wenn die Fender nicht so an der Bordwand gesägt hätten, würden wir es sicher genossen haben. Lärm ist Leben. Stille der Tod. Den hat man später noch lange genug.

Am nächsten Morgen segelte weit und breit niemand außer uns, und das änderte sich eigentlich nie. Italiener segeln nicht. Sie sind Hafenhocker und Motoryachter geworden, und waren doch einmal eine große Seglernation, als vor zwanzig Jahren im Golf von Neapel die Olympiade stattfand. Admiral Straulino, damals Italiens Starboot-Weltwunder, schart heute in Neapel die letzten Segler um sich. Motore, Motore. Sieht man ein Segel, gehört es einem Engländer. Es war morgendlich kühl, als wir aus dem Hafen liefen. Der leichte Wind kam aus Norden auf uns zu. Dort sah man im Dunst mit dem Fernglas das Kap Circeo liegen.

Ischias Strände waren noch leer. Mutter steuerte, Uli setzte die Flaggen. Mona entrollte die Genua, Nico machte Frühstück und Vater die Kojen. Wir einigten uns, nach Norden zu kreuzen, um Ischia von dorther zu übersehen. Im Osten tauchte von der Morgensonne beleuchtet bald eine kleine Staukuppen-Insel mit einem Kastell auf. Wir setzten uns ins Cockpit, und Nico verteilte den Tee. Ischia lag vor uns und reichte vom Monte Vico im Westen, auf dem Odysseus seine Circe traf, bis zur Kastell-Insel im Osten.

Vater behauptete, daß einmal zehntausend Menschen auf diesem Lavaklotz lebten. Er war so hoch wie lang. Eine der zehn Kirchen sahen wir noch mit ihrer Kuppel den Fels überragen, hundertdreizehn Meter nach der Seekarte. Nico holte den Oktanten und versuchte, aus dem Winkel unsere Entfernung zu peilen. Das ging besser mit dem 792 m hohen Epomeo. Und während Vater von den Bewohnern des Kastells fabulierte, bestimmte Nico unseren Schiffsort aus dem Winkel von Epomeo und Castello. Vittoria Colonna hatte dort 1509 den schönen Grafen d'Avalos geheiratet. Sie war neunzehn, er zwanzig Jahre alt. Als er in den Krieg zog, schrieb Vittoria ihr erstes Sonett. Er besiegte die Franzosen, sagte Vater, und rettete Italien. Aber er kehrte verwundet auf das Kastell zurück. Als er starb, weinten Tasso und Ariost an seinem Grab, und Vittoria Colonnas Tränen wurden zu berühmten Sonetten. Ein Märchen? fragte Mona und kaute an ihrem Salami-bröttchen. Warum nicht? Der Dichter muß ins Steile gehen, um Effekt zu machen, sagte Goethe in der Italienischen Reise. Poesie ist Leben, Prosa ist der Tod. Später wurde das Kastell ein Klarissinnen-Kloster, bis Nelson es zerschoß. 1913 kaufte es der Rechtsanwalt Mattera für 43 000 Lire in fünf Raten.

Nico studierte das Seehandbuch. Auf Seite 313 war ein Panorama gezeichnet. Ischia von Norden in 15 Seemeilen Entfernung, Peilung 176 Grad. Wir beschlossen, so weit nach Norden zu kreuzen, bis wir die beiden entferntesten Punkte der Insel sehen konnten wie auf dem Panorama. Der Punkt des Seehandbuchs ließ sich auf der Karte Nr. 439 aber nicht einzeichnen. Laßt uns die Hälfte nehmen, siebeneinhalb Seemeilen von der Epomeospitze, meinte Nico, das muß auch gehen. Es ging. Als wir den Punkt erreichten, hatten wir den größtmöglichen Teil der Insel vor uns vom Kastell im Osten bis zur Punta Imperatore im Südwesten. Ischia: ein klotziger Kerl, von Westen her aus den Fluten getaucht, ein knieender Riese, den Epomeo hochgestreckt, kuscht das Maul von Porto vor Castello, dem kleinen Goliath.

Vater holte die Odyssee. Ischia, las er, rings vom unendlichen Meer umgürtet, wo die dämmernde Frühe wohnt und Helios leuchtender Aufgang, und Circe, Tochter des Helios. Aber Circe kam doch gar nicht aus Ischia, sondern von Cap Circeo, sagte Mutter. Von dort her frischte plötzlich der Wind auf und einige Böen drückten die KLEINE LIEBE nach Lee. Laßt uns wieder um, bat Uli, ihr mit eurem blöden Kap Circeo! Mutter holte die Schwimmwesten. Er hat Angst vor Circe, sagte Nico. Quatsch, sagte Uli. Wir entschieden uns für unser Ischia und wendeten.

Nico suchte seine Kamera. Er wollte brauchbare Panoramen knipsen. Ich mache ein Panorama-Handbuch, sagte er. Die im Seehandbuch sind nur für Dampfer. Viel zu weit weg und in falscher Peilung für kleine Häfen. Er hatte recht. Jugend forscht, sagte Vater und überlegte: Ich steige in die Homerforschung ein. Wo wurde Odysseus becirct? Mutter beteiligte sich mit einer Fußnote: Alter schützt vor Circe nicht.

Wir hielten auf den Monto Vico zu, die alte Griechensiedlung. Der Wind schob uns nun von hinten. Vater zeichnete Odysseus' Ankunft in die Seekarte. Am Ende hatte sein Schiff Ähnlichkeit mit der KLEINEN LIEBE und Circe sah aus wie Mutter. Wir gingen vor Anker hinter dem Kap. Uli suchte die Angeln heraus. Er dachte schon wieder ans Essen. Erstens fängst du doch nichts, sagte Nico. Und zweitens sind wir heute abend bei De Mascias eingeladen, sagte Mona. Und drittens, sagte Uli, Arschloch. Was ist denn das für eine Sprache? erkundigte sich Mutter. Platt, sagte Uli. Das erinnerte Vater an Kreyes Plattdeutsche Odyssee, und während wir unser Cap Circeo musterten, zitierte er, was ihm einfiel:

Odysseus sä to siene Schar
Weit ist der Weg nach Ithaka,
Und wer nich mitwill, läßt es sein,
Der kommt dafür auch nich mit rein
In die berühmte Odyssee,
Und meine Swienskomödie.
Da stachen alle mit in See.

Spähtrupp-Boß Eurylochos
Keem bold vör een schönet Sloß.
Vör de Dör, slank as'n Birke
Stund een Wiefstück namens Circe.
Un de sä mit fründlich Lachen:
Ei, das tut mir Freude machen,
Daß ihr kömmt auf meine Insel...

Aver wat sick dor begeev –
All sien Kumpels, de dor seten
Un den leckern Koken eten,
Schrumpeln in, un – schrummdibumm! –
Leepen se as Swinen rum...

Weiter kam Vater nicht. Die anderen setzten den Ho-
mer-Ulk fort und bald waren einige Strophen zusammen. So etwa:

Odysseus geriet mit der Flechtenschönen
irgendwie ins Stöhnen,
nicht ahnend, daß sie diese Nacht
seine Ostfriesen zur Sau gemacht.
Die, in ihrem Circe-Suff,
Grunzen nebenan Ruff, Ruff!...

Am Ende holte Mutter die Gitarre aus der Hundekoje.
Wir einigten uns auf eine Melodie, aber da geschah ein
Wunder: Es zuckte in Ulis Angel, die er schon längst
vergessen hatte, und wir holten einen farbenprächtigen
Lippfisch aus Circes Wasser. Da kehrten wir heim. Die
Sonne rötete sich bereits und stand über Odysseus'
Kap. Mutter griff in die Saiten:

De Sünn, de singt op ole Oort
mit all ehr Bröders um de Wett,
un na de grode Weltenfohrt
geiht se mit Dünnerslag to Bett.

Aber das war ja von dem anderen Homer.

Im Hafen von Porto stand Umberto und winkte uns in die Lücke neben sein Generalsschiff. Wir freuten uns über das Wiedersehen. Pirate, sagte er zu Vater und schüttelte den Kopf, Pirate, no Signore: Vater hatte sich nicht rasiert. Ferien, erklärte Vater. Pirate, beharrte Umberto. Er meinte es ernst. Mutter gab ihm recht. Ich denke nicht daran, mich zu rasieren, sagte Vater, ich bin doch nicht im Jolly.

Umberto wollte nicht, daß wir die Leinen festmachten. Er nahm sie Vater aus der Hand. Kein Signore tut etwas, was ein Nichtsignore tun könnte. Wieso, sagte Mutter erstaunt, er ist ein Signore und du bist ein Signore. Nein, sagte Umberto, und lachte. Er ist ein Signore und ich bin ein Mensch. Uomo, sagte Umberto. Vater wollte auch Mensch sein. Er bat darum. Er schickte Mona an Land, um Espresso zu holen. Umberto schüttelte den Kopf und hielt Mona zurück. Signorina no, sagte er väterlich und zeigte mit dem Daumen auf Nico. Zu gefährlich, zu viele Neapolitaner. Na gut, sagte Vater, geh du, Nico, aber laß dich nicht mitschnacken. Ordnung muß sein, sagte Umberto und steckte sich eine Zigarette an. Vater holte das Sonnensegel und wollte es setzen. Umberto übergab seine Zigarette Uli und nahm Vater das Sonnensegel aus der Hand. Er zeigte auf das Cockpit. Wir sollten uns hinsetzen. Pazienza. Schlimmer als die Mafia, knurrte Vater und durfte nichts anfassen. Im Handumdrehen war das Sonnensegel gesetzt. Vater hielt sich an der Reling fest und sagte: Mensch möchte ich sein, darf ich bitte auch Mensch sein? Der Espresso kam. Du darfst, sagte Mutter voll Mitleid, und Vater setzte sich als Mensch unter Menschen.

Wir sprachen über die Preise. Was kostet denn ein Liegeplatz hier, fragte Mutter. Umberto breitete beide Arme aus und sah gen Himmel. Die Lira sinkt, sagte er, was weiß ich. Italia sinkt. Und die Hafengebühren der Capitaneria? fragte Vater. Umberto spuckte seine Zigarette über Bord. Capitaneria, sagte er langgedehnt, Guardia di Finanza! Dio! Er stieß Luft aus zwischen den Lippen. Das war alles. Mehr war aus ihm nicht herauszukriegen. Dann lud er uns nach Hause zu seiner Familie ein.

Er wohnte nicht weit vom Hafen. Wir wurden offenbar erwartet. Seine Frau lag hochschwanger im Bett, seine kleine Tochter öffnete und drückte sich dann an ihren Vater, der sie streichelte, solange wir da waren. Umberto stellte uns vor. Bei Vater sagte er: Ein Freund von mir, Oculista, der wird dir in die Augen sehen und sagen, ob alles gut ist.

Da lag Umbertos Frau wie eine Madonna in dem breiten Ehebett, eine Spitzendecke über dem Leib. Es blieb Vater gar nichts anderes übrig, als in ihre Augen zu sehen und zu sagen: Es steht gut. Wird es ein Junge? fragte Umberto. Vater sah noch einmal in ihre Augen und sagte: Ja.

Wir standen um dieses Bett, dieses riesige Bett, diesen Ort der Ruhe, diesen Thron des Vaters, Trost der Armen, Ofen des Winters, diese Wiege, diese Bahre, diese Bühne des Lebens, Keimzelle der Familie und Krippe der Kinder. Darin lag sie mit schwarzen Augen, eine Königin der Nacht und ruhte in sich. Umberto streichelte seine Tochter. Er weinte. Ich glaube, wir auch.

Abends bei De Mascias. Der Dottore holte uns mit seinem Mercedes vom Hafen ab. Wir fuhren an der Nordküste Ischias entlang bis dahin, wo Casamicciola liegt. Ich verstehe eins nicht, sagte Mutter, als wir am Ende den Monte Vico sahen. Die alten Griechen kamen doch von Süden, von Sizilien, wieso siedelten sie an der Nordküste? Aus demselben Grunde, sagte Herr de Mascia, weshalb an der Südküste heute noch keine Häfen sind: Der Schirokko schlägt dort alles kaputt. Wenn man sich die Karte ansieht, sagte Vater, konnte Odysseus nur in der Montano-Bucht am Monte Vico landen, denn den Hafen von Ischia Porto gab es noch nicht. Eben, bekräftigte der Dottore, hinter dem Montano-Lido entdeckte Buchner die griechische Nekropole. Außerdem gibt es auf dieser Seite noch heute Kastanienwälder – er zeigte den Epomeo hinauf –, wo Odysseus den Hirsch schoß, den Homer erwähnt und den Rauch aufsteigen sah. Am Cap Circeo gibt es keine Fumarolen. Wir haben auch Wildschweinknochen in den Wäldern gefunden und in der Odyssee steht, daß niemand weiter als die Leute von Euboia gesegelt seien. Die Griechen auf Ischia kamen aus Euboia! Wir erzählten Herrn De Marcia von unserer Swienskomödie. Er wunderte sich nicht: Auch wir haben die Odyssee in unserem neapolitanischen Dialekt.

Herr de Mascia hielt vor der Terme Scioli und zeigte sie uns. Ein schöner, moderner Bau. Vater schlug vor, ihn Terme Ulisse zu nennen. Dann fuhr Herr de Mascia an seinem Haus vorbei, um uns die Panella und die Sentinella zu zeigen, mit den ältesten Hotels Ischias. Wir kamen an der Villa Ibsen vorbei, wo der Peer Gynt entstand, zum Dorf Fango, woher der Schlamm für die Fango-Packungen kam. Von der Panella stehen nur noch Ruinen. König Ludwig I. von Bayern wohnte darin mit seiner Mariannina, die ihm zwei Mischlinge gebar, sagte Herr de Mascia und lachte.

Dann fuhren wir zurück. Dort, wo einmal die Sentinella stand, in der Weimars Herzogin Anna Amalia, Byron, Lamartine und Goethe badeten, stehen Wellblechhütten.

Der Blick ist immer noch schön, fand Mutter, und sah hinunter auf das beleuchtete Casamicciola und das dunkle Meer. Wo blieb das Hotel? Darüber sprechen wir selten, sagte Herr de Mascia. Am 28. Juli 1883 um diese Zeit genügte ein Erdbeben von sechzehn Sekunden, um Casamicciola mit 2313 Menschen zu töten. Wir sahen hinauf zum Epomeo. Über dem Gipfel stand die blasse Mondsichel. Ein alter Patient hat mir erzählt, sagte der Dottore leise, wie in der folgenden Nacht am Epomeo Feuer brannten, um die sich die geretteten Familien scharten. Ein Klagegesang ertönte von oben von Feuer zu Feuer. Grazie, Maria! Erbarmen Maria! Wohl eine Stunde dauerte dieser Gottesdienst. Er zeigte auf das Wellblech: Hier wurden fünfunddreißig Menschen erschlagen. Ein Engländer wurde ausgegraben. Er saß tot am Klavier, die Beine übereinandergeschlagen, dazwischen einen Spazierstock. Auf den Tasten lagen Noten von Chopin. Auch Croces kamen mit ihrer Tochter um. Benedetto wurde gerettet.

Wir fuhren zur Villa Mascia, wo Frau de Mascia uns erwartete. Endlich, sagte sie und führte uns auf die Terrasse. Mein Mann hat Ihnen sicher noch die Terme gezeigt. Es gab einen Aperitif und ein Abendrot und den Monte Vico. Das Wasser unter uns war schon farblos und dunkel. Es war halb zehn. Wir zeigten, wo wir morgens gesegelt hatten und saßen lange schweigend vor dem Anblick des Meeres. Hundert Jahre, sagte Frau de Mascia, ist das kleine Gedicht alt. Es steht in dem schönen Ischiabuch von den Buchners. Herr de Mascia holte es:

Gib uns, Gott, ein kleines Haus,
Ach, und diesen Blick hinaus,
Diesen Blick voll Frühlingsschimmer,
Andres wünschen wir uns nimmer.

Herr de Mascia las das Gedicht eines anderen Kurgastes:

Ischia

Stille herrscht auf dieser Insel,
Deren anmutvolles Bild
Dargestellt von keinem Pinsel
werden kann, so hold und mild.

Das Gemeine ist verschwunden,
Alles wird zur Poesie,
Die in allem hier empfunden,
Was sie gibt, veraltet nie.

Du kannst das Gedicht ruhig kitschig finden, sagte Herr de Mascia zu Nico. Es ist von Ludwig I. von Bayern. Dies auch:

Ich

Froh des Berufes, den Gott mir gegeben,
Hoher Genuß, zu erfüllen die Pflicht;
Aber nur als Herrscher zu leben,
Meiner Natur genüget es nicht.

Gegensätze verschönern das Leben,
Geben ihm Würze und machen es reich.
Muß vom Königsthron mich erheben,
Muß mich machen den Bürgern gleich.

Wir wußten nicht so recht. Mao schrieb bessere Gedichte, sagte Nico.

Frau de Mascia bat uns herein. Wir setzten uns an eine festliche Tafel. Es gab Calzoni alla napoletana mit Mozarella, Sardellen und Tomaten gefüllt, dann Miesmuscheln mit Pfeffer, Imperata di Cozze, endlich Früchte und Käse und Kaffee. Wo sind Ihre Kinder? fragten wir. Sie hatten schon vorgegessen. Ein Mädchen mit Spitzenschürze holte sie. Klaus nahm sich ein Glas vom Tisch, in dem noch Dolce Sorriso war. Frau de Mascia bat: Geht spielen, ihr langweilt euch hier. Uli ging mit.

Sie kennen sicher nicht die reizenden Beschreibungen der Herzogin Anna Amalia aus der Zeit der Französischen Revolution? Vincenzo, sagte sie, bitte. Herr de Mascia holte noch einmal das Buch der Buchners. Die Herzogin genoß das Leben hier wie eine Hanswurstiade, sagte er und las:

»Die Bewohner dieser Zauberinsel sind reizbar und noch kindlicher als die Neapolitaner. Man glaubt, sich unter Elstern und Krähen zu finden. Wenn man sich von ihnen von einem Ort zum andern tragen läßt, so fragen sie, ob man stumm oder sprechend bedient sein will. Antwortet man: Stumm, so muß man ihnen mehr zahlen, und sie nehmen ihre Zuflucht zur pantomimischen Gebärdensprache, um ihr Mitleiden über meine vermeintliche Unpäßlichkeit zu bezeugen. Dieser Spaß dauerte eine ganze Weile, bis ich bei einer Hütte ihnen befahl, innezuhalten, weil es sehr heiß war. Die Träger setzten sich auf die Stangen der Sänfte mit vielen Grimassen. Endlich erlaubte ich ihnen zu sprechen. Auf einmal entstand ein solches Geschnatter, daß mir die Ohren gellten; und nun war auch kein Mittel mehr, sie zum Schweigen zu bringen.«

Jetzt kommt sie auf die Frauen, sagte Herr de Marcia: »Wenn Frauen in Zorn geraten, werden sie wahre Furien. Unter meinem Fenster hatte die Neugier eine Menge Volk versammelt. Sie machten Musik und tanzten ihre Tarantella. Zwei Weibern warf ich etwas hinab. Kaum war das unglückliche Geld geworfen, so verschwanden augenblicklich die Grazien. Die Tänzerinnen fielen sich einander in die Haare. Es floß Blut von ihren zerkratzten Wangen und Ohren. Fetzen von ihren Kleidern flogen. Starke Männer wollten sie auseinanderbringen, wagten aber nicht, ihnen näherzukommen. Ebensowenig konnte der Richter, welcher herbeigerufen wurde, diese Furien besänftigen. Es endete erst, als ihre Kräfte erschöpft waren.«

Mona wünschte sich, die Frauen hätten statt sich selbst die reiche Herzogin fertiggemacht mit ihren Almosen. Wer liegt sich nicht in den Haaren, fragte Herr de Mascia, wenn's um Geld geht? So oder so?

»Unter dem weiblichen Geschlecht gibt es schöne Bildungen mit griechischen Profilen; nur schade, daß ihre Zähne meistens schwarz sind. Die Kinder sind sehr schön, Raffaels Modelle: große, schwarze Augen, schönes dichtes Haar, welches die Natur selbst gekräuselt hat. Es gibt gewiß kein schöneres Bild der Natur, als wenn sie am Gestade des Meeres ihre Spiele treiben und nackt in ihrer Unschuld herumhüpfen. Naht man sich ihnen freundlich, so reichen sie mit Zutrauen ihre Händchen. Die Mütter eilen dann herbei. Jede nimmt ihr Kind auf den Arm und schreit: è il mio! Jede will ihr Kind für das schönste gehalten wissen.«

Mascha, Klaus und Uli kamen hereingestürmt. Mutter zog Uli an sich, harkte den Garten von seinem Hemd und fragte: Wer ist die Schönste im ganzen Land? Mascha! rief Uli und lief wieder hinaus.

Vater war das mit den schwarzen Zähnen auch schon aufgefallen. Schmelzfleckenkrankheit, sagte Dr. de Mascia, es liegt am hohen Fluorgehalt unseres Wassers. Ich habe mich, sagte Mutter, bei der Geschichte der Herzogin Anna Amalia gefragt: Trifft es Sie eigentlich, wenn da die Reichen aus dem Norden kommen, Geld unter die Italiener werfen und zusehen, wie sie sich balgen? Ja, überlegte Herr de Mascia, aber was sind Italiener? Wir sind Ischitaner, Sizilianer, Mailänder, Ärzte, Kaufleute. Italiener gibt es erst seit hundert Jahren. Seit dreitausend Jahre leben hier Griechen, Römer, Byzantiner, Afrikaner, Germanen. Ich habe spanisches Blut und eine deutsche Frau. Hier sind die Vereinigten Staaten von Europa. Was schert es uns, wenn so eine Matrone aus dem Norden Geld auf uns wirft. Keiner sollte sich zu groß machen im Süden. Wir haben ein altes Gedächtnis. Es ist noch gar nicht so lange her, sagte Herr de Mascia, da zog man in umgekehrter Richtung als Gastarbeiter über die Alpen. Das erste balneologische Buch über Ischia wurde 1558 von einem deutschen Gastarbeiter geschrieben. Sein Fürst hatte ihn zum Studium nach Neapel geschickt. Reinhardt Gathmann hieß er. Nach sieben Jahren zog er mit vollen Taschen ins Rheinland zurück. Wir wechselten das Thema.

Verschreiben Sie die Pille? fragte Mutter. Dr. de Mascia sah kurz zu Mona und sagte: Selten, und wenn, dann an Frauen, die bereits Kinder haben. Die Pille geht nicht oft durch unsere Hände. In den Städten macht sich jetzt die Sexualität als Konsumgut bemerkbar. Im Fernsehen gibt es Sexualkunde für Jugendliche. Leserbriefe fragen: Meine Freundinnen haben immer mehr Orgasmi als ich, was kann ich tun, um dasselbe zu erreichen? Bei den Mädchen zerbricht der Mythos des phallischen Helden. Mit der Pille hat Papagalli Federn lassen müssen. Frau de Mascia lachte: Wir haben zum ersten Mal überarbeitete Männer. Die Kinder werden knapp. Die Amerikaner zahlen schon fünftausend Dollar für ein italienisches Baby auf dem Engelmarkt in Neapel.

Es war Nacht geworden. Draußen auf dem Meer erschienen die ersten Fischer mit ihren Lampen. Wir tranken das Süße Lächeln aus und verabschiedeten uns. Jetzt ist der Golf am schönsten, sagte Herr de Mascia, die Nacht ist die Stunde seiner Liebhaber.

ISCHIA,
sie leben laut, sie lieben leise

In der ersten Dämmerung des folgenden Morgens steuerten Vater und Mutter die KLEINE LIEBE leise aus dem Hafen. Die Kinder schliefen noch. Am Kastell stellte Vater den Motor aus und setzte die Segel, um den letzten Nachthauch auszunutzen. Es war nun ganz still. Die Silhouette des Kastells stand scharf gegen den Osthimmel. Mutter zog sich einen Pullover an. Wir hielten zwischen Kastell und der Insel Procida hinaus in den Golf. Hinter dem Vesuv standen Nachtwolken, über ihnen wurde es heller. Nico kroch aus der Koje und setzte sich – in seine Decke gehüllt – ins Cockpit. Die Ränder des Vesuvs entzündeten sich.
Da! Nico zeigte auf die Spitze des Epomeo hinter uns. Sie war plötzlich rot. Auf der anderen Seite, beim Vesuv, sahen wir die Sonne noch nicht. Ringsum war der Golf farblos und dunkel. Helios' leuchtender Aufgang. Einige Minuten später erschien die Sonne im Osten. Da dämmerte uns, warum die Griechen Circe, die Tochter des Sonnengottes, auf Ischia fanden. Weil sie – wie wir – dort die Sonne zuerst aufgehen sahen! Wir segelten zur Südküste Procidas und gingen in der

Bucht von Corricella vor Anker. Die Insel war noch dunkel, ein nach Südosten geöffneter Halbmond, so lag sie vor der runden Sonneninsel Ischia. Wir beobachteten, wie schnell sich der Golf mit Licht und Farben füllte. Das weiße Fischerdorf vor uns, das Stufe für Stufe bis zur Kante des Kliffs anstieg, wurde immer bunter. Torbogen, Dachterrassen, Kuppeln, flache, runde, steile, eine morgenländische Marina tauchte vor uns auf, gewachsen aus Höhle, Zelt und Hütte. Nach tausend und einer Nacht sahen wir die Küsten der Alten vor uns: Pithekusa, Neapolis, Cumae, Roms Baia, Pompeji, Paestum, ja, Syracus, Aegina, Delos. Mutter saß im Bugkorb und zupfte Moll aus der Gitarre. Vater summte: Im Frühtau zu Berge wir ziehn, fallera! Mona und Uli kamen aus der Kajüte, und bald dampfte der Tee auf dem Schlingertisch.

Nach dem Frühstück warfen wir Hemd und Hosen ins Cockpit und stürzten uns in den morgenkühlen Golf. Nur Vater ging über die Heckleiter ins Wasser. Taucherbrillen und Schnorchel, die wir in Porto gekauft hatten, wurden ausprobiert. Wir konnten uns nicht sattsehen unter Wasser an unseren weißen Leibern im blauen Golf.

Vater ärgerte sich, daß der heruntergelassene Hubkiel keine rote Schutzfarbe bekommen hatte. Uli fand das nicht schlimm: man sieht es ja nicht. Aber Vater unkte: Er wird bald voller Muscheln sein und festsitzen. Zum Glück behielt er nicht recht. Wie soll man es ändern? fragte Mutter. Wir können das Schiff doch nicht zwei Tage an einen Kran hängen, um den Kiel zu streichen.

Wir bauten Meilenzähler und Speedometer hinter dem

Kiel ein. Vater öffnete das Ventil und drückte und drehte das Gerät von oben in die Buchse des Schiffsbodens, Nico kontrollierte unter Wasser, während Mona den hineinschießenden Golf auspumpte. Da der Geber klemmte, mußten wir es mehrmals einsetzen. Das Wasser stand schon an den Bodenbrettern, so daß Mutter um ihre Vorräte bangte. Vater knurrte aus der schwimmenden Bilje etwas wie: Pump lieber mit. Als wenn wir zwei Pumpen hätten. Uli stand ihm bei und sagte: Sie denkt nur ans Essen. Da tauchte Nico aus dem Wasser und hatte den empfindlichen Druckfühler in der Hand. Abgebrochen, prustete er. Wir beendeten die Arbeit und waren schließlich froh, als wir alles wieder so hatten, wie es vorher war. Mutter spendierte Saft, und wir legten uns in die Morgensonne an Deck. Nico las Bradfords Reisen mit Homer, Mutter in Buchners Ischia, das Herr de Mascia ihr gegeben hatte, und Mona studierte ihre geologischen Karten. Uli träumte über seiner Angel von Polypen, Rochen und Barben. Vater döste und hatte die nasse Seekarte auf dem Kopf, gegen die Sonne und zum Trocknen. Zum Glück wußte er noch nicht, daß wir mit defektem Meilenzähler und Speedometer Ischia am Ende nur auf Umwegen wiederfanden.

Nach einiger Zeit wurden wir durch lautes Lachen aus Träumen, Homer und Geologie geweckt: Mutter hatte die Geschichte von den Ratten auf Procida entdeckt: König Ferdinand verbot, seiner Fasanenjagd zuliebe, dort das Halten von Katzen. Nach zwölf Jahren gab es eine Rattenplage. Die Gärten, die Wohnungen, die Kirchen, die Sakristeien, die Schränke, selbst die Orgelpfeifen: nichts war vor ihnen mehr sicher. Die Vorräte der Leute, die Leichen vor der Bestattung, selbst Kinder in der Wiege fielen den gräßlichen Tieren zum Opfer. Die ganze Insel drohte unbewohnbar zu werden. Die verzweifelten Procidaner warfen sich dem König zu Füßen und legten siebenhundert tote Ratten auf seinen Weg. Das war zuviel für Ferdinands große Nase. Seitdem gibt es wieder Katzen auf Procida.

Wir entschlossen uns, in Procida nicht an Land zu gehen, sondern eine Rundfahrt um Ischia zu machen. Wir gingen Anker auf. Es war neun Uhr, um zehn würde der Seewind einsetzen und uns zum Kreuzen zwingen. Wir sahen zurück, das Fischerdorf lag gewürfelt auf schmalem Kraterrand in der hellen Morgensonne. Am nordöstlichen Ende der Bucht die dunkle verfallene Burg Giovanni da Procidas, des Helden der Sizilianischen Vesper. Heute steht im Seehandbuch: Annäherung auf weniger als 500 Meter verboten wegen der dort befindlichen Strafanstalt. Auf der anderen Seite des Kraterrands der neue Hafen, in dem wir mit der LAURO anlegten. Nur ein Kilometer trennt manchmal gestern und heute.

Wir machten einen Schlag nach Süden in den Golf. Der Seewind hatte schon eingesetzt. Mona zeigte uns im Pichler die Tektonische Karte von Rittmann. Der hatte 1930 entdeckt, daß der Epomeo gar kein Vulkan ist. Er wurde hochgedrückt von einem Magmaherd aus 3 km Tiefe, nachdem die Erdkruste vorher Millionen Jahre abgesunken war. Ur-Ischia erschien vor hunderttausend Jahren. Der grüne Tuffstein des Epomeo bildete sich schon unter Wasser. Der Krater ist später über Wasser durch Erosion entstanden. Das geschah in der letzten Eiszeit. Am Cap Circeo wurde 1939 ein Neandertaler gefunden. Der sah Ischia auftauchen.

Wird ganz schön Schiß gekriegt haben, meinte Uli. Halt mal, Leute, überlegte er, der Bradings oder wie der heißt, hat ja doch recht. Bradford! sagte Nico. Der Neapolitaner am Cap Circeo war vielleicht doch Odysseus! Nico fiel stöhnend ins Cockpit. Mutter spendierte Saft. So verkehrt, sagte sie, ist das gar nicht, was Uli sagt. Was ist schon in der Geologie eine Null? Odysseus, stöhnte Nico aus dem Cockpit, war hier vor 3000 Jahren und hatte Bronze-Waffen; die Neandertaler schmissen sich mit Steinen wie du. Wegen dieser Bemerkung bekam Nico keinen Saft. Mutter erinnerte ihn an den Stein, mit dem er die großen Wohnzimmerscheibe eingeworfen hatte. Und den Druckfühler hat er auch kaputtgemacht, sagte Uli.

Vor fünfundzwanzigtausend Jahren versank Ur-Ischia wieder, erklärte Mona, bei einem Vulkanausbruch, von dem man voriges Jahr Asche bei Zypern fand. Durch radioaktive Messung wurde ihr Alter bestimmt. Mona zeigte auf die Karte.

Dieser gewaltige Ausbruch liegt dahinten an der Südwestspitze am Punta Imperatore, er war der gewaltigste seit der Steinzeit im Mittelmeer. Danach war der Magmaherd leer und brach ein. Ischia versank. Doch im Laufe der Zeit füllte er sich wieder. Und so tauchte Ischia am Ende der Altsteinzeit vor zehntausend Jahren wieder aus den Fluten auf, zusammen mit dem Urvesuv und dem Urphlegräus. Hoffentlich endgültig, sagte Mutter.

Bald darauf kam Circe. Und dann Odysseus, und dann Umberto, und dann du, Uli, sagte Nico, und nun bring mir mal Saft. Das tat Uli. Wir waren inzwischen an der Punta Solchiaro, der Südwestspitze von Procida, angekommen und hatten Kastell und Epomeo in Peilung. Im Seehandbuch war ein Panorama in 260° eingezeichnet. Wir fanden es gut. Endlich mal in brauchbarer Entfernung, meinte Nico.

Der Wind frischte etwas auf, wir konnten Pancrazio, die Südostspitze Ischias gerade anliegen. Jetzt segelten wir bis hinter Pancrazio auf einer alten Bruchlinie der Erdkruste, auf der mehrere Vulkane liegen. Mona verglich die Karte von Rittmann mit der Seekarte. Nach einer Seemeile müßten wir über La Catena stehen, eine Untiefe von nur zweiundzwanzig Metern, drumherum hundert Meter Wasser. Anderthalb Seemeilen weiter auf der Bruchlinie kommt die Banco d'Ischia, ein Unterwasser-Vulkan, und hinter Pankrazio der halbertrunkene Scarrupata-Vulkan. Seine Nordseite sieht noch 200 Meter aus dem Wasser und bildet Ischias südöstliche Steilküste.

Nico legte den Bradford weg und nahm die Pinne. Er versuchte, auf der Bruchlinie zu segeln. Uli peilte Punta Solchiaro und das Kastell mit dem Peilkompaß, Vater trug den Ort auf der Karte ein. Aber Nico fand die Untiefe nicht. Das Echolot zeigte immer über fünfzig Meter an. Dafür fanden wir den untermeerischen Krater der Banco d'Ischia. Er hatte einen Durchmesser von einer Seemeile. Mutter war so taktlos, das zu bemerken. Zwei Fischer fischten hier. Wir hatten dreißig Meter unter dem Kiel, kurz danach waren es vierhundert.

Am Ende der Steilküste legten wir uns vor Anker, um zu baden. Es war zwölf Uhr und heiß. Die Sonne stand hoch. Hier begann der Marontistrand und endete in Sant Angelo, einer neunundneunzig Meter hohen Staukuppe, auch ein steckengebliebener Vulkan wie Castello. Wir konnten bis auf ein paar Meter an den Strand heran, der schnell absinkt und gefährlich ist beim Baden. Wir nahmen den Heckanker mit herüber. Der Marontistrand hatte es auch sonst in sich. Es gab zahlreiche Fumarolen, Erddampflöcher, die manchmal heißen Wasserdampf ausblasen, auch unter Wasser. Der Sand war so heiß, daß wir uns Sandalen holen mußten. Mona zeigte auf eine Küstenlinie in zwanzig Meter Höhe. Pichler vermerkt, daß die Buchners dort römische Scherben fanden. Zwanzig Meter in zweitausend Jahren hat sich der Strand hier gehoben. Mutter hatte es als erste: Macht einen Zentimeter pro Jahr. Merkwürdig, gerade waren wir über den sinkenden Scarrupata Vulkan gefahren. Ischias Südküste sinkt. Nur hier nicht. Bahnt sich am Marontistand ein neuer Vulkanausbruch an?

Uli wurde es nun doch zu heiß unter den Füßen und wir gingen zurück zur KLEINEN LIEBE an die sinkende Scarrupata-Küste. Dort waren kühle Höhlen in den Felsen. Wir badeten und schnorchelten und beobachteten die Weidegründe der Fische auf dem Seegras, in der Dünung. Mutter kochte an Bord Ravioli, stellte sie auf die schwimmenden Fender ins Wasser, und jeder schwamm mit seinem Teller in seine Höhle. Loch Ness, schrieb Mutter auf die Seekarte, Fütterung der Ungeheuer.

Zum Nachtisch nahm Vater sich den Pichler mit in seine Höhle. Das mit dem Marontistrand ließ ihm keine Ruhe. Mitten im Kriege, so stand es auf Seite

124, wurden dort Versuchsbohrungen niedergebracht, um Erddampf zu gewinnen. Aber nach 330 Metern und einer Temperatur von 175 Grad hörte man 1943 auf, wohl weil zu viele zischende Geysire entstanden, vielleicht auch, weil es an der Südfront zu brenzlig wurde. Zehn Jahre später wurde weiter westlich ein Versuchskraftwerk errichtet, das heute wieder stillliegt. Das hineingepumpte Wasser lieferte 40 Megawatt elektrische Leistung. Das entspricht einem Kohlekraftwerk. Vater sagte:

Man sollte noch einmal den Magmaherd anbohren, jetzt, wo das Öl knapp wird. Hör bloß auf, sagte Uli, plötzlich kommt das Magma raus, und Ischia geht wieder baden.

In Sant Angelo gingen wir vor Anker, um Giovanni zu besuchen. Umberto hatte gesagt, er sei der letzte Fischer »senza motore« in Ischia. Nach Mitternacht rudert er hinaus. Jetzt hielt er natürlich Siesta. Sein Häuschen lag hoch über dem winzigen Hafen. Eins seiner zehn Kinder saß vor der Tür und spielte mit den Katzen. Wir gingen durch Sant Angelo. In den Lokalen hängen Giovannis Porträts. Purrmann hat ihn gemalt, Gilles und Bargheer, der um die Ecke in Forio wohnt. »Eis mit Same«, »Kaffee und Kuchen«, »Wurstel mit Kraut«, liest man heute an jeder dritten Tür auf deutsch. Auf einer Speisekarte stand: »Bratvurz«. Auf einer anderen gab es »Kalbsratten«. Wir flohen. Wir haben Sant Angelo kleingekriegt.

Auf dem Wasser fühlten wir uns wieder wohl und leckten das Eis von Angelo, doch das war wie überall von Motta. Dann steuerten wir geradewegs auf das Imperatore-Kap zu und damit in den Serrara-Vulkan Urischias. Am Kap bestaunten wir die messerscharfe Schichtung. Wir hielten uns nordwestlich entsprechend dem Profil im Geologischen Führer. In Augenhöhe stieg dunkle Lava aus dem Wasser, sie reichte bis zwanzig Meter. Noch über unserem Mast war eine alte Brandungslinie eingeschnitten. Dann türmten sich Schichten von drei Vulkanen steil übereinander, 227 Meter hoch, die untersten von jenem Serrara-Ausbruch, der Ischia versenkte und dessen Aschen vor Zypern liegen. Uli und Nico hätten gerne ein Stück Urischia mitgenommen, aber die Brandung war zu stark und die Schichten lagen zu hoch. Mona sah in den Pichler, holte ihre Sandalen, klopfte sie über dem Buch aus und streute Uli Urischia in die Hand. Der Marontistrand besteht aus zermahlenem Serrara-Tuff. Geologin müßte man sein.

Vom Kap herunter fielen Böen, so daß wir die Genua einrollten. Wir segelten die Westküste entlang an Forio vorbei und suchten die Häuser von Eduard Bargheer, Terence Rattigan und William Walton, die uns Frau de Mascia in unsere Karte eingezeichnet hatte. Wir fanden auch die Villa von Brigitte Bardot hoch in den Weinbergen von Capizzo. Die Fensterläden waren geschlossen.

An der Nordwestecke Ischias grüßten wir Odysseus am Monte Vico. Von Casamicciola sahen wir zuerst das lange, gelbe Badehaus, rechts darüber die alte Sentinella, mit dem geodynamischen Observatorium. De Mascias Villa fanden wir nicht. Wir winkten vorsichtshalber. Nach Casamicciola kam der Monte Rotaro. Siebenhundert vor Christi ergoß er seine Lava ins Meer. Odysseus sah es noch. Es war später Nachmittag, als wir in den Hafen einliefen. Der war zum Wochenende voll bis auf den letzten Platz. Umberto stand auf der Generalsyacht und blinzelte gegen die Sonne. Er hatte eine Boje ausgelegt, so daß wir nicht zu ankern brauchten. Kopfschüttelnd nahm er die Festmacher an: Vater war immer noch nicht rasiert.

Wir setzten uns unter das Sonnensegel, und Nico holte Espresso. Viele und große Yachten waren hereingekommen, Motoryachten natürlich. Nur ein Segler, Inglese, sagte Umberto. Ein Glück, daß wir das kleinste Schiff hatten. Die KLEINE LIEBE fand immer ihren Platz und ihre Freunde, auch am Sonnabend. Eben war noch eine Luxusyacht eingelaufen und drehte suchend im Hafen. POSITANO stand am Heck. Die Mannschaft machte Fender und Festmacher klar. Die werden wohl wieder rausmüssen, meinte Vater. Umberto schüttelte den Kopf, spuckte seine Zigarette über Bord und ging an Land.

Wir wußten nicht, wie sie es machten, aber die POSITANO kam dazwischen. Am anderen Ende des Hafens gab es allerdings Ärger. Zwei kleine Italiener wurden gegen ein Frachtschiff gedrückt und mußten mit ihren Schiffen das Feld räumen. Was sich dabei abspielte, war reif für eine Oper. Sie ankerten schließlich vor den anderen Schiffen. Dabei geriet der dickere mit seinem Anker in die Ankerleine des dünneren. Der Kieker bei uns wanderte von einem zum anderen. Hoch auf der POSITANO stand einer mit silberblondem Scheitel und lachte. Um ihn ging es gar nicht mehr. Schließlich verließen die beiden kleinen Italiener den Hafen. Schweinerei! sagte Nico. Die POSITANO hatte gesiegt. Mutter wunderte sich nicht, daß jeder dritte hier

Kommunisten wählt statt diese Padroni und Macht-auskoster. Uli wollte der POSITANO heute nacht einen Tampen in die Schraube hängen. In der Schule lassen wir solchen die Luft aus dem Fahrrad, sagte er. Wir sahen uns um. Zwanzig oder dreißig von diesen Luxusyachten lagen um uns herum und hießen: SCHWAN, COPACABANA, MOGUL. Sie hatten die Hecks zum Kai. Darauf lagen in Liegestühlen braune Signori neben Mädchen, die sehr Kurzes oder sehr Langes trugen, je nachdem, wie spät sie waren. Sie spielten das Stück von den Klugen, die nie was trugen.

Unten am Kai promenierten Massen von Zuschauern, die das süße Leben aus den Augenwinkeln bewunderten. Oben ließen sich die Akteure die Drinks nachgießen. »Betreten verboten«, stand an den Gangways. Und so warten denn unten die Toren, gebückt geboren, daß jemand kommt und sagt: Betreten erlaubt! Jetzt kommt ihr in die Liegestühle.

Umberto kam wieder und Uli fragte: Wo bleiben die rausgedrängelten Schiffe heute nacht? Umberto hob die Achseln. Vater fragte, ob er Kommunist sei. Er steckte sich eine Zigarette an und sagte: Ich kann mir nicht leisten, nach meiner Überzeugung zu wählen. Wer weiß, wer morgen oben ist. Wollt ihr denn diese Luxus-Signori ewig behalten? fragte Vater. Umberto zuckte die Achseln und sagte: Sie zahlen. Und wie! Er klopfte auf seine Tasche: POSITANO. Un pazzo Tedesco!

Wir wollten noch einen Hafenspaziergang machen und verabschiedeten uns von Umberto. Auf der Gangway der Generalsyacht gab er Mutter seinen Kamm: Geld ist nicht so wichtig wie Bella figura. Er zeigte auf Vaters Stoppelbart, schüttelte den Kopf und sagte: Brutta figura.

Am Hafen sahen wir uns die Yachten an. Die meisten hatten mehrere Mann Besatzung. Auf ihre weißen Hemden war der Schiffsname gestickt. In Davits hingen Beiboote mit schweren Außenbordmotoren zum Wasserskilaufen. Viele fuhren unter Panamaflagge. Auf den Kommandobrücken blitzten die Knöpfe und Schalter. Sie lieben die Macht, die aus den Knöpfen kommt.

Die Espresso Lauro lag abfahrbereit und voller Tagesgäste aus Neapel. Irgend etwas schien unklar. Auf der Brücke gestikulierten Ischias Hafenkommandant Scarpati und der Kapitän: Tausend Passagiere waren an Bord, vierhundert mehr als erlaubt. Der Kapitän ließ die Dampferpfeife schrillen, um das Problem zu lösen. Wir flüchteten gegenüber zu einem Yachtausrüster. Vielleicht hatte er ein neues Druckfühlerstück für den Meilenzähler. Ein Herr mit silberblondem Scheitel meinte deutsch: Haben sie natürlich nicht, und half beim Übersetzen. Der Verkäufer gab sich große Mühe, packte alles aus. Wir waren erstaunt, was er alles hatte, den Druckfühler allerdings nicht. Weil wir nicht so fortgehen mochten, kauften wir schließlich einen Tiefenmesser mit Armband. Der Verkäufer empfahl ihn sehr: Er kostet in Deutschland das Doppelte. Der Herr mit dem silberblonden Scheitel fragte, ob wir denn eine Taucherausrüstung hätten. Noch nicht, sagte Vater. Draußen meinte Nico: Wißt Ihr, wo ich den schon mal gesehen habe? Vorne im »Stern«. »Stern«? fragte Mutter. Ach der? sagte Vater. Mona sagte: Auf dem Bild sieht er viel jünger aus. Und dann ging derselbe Herr, der zu Hause Jagd auf die Reichen macht, über die Gangway seiner POSITANO, klopfte einem Matrosen auf die Schulter und verschwand in seinem Luxusbrummer. Vater stand lange vor der Gangway, die Hände in den Taschen. Dieser Hans Albers, sagte er endlich, dieser Sozialtransvestit. Mutter hakte ihn unter und schlug Gennaro vor. Uli sah sich die Schiffsschraube an, aber der Vorschlag, zum Essen zu gehen, reizte ihn mehr.

Allen stand der Sinn nach Zuppa di Cozze. Vater entdeckte den roten Palumno, und die Welt war wieder in Ordnung. Da lob ich mir die Padroni hier, sagte er, die sind wie sie sind und nicht wie jene, die mit der Ballonmütze Auflage machen. Die LAURO war übrigens weg.

Wir beobachteten eine englische Yacht, der man noch den Sturm der Biscaya ansah. Gennaro schnalzte mit der Zunge und sagte: Inglesi! Sie saßen an Deck und nähten Segel.

Wir machten Pläne: Morgen abend wollten wir den Epomeo besteigen und im Schlafsack auf die Sonne warten und am Tag darauf nach Baia segeln. Schließlich brachen wir auf und halfen uns gegenseitig hinüber in die KLEINE LIEBE. Wir machten Licht und sahen, daß Umberto uns ein kleines Bild mit dem heiligen Nicolaus in die Kajüte gelegt hatte, dem Schutzpatron der Seeleute: Ein Gruß von Mamma.

Draußen blieb das Leben noch lange laut. Bordwand an Bordwand lernten wir die Nächte der Padroni kennen. Schlappschwänze, sagte Mutter, die Umbertos sind mir lieber. Sie leben laut, aber sie lieben leise.

Das Micro, das uns am nächsten Tag nach Lacco

Ameno fuhr, war ein wahrer Luftikus: Ein Taxi auf drei Rädern mit Lenkstange, bunten Bändern und Segeltuchverdeck. Wir hatten alle Platz darin, und es war herrlich luftig, laut und langsam. Man sah noch Land und Leute aus dieser liebenswürdigen Ischia-Spezialität und weniger die anderthalb Millionen Touristen der Insel. Das Micro fuhr uns zu dem kleinen Archäologischen Museum unter der Kirche Santa Restituta, diesem Geheimtip unter den Museen Kampaniens. Eine Treppe führte durch ein Loch in der Gegenwart unter die Kirche. Ihr Pfarrer Don Pietro Monti fand hier ein mittelalterliches Beinhaus über frühchristlichen Katakomben, über römischen Zisternen, über griechischen Schmelzöfen und phönizischen Gräbern. Und dazwischen ganz in der Nähe entdeckte Giorgio Buchner den Schatz der Schätze: die Schiffbruchscherbe und den Nestorbecher aus den Zeiten Homers. Manchmal kommen sogar Besucher in mein Museum, sagte Pascale Christoffero, der alte Kustode, stolz. Er hatte bei den Buchners etwas Deutsch gelernt. Don Pietro Monti ließ hier alles im Zustand der Entdeckung, und so ist man in diesem erstaunlichen Museum Zeuge von Zeugen zwischen Gräbern, Gestein und Gemäuer. Am Ende standen wir vor dem Bild der uralten Schiffbruch-Scherbe, standen vor uns selbst, unseren Träumen und Alpträumen. Ein Schiff, drei Menschenlang, wie unsere KLEINE LIEBE. Odysseus Schiff? Entmastet versinkt es zwischen Fischen und Menschen. Die Fische kannten wir. Ganz links war eine Spigola. Ein Hai schnappte nach dem Kopf eines Schwimmers. Sechs Schiffbrüchige zählten wir. »Und es fielen im Nu über Bord die Gesellen, und sie trieben wie Möwen auf den

Wellen dahin«, sang Homer. Wer hatte das nicht schon geträumt? Eine Szene aus dem Gedächtnis der Menschheit.

Der alte Kustode tippte Mona auf den Arm und zeigte ihr einen Marmorsockel mit griechischer Inschrift. Seia! sagte er und lief mit gesenktem Kopf auf der Stelle. Seia von Ischia! Seia Spes hat 154 nach Christi den Wettlauf der Frauen in Olympia gewonnen, stand auf dem Sockel. Don Pietro Monti fand ihn 1952. Wir stiegen durch die Jahrtausende wieder herauf ans Licht. Der alte Mann dankte uns. Wir waren die einzigen Gäste. Erzählt es oben, sagt er, was ihr hier unten saht. Noch bin ich da und zeig es allen. Er brachte uns zum Micro. Er sollte recht behalten. Georgio Buchner nahm die Schiffbruchscherbe und den Nestorbecher mit nach Neapel, als er Superintendent von Kampanien wurde. Die Griechengewölbe versinken. Pascale sprach mit unserem Micromann, und der fuhr uns nach Ischia Ponte zum Castello und zu Don Pietro.

Dort entdeckte 1971 Don Pietro Monti mit jungen Tauchern eine Straße zwischen Ponte und der Kastell-Insel, sechs Meter unter dem Meeresspiegel. Wir haben das alte Aenaria entdeckt, sagte Don Pietro. Das Wort bedeutet: Metalle. Gerade wog er einen Bleibarren. Er zeigte uns den Gießerei-Stempel, der unter der Korrosion durch das Meerwasser noch zu lesen war: Gneo Atellio. Von der Firma hatte er schon mehr gefunden. Der Rohstoff kam aus dem Norden, von den Etruskern. Hier wurde er in großem Stil zu Pfeilen verarbeitet. Nirgends am Mittelmeer sind so schwere Barren gefunden worden wie hier. Wir sahen auf die Skala: 35 kg. Ischia, das früher Aenaria hieß, war ein antikes Rüstungszentrum. Die Stadt Aenaria versank zur Zeit des Kaisers Nero in wenigen Jahren. Bis zum vorletzten Jahr wußte niemand, wo sie gelegen hat.

Ein wenig beklommen stiegen wir wieder in unser Micro. Dichtung und Wahrheit, Bleibarren und Vittoria Colonna gingen in unseren Köpfen herum.
Da wir nichts sagten, unterhielt uns der Taxifahrer. Wir sollten nun auf den Epomeo. Es wäre deutsch, ihn zu besteigen, sagte er, oder so ähnlich. Er würde uns nach Fontana fahren, von da sei es eine Stunde zu Fuß. Das machten viele, besonders die Deutschen. O Gott! wir wollten schon die Nacht auf dem Epomeo streichen, aber dann lockte er uns mit Geschichten von Einsiedlern. Deutsche Ritter hätten oben die Kapelle des Heiligen Nicolaus gebaut. Ein Flame, einst Kommandant des Kastells, habe zur Sühne dort in einer Felsgrotte gehaust, nachdem der Blitz gerade da in das Kastell schlug, wo er eine junge Ischitanerin verführte. Sein Vater hätte noch den alten Überle gekannt, der sei dort hundert Jahre alt geworden. In seiner Felsenzelle könnten wir übernachten. Nun verabredeten wir uns doch auf den Nachmittag und handelten den Preis aus für die Microfahrt nach Fontana.
Als wir uns in die KLEINE LIEBE legten, um zu dösen, zu lesen oder zu angeln, setzte sich unser Micromann einfach auf einen Poller am Kai, ließ die Beine baumeln und uns nicht aus den Augen. Endlich, gegen halb fünf, winkte er und zeigte auf ein silbernes Tablett. Er brachte uns Espresso. Wir holten ihn an Bord. Er sah sich alles genau an. Dabei zog er die Stirn hoch, so daß seine braune Glatze sich faltete, bis auf eine blaue

Beule, die glatt blieb. Er zählte die Kojen durch und sah in die chemische Toilette.

Dann verlud er Luftmatratzen und Schlafsäcke in sein Micro, und die Fahrt ging los. Sie führte zwei Kilometer die Arso-Lava hinauf, die jüngste Lava Ischias. König Ferdinand ließ sie mit Pinien bepflanzen. Heute fährt man durch einen schattigen Wald. Als wir zu dem Städtchen Barano im Süden Ischias kamen, ging es bergauf durch eine Oleanderallee, mit jaulendem Motor. Wir pflückten im Fahren einen Strauß und steckten ihn zwischen die Schlafsäcke. Die Schlaglöcher stießen den Schädel unseres Micromannes dauernd gegen eine Schraube des Sonnendachs. Als er oberhalb von Barano anhielt, konnte sich sein Micro vor lauter Fehlzündungen lange nicht beruhigen. Er zeigte uns den Blick hinunter auf das südliche Meer. Unter uns lag der Marontistrand, Sant Angelo und am Horizont sahen wir Capri. Die Sonne stand schon rechts über dem alten Serrara-Vulkan, der Ischia einst versenkte. Neben ihr türmten sich Wolkengebirge.

Unser Micromann winkte uns in ein nahes Haus, vor dem ein pfiffiger Alter stand mit struppigem Grauhaar und »Viva il Re«! rief. Der König, hörten wir, und die Königin pflegten hier zu halten und die Aussicht zu genießen. Einmal sei die Königin nicht aus der Sänfte gestiegen. Endlich habe sie dem König etwas ins Ohr geflüstert und der habe sie rasch in dies Haus geführt und eine Wache davorgestellt.

Der Alte winkte uns hinein. Im Inneren stand auf einer Kommode eine bauchige Flasche mit einer gelben Flüssigkeit, daneben zwei Kerzen. Am Geburtstag der Königin werden sie angezündet. Wir trauten unseren

Augen nicht. Da waren wir den Bourbonen leibhaftig begegnet! Vater spendierte zwei neue Kerzen für den Urin der Königin. Sie wurden angesteckt. Darauf zog der Alte die Schublade der Kommode auf, holte ein winziges Flacon mit gelblicher Flüssigkeit heraus und hielt sie gegen das Kerzenlicht, um uns von der Echtheit zu überzeugen. Mutter hob beschwörend die Hände, aber nach einigem Hin und Her hatte Vater es gekauft. Es steht noch heute im Flaschenrigg der KLEINEN LIEBE.

In Fontana luden wir unser Gepäck aus und hatten einige Mühe, die Treiber abzuwehren, die uns hoch zu Esel auf den Epomeo bringen wollten. Wir wollten keine Eselei, sondern auf eigenen Füßen gehen und marschierten durch einen Hohlweg bergauf. Der graue Tuff staubte und bald waren die Kehlen trocken. Es donnerte und Wind kam auf. Wir kehrten bei einem Weinbauern ein und legten unser Gepäck ab. Rasch kam das Gewitter. Der Wind pfiff durch den Hohlweg, riß Zweige und Staub mit sich, es blitzte und goß und nach drei oder vier Donnerschlägen war alles vorbei. Wir saßen in einer schützenden Laube. Schon glitzerte die Sonne wieder in Tropfen und Trauben. Nur daß sich Vater einen Splitter der Holzbank durch die Hose spießte, störte den Abendfrieden. In einer gemeinsamen Aktion wurde er gefunden und ausgegraben. Die Kinder des Weinbauern klatschten Beifall, als Mutter den Splitter herumzeigte. Er schwimmt heute im königlich-gelben Flacon. Der Weinbauer holte für uns kühlen Epomeo aus dem Felsenkeller und die Bäuerin brach frisches Brot.

Als wir endlich aufbrachen, lagen Weinberge, Wald

und Wege schon im Schatten der Erosionsrippen zwischen den schroffen Tälern. Eine Straße kreuzte unseren Weg. Sie führte östlich zu einer Radarstation der Nato. Wir wanderten westlich weiter zum Gipfel. Er war noch zweihundert Meter höher. Die Abendsonne beleuchtete ihn.

Der Weg wurde glitschig und Nico rutschte als erster aus. Wir gingen über tonige Sedimente, unsere Schuhe verkleisterten und die Hosenbeine sahen aus wie zu Hause im Watt. Wie kommt denn der Schlick hierher? wunderte sich Uli und behauptete, er hätte ein Kilo Watt in den Segelschuhen. Denk dir, sagte Nico, es hat geregnet. Das weiß ich, sagte Uli, ich bin ja nicht das Rotkäppchen. Mona sah das anders: fünfzig Meter zurück war der Weg nämlich noch nicht glitschig. Sie versuchte, am Wegrand Steine zu lockern. Es hat mit dem Regen nichts zu tun, sagte sie, was würdet ihr sagen, wenn ich hier Muschelreste finde? Rotkäppchen! sagte Nico und setzte den Seesack ab: Wenn ihr mir jetzt mit Geologie kommt, dann tragt ihr ihn, zischte er und wischte sich Blut von den Knien. Da Vater und Mona Muscheln suchten, nahm Mutter den Seesack. Es muß hier Foraminiferen geben, sagte Vater. Mutter stapfte weiter durch den Schlick und entschied: Schluß mit den Vogelminiferien, hier geht der Weg.

So mußten Vater und Mona murrend folgen, ohne die Reliquien des ins Meer gesunkenen und wiederauferstandenen Urischias, die hier sechshundert Meter über dem Meere liegen. Bei siebenhundert Metern hörte der Matsch auf. Die letzten zweiundachtzig Meter bis zum Gipfel waren fest und steinig. Das war der grüne Epomeotuff. Wir sahen ihn kaum noch, so dunkel war es geworden. Die kleine Kirche des heiligen Nicolaus stand damals noch, geduckt unter dem Gipfelfelsen. Sie war offen. Wir stellten unsere Seesäcke vor die Tür und traten ein. Als wir zwei Kerzen gefunden und angezündet hatten, sahen wir einen Christus ohne Dornenkrone, dessen Brust und Knie aufgeschlagen waren. Am Heiligen Nicolaus stand die Jahreszahl 1500 und wir fanden auch das Grab des Einsiedlers, von dem uns unser Micromann erzählte. Es war Joseph d'Argont, Kommandant des Kastells.

Ein Mann kam vom Gipfelfelsen. Er hatte ein Messer in der Hand und roch nach Feuer. Mangiare? fragte er, wischte das Messer an seiner Schürze ab und schnitt ein Stück von dem Fleisch herunter, das er mitgebracht hatte. Es roch vorzüglich. Er hielt es uns unter die Nasen und ging zum Gipfel zurück. Wir folgten. Unter dem Gipfelfelsen war nach Westen eine Terrasse gebaut, von der es über eine Falltür in den Felsen ging. Dort saßen in einer engen Küche vier junge Leute und ein älterer im Dunst des Herdes. Die Jungen, zwei Mädchen und zwei Männer, hatten ihre Rucksäcke hinter sich an den Fels gelehnt. Einer spielte Gitarre. Es waren Holländer. Der ältere Herr hieß Blum und sprach deutsch, als ob er aus Berlin käme. Im Jahre 1788, sagte er, machte Gay-Lussac hier die erste Barometer-Vermessung. Damals war der Epomeo 788 Meter hoch, heute 787. Auf dem Träger seines Rucksacks stand: Dr. Francisco J. Blum, Buenos Aires.

Wir kamen gerade richtig, das Essen war fertig. Nach dem Essen zeigte uns der Mann mit dem Messer eine Felskammer mit einem Doppelbett und einer Fenstertür, die sich auf einen winzigen Balkon öffnete. Der hing über dem Westabhang des Gipfels. Uli mochte nicht hinuntersehen. Tief unten lag Forio, wir sahen es an den Lichtern. Der Horizont war noch rot von der untergegangenen Sonne. Darüber war der Himmel schwarz und die Sterne so hell wie die Lichter von Forio. Die Mondsichel stand über der Punta Imperatore. Neben uns waren die Felsen windzerzaust, nach Nordwesten in Richtung des Mistral zugespitzt, zur anderen Seite ausgehöhlt wie Ohrmuscheln. Der Nachtwind tönte darin seine Sirenenklänge. Wir lauschten und saßen lange und machten im Geiste vier Sterne in den Reiseführer.

Wir hatten die letzte Felskammer bekommen. Sie war zu eng für uns alle und so stiegen Vater und Nico die wenigen Meter bis zum Gipfel hinauf. Dort standen sie wie im Mast eines gewaltigen Schiffes und starrten nach unten. Das Meer, auf dem sie trieben, erkannten sie nicht. Sie waren es selbst.

Die Nacht war kühl. Sie suchten einen Winkel in der Finsternis und bargen sich in ihren Schlafsäcken. Im Osten, über dem Festland, lagen Wolkengebirge und manchmal kam von dort ein feuchter Fetzen und hüllte den Epomeo-Gipfel ein. Im Westen blieb es sternenklar. Die Milchstraße drehte sich über den beiden Gipfelschläfern. Vom Leben als Meerfahrt träumte ihnen, und gerade scheiterte Vaters Schiff an einem Felsen, auf dem Zuschauer standen, da weckte ihn Señor Blum. Sie haben sich gewälzt wie ein Wal, sagte er, als Vater aus seinem Schlafsack auftauchte. Es war drei Uhr, aber im Osten stand schon ein fahles Licht über den Wolken. Wir legten uns hinter ein Felsstück in den Windschatten und beobachteten den Himmel. Es war schwierig, den Vesuv zu erkennen. Manchmal gelang es, seine Spitze zu sehen. Sie blieb stehen, während die Wolkenbänke langsam nach Südwesten drifteten. Als der Osten sich rötete, holten wir die anderen aus ihren Felskammern.

Schweigend kamen sie herauf und legten sich dicht neben uns. Vier Holländer, wir fünf von der KLEINEN LIEBE und Señor Blum, den wir in die warme Mitte nahmen, weil er keinen Schlafsack hatte. Es war so still wie in einem Dom, wenn das ewige Licht über dem Altar flackert. Aus dem Luftmeer kamen helle kleine Wolken auf uns zu, aber die meisten blieben dunkel unter uns. Im Meer unten sahen wir Fischer mit ihren Carbidlampen, die blinkten wie Sterne. Schade, sagte Uli, als ihr mich wecktet, träumte ich gerade von einer Leiter zum Himmel. Ich war schon auf dem untersten Stern. Haben Sie auch was geträumt? fragte er Señor Blum. Es gibt eine Geschichte, die schon so oft in meinem Volk geträumt wurde, sagte Señor Blum, daß sie zur Legende wurde: Auf einem Schiff waren Reisende aus siebzig Völkern. Es geriet in einen Sturm. Die Reisenden nahmen die Abbilder ihrer Götter und baten um Hilfe. Aber das half nichts. Der Sturm wirbelte sie durcheinander, sie faßten ihre Götter und schrien. Unter ihnen war ein Jude, der schlief. Sie suchten vergebens nach seinem Gott. Dann weckten sie ihn und er brachte sie glücklich an Land. War das Odysseus? fragte Uli. Wie er hieß, weiß ich nicht, sagte Señor Blum.

Eine Wolke hüllte uns ein und machte die Schlafsäcke feucht. Als sie vorüber war, wurde der Osthimmel rot. Und da blitzte der Rand der Sonne unter einer tintenblauen Wolkenbank hervor. Geblendet, vergoldet sprangen wir auf. Weiß und gelb stand der Gipfel um uns und schwebte über dem Dunkel. Ein paar Minuten schwebten auch wir wie auf einem fliegenden Teppich. Dann lief das Licht die Flanken des Epomeo herunter. Señor Blum flüsterte etwas in die Sonne, die nun rund und rot über dem Golf aufstieg: Helios leuchtender Aufgang. Odysseus stand neben uns und Circe, des Sonnengottes Tochter, und Homer sagte: »Ich war auf einen schroffen Ausguck hinaufgestiegen, eine Insel um mich.« Ischia becirct noch immer.

Auch unter uns, rundum sahen wir nun die Sonne aufgehen, im Erosionskessel von Fontana, dann in S. Angelo, auf dem Kastell, in de Mascias Casamicciola, bei den Griechen auf dem Monte Vico. Wir waren aufgesprungen, packten unsere Schlafsäcke und folgten dem Licht den Epomeo herunter. Beim Abstieg sprachen wir über die Odyssee von Señor Blum und sein Volk. Wir kamen durch Macchia und Steilkanten bis in die westlichen Kastanienwälder hinein. Auf dem Weg sahen wir einige tiefe Schächte im Tuffgestein am Nordwestabhang des Gipfels. Wir vermuteten heiße Fumarolen. Es kam aber nur grabeskalte Luft aus der Tiefe.

Wir bogen nach Osten in Richtung Casamicciola. In etwa vierhundert Meter Höhe kamen wir an den Küstengeröllen einer fossilen Strandlinie vorbei. Nach Stunden standen wir endlich verstaubt vor de Mascias Haus und bekamen Kaffee auf der Terrasse. Uli legte sich unter einen Apfelsinenbaum und schlief sofort ein. Über die Fumarolenlöcher lachte Frau de Mascia. Das sind die alten Schneeschächte, erklärte sie. Der

Schnee hat Ischia wohlhabend gemacht. Bis in den Sommer hinein wurde er früher nach Neapel transportiert, damit es am königlichen Hof geeiste Speisen gab. Er kam, in Matten eingenäht, nach Casamicciola und wurde von hier aus verschifft. Wenn im Winter Schnee fiel, blies ein Wächter auf dem Gipfel in eine riesige Meeresschnecke. Dann kamen die Arbeiter von unten, sammelten und preßten den Schnee in die Schächte. Die Gemeinde verpachtete den Gipfel. Die Händler waren das ganze Jahr zur Belieferung des Hofes verpflichtet. Konnten sie es nicht, mußten sie Schnee vom Ätna beschaffen.

Wir trugen Uli ins Auto und Frau de Mascia fuhr uns nach Porto zurück. Wir verabschiedeten uns und sanken in die Kojen. Morgen sollte die Golffahrt beginnen.

BAIA, bürgerlich

Am Morgen der Abfahrt aus Ischia kam Dr. Erner zu
uns an Bord, einer jener Freibeuter, die Beruf und Besitz hinter sich haben und endlich leben. Wir erzählten
ihm von unseren Träumen auf dem nächtlichen Epomeo. Da lachte er. Die Welt ist leergeträumt, sagte er,
und schon dröhnte sein Baß durch die Kajüte: »Ich will
den Kapitän sehn«, schrie die Frau, »den Kapitän, verstehn Sie?« »Das ist unmöglich«, hieß es, »gehn Sie! So
gehn Sie doch, Sie sehn ihn nie!« Das Weib mit rasen-
der Gebärde: »So bringen Sie ihm das – und das –« (Sie
spie die ganze Reling naß). Das Schiff, auf dem sie fuhr
hieß ERDE. Morgenstern, sagte er und schneuzte sich.
Günter Erner kannte alle Galgenlieder.
Mit dem Instinkt des Jägers für den Waidgenossen war
er zu uns gekommen und fragte nach unserem Kurs.
Wir wollten in den nördlichen Golf von Neapel, er
aber nach Süden. Schade, sagte er, und so folgte jeder
seiner Fährte. Bis hinter Procida blieben wir noch zusammen und versuchten, uns auszusegeln. Sein Schiff
war etwas größer, aber selbst mit dem Spinnaker holten wir ihn nicht ein. Wir sind zu schwer, sagte Vater.

Wir sind fünf, er ist allein. Nach Procida verloren wir seine VAGABUND aus den Augen.

Hinter dem Kap Misenum bekamen wir Ischia außer Sicht, und die See wurde ruhig. Wir holten die Schoten dicht und konnten gerade gegen den Maestrale anliegen. Seine fünf Windstärken drückten uns bis zum Waschbord in den Golf von Pozzuoli, der nun vor uns lag. Wir saßen alle in Luv und sahen in das vulkanische Wunder dieser Bucht. Mona verglich sie mit der Seekarte 439, in der die Krater aus der Vogelperspektive plastisch eingezeichnet sind.

So kam es, daß wir an Porto di Miseno, dem alten Flottenstützpunkt der Römer, den wir eigentlich anlaufen wollten, vorbeisegelten. Wir ließen es geschehen und hielten auf das Castello di Baia zu, das schon gut sichtbar wie ein Froschkönig auf der Klippe hockte. Misenum sparten wir uns für die Rückfahrt auf. Nico bestimmte unseren Schiffsort und machte Panorama-Aufnahmen für sein Seehandbuch. Dabei hielt Uli den Peilkompaß, während Mona die Ausschnitte in die Karte zeichnete.

Gleich hinter dem Kastell der Spanier in Baia hatten Muschelfischer ihre Pfähle eingerammt. Wir wendeten und segelten auf Backbordbug durch eine breite Gasse auf die neue Mole zu, an deren Ende die Fiatwerft liegt. Wer kennt nicht Fiat. Uli kannte die meisten Typen. Mutter schwärmte für den alten, zweisitzigen Topolino. Bis Nico las, was dort in Leuchtschrift wirklich stand: Fiart, nicht Fiat. Hinter der Werft sank die Sonne schon unter die Kraterränder, als wir am Molenende anlegten. Von Umberto wußten wir, daß der Direttore in der alten Villa auf dem Werftgelände wohnte. So baten wir den Wärter, der mit einem Hund auf die Mole kam, uns zu ihm zu bringen. Er war sich nicht sicher, ob der Direktor anwesend sei, wurde aber mit Hilfe eines Scheines sicherer und nahm sogar Nero, seinen Hund, an die Leine.

Wir gingen an einer Slippanlage für Motoryachten vorbei und sahen zu unserer Freude einige neue Optimisten. Nico, Mona und Uli gehörten auch zur Familie der Optimisten, dieser größten Bootsklasse der Welt. Später erzählte uns der Direktor, wie schlecht sich die Jugendjolle in Italien verkauft: Motore, nient' altro, auch bei den Jungen. Wir betraten die Villa über eine herrschaftliche Freitreppe. Im unteren Stock waren Werftbüros, oben wohnte der Direttore mit seiner Familie. Nach der Begrüßung der Erwachsenen sah man sich die Kinder an. Mona paßte gut zur Tochter, Uli zum Sohn, der ihn gleich zum Spielen mit in die Werft nahm. Mona lud das Mädchen auf die KLEINE LIEBE ein.

Mit einer Hebung des Handrückens schickte der Direttore den Wärter hinaus, der noch in der Tür stand. Er hatte uns wohl kommen sehen, denn von den Fenstern hier oben übersah man die Werftanlagen und den Hafen gut. Der Direttore war klein, seine Haut bedeckte weich den braunen Schädel, der breit auf kurzem Halse saß. Dem folgte ein sportlicher Körper, der in spitzen Schuhen endete. Er bewegte sich ruhig, nur seine Augen flitzten wie die Stichlinge. Seine Frau, größer als er, war bewegt. Das lag an ihrem Hund, aber auch an der Sorge um die Kinder draußen. Sie holte Gläser und Flaschen, und ihr Mann mischte einen Drink. Wir setzten uns und tranken auf die Gesundheit von Fiart mit Hilfe von Englisch und Französisch. Signora holte Zigaretten, aber die wollte niemand. Mutter fragte Betriebswirtschaftliches und hatte den Direttore am Band. Streiks seien eine Volksseuche, aber man könne sich arrangieren. Viel schlimmer sei der Assenteismo, das Krankfeiern:

»Im staatlichen Alfa-Romeo-Werk in Pomigliano d'Arco bei Neapel wird 150mal im Monat wild gestreikt. Ständig sind zwischen 28% und 38% der 15 000 Arbeitnehmer krankgeschrieben. Bei uns keine 10%! Als jetzt ein Gewerkschaftsfunktionär im fernen Genua bei einem Terroranschlag ums Leben kam, ordnete die Gewerkschaft dort einen Tag Streik an. Wie immer waren dann alle Arztpraxen überfüllt. Bei uns gibt es wohl Kranken-, aber kein Streikgeld. Diesmal beschwerte sich der Direktor bei der Ärztekammer Neapel: Ein Drittel der Belegschaft war eine Woche krankgeschrieben. Dort bedauerte man: Beschwerden unserer Patienten haben wir nicht zu bezweifeln, sondern aufzuklären, auch wenn das Zeit und Geld kostet.«

Der Direttore sah Vater an: »Eine fatale Interessengemeinschaft von Krankenschein und Krankengeld!« Vater bedauerte: »Entweder Sie haben Diktatur mit verstaatlichten Ärzten, oder Sie nehmen die Ausbeutung aller durch alle in Kauf.« Der Direttore stand auf und ging zum Fenster. Er sah über den Golf. »Demokratie«, sagte er und hob die Schultern. »Wir müssen mit der Pleite leben, eine Privatfirma wäre längst pleite, sie haben statt hundertfünfzig im letzten Jahr hunderttausend Alfa Sud produziert, das Stück umgerechnet tausendsiebenhundert Mark über dem Verkaufspreis. Zur Zeit ist wieder Streik, weil der Betriebsrat von der Regierung die zugesagte Vergrößerung verlangt. Ich war kürzlich in dem kleinen Alfa-Romeo-Flugmotoren-Werk fünfhundert Meter daneben. Eine Betriebsfamilie wie bei uns. Da produzieren zweihundert Leute mit Gewinn, jeder kennt jeden, und der Padrone geht durch den Betrieb, ohne daß ihm ein Schlüssel auf den Helm fällt. Großindustrie funktioniert bei uns nicht. Haben Sie die blühende mittelständische Industrie bei uns entlang den Autostradas gesehen?« Er zeigte aus dem Fenster auf die andere Seite des Golfs. »Bagnoli«, sagte er, »warum fördert Ihr das? Da produzieren achttausend Leute unverkäuflichen Stahl, jeder macht vierzehntausend Lire Verlust am Tag. In diesen Staatsbetrieb steckt die Europäische Gemeinschaft Millionen, statt daß sie fördert, was hier blüht.« Er kam zurück und setzte sich.

Nun ging die Signora ans Fenster und sah nach den Kindern. Vater leistete ihr Gesellschaft. Die beiden Mädchen hatten das Schlauchboot aufgepumpt und ruderten im Hafen. Die Signora machte sich Sorgen. Der Direttore suchte in einem Haufen Zeitungen nach der roten l'Unita. Die Signora setzte sich wieder. Er zeigte auf eine Rede von Giorgio Napolitano: »Die neue Aufgabe der Kommunisten ist der Kampf in den Betrieben nicht nur gegen Ausbeutung, sondern gegen individuelle Reaktionen wie Assenteismo.« Sie haben die Macht, sagte der Direttore, wieder Ordnung in die Betriebe zu bringen. Wir nicht. Agnelli von Fiat erkaufte sie sich von den Gewerkschaften mit der Zusage, niemanden zu entlassen. Das ist unsere Mitbestimmung.

Kommt die rote Ordnung? fragte wir. Ordine rosso, ordine nero, der Direttore bewegte die Achseln und erklärte uns das alte Rezept: Erst Streiks, dann Erlösung von Streiks, erst Hölle, dann Himmel, erst droht die Mafia, dann versichert sie uns. Die Signora nahm sich eine Zigarette und sagte: So war es schon vor fünfzig Jahren. Ihr Mann gab ihr Feuer und meinte: Mussolini garantierte Ordnung, mein Schwiegervater wählte ordine nero und hatte keine Streiks mehr. Ordine rosso oder ordine nero, oder wir gehen kaputt. Im letzten Jahr hatten wir bei einer Million Arbeitsloser und einer Million Auslandsarbeitern 150 Mill. Arbeitsstunden Streik, 50 Prozent mehr als im Jahr davor. Nicht nur die Lira, ganz Italien sinkt.

Draußen pfiff es, und die Signora eilte zum Fenster. Nun hatten die beiden Jungs das Schlauchboot und fischten. Die Mädchen schwammen bei der KLEINEN LIEBE. Die Signora wurde unruhig. Vater lud sie auf die SYBILLE ein, und wir gingen alle nach unten. Der Direttore zeigte uns die Gegend. Molto antico, sagte er. Da ist der Palast Cäsars. Er zeigte rechts auf das Castello di Baia. Auch Nero hat dort gewohnt, und Kaiser Hadrian ist darin gestorben. Die spanischen Vizekönige haben es umgebaut. Signora nahm Vaters Arm, zeigte auf ihren Mann und sagte: Origine spagnuola. Der Direttore führte uns durch die Werfthalle, in der Kunststoff verarbeitet wurde. Er hatte mit der Produktion von Haushaltsgerät und Spielzeug begonnen. Alles sah ordentlich aus. Ordine Fiart, sagte Mutter bewundernd. Der Direttore lachte: Non siamo in Italia qui siamo in casa mia. Nur im Staat lieben wir die Unordnung. Wir wollen unseren Kindern das Italien hinterlassen, das alle lieben. Mutter fragte: Wie machen Sie es, daß Sie unter diesen Umständen Ihren Betrieb in Ordnung halten? Der Direttore strahlte, zog den Kopf zwischen die Schultern und tippte mit dem Zeigefinger auf die Zungenspitze. Später, in Sizilien, lernten wir, was das bedeutet: Verständigung, Collaborazione.

Die Signora über die Seereling auf die KLEINE LIEBE zu bringen, war gar nicht so leicht. Der kleine Schritt über den Abgrund machte sie bange. Von unten gaben die fünf Kinder gute Ratschläge. Vater versuchte, sie her-überzutragen, aber das wollte der Direttore nicht zulassen. Damit die beiden Herren sich nicht um die Signora rissen, steckte Nico schließlich die Ankerleine auf und holte die SYBILLE längsseits an die Mole. Die Signora fragte, als sie glücklich in der Kajüte saß, ob wir schon in Cumae in der Höhle der Sybille gewesen wären. Wir könnten sensa motore hinkommen. Ihr Mann würde uns ein PS besorgen, Cavallo und Carozza. Wir würden bella figura machen. Sie schnalzte mit der Zunge. Der Direttore entdeckte den Tacitus in unserer Bord-Bibliothek. Er klopfte auf das Buch und zeigte nach draußen. Hier war es, rief er, und hier steht es. Nero, sagte die Signora, terribile! er erzählt es so gerne.

Wir tranken roten Epomeo und aßen weißen Bel Paese dazu. Signora trank gerne. Einmal nahm sie das Glas ihres Mannes, der sich für unseren Funkpeiler interessierte. Vater fragte: Was machen Sie, wenn die Kommunisten regieren? Der Dirretore stellte das Flugfunkfeuer Neapel ein, das Funkfeuer auf Capri fand er nicht. Es lag hinter dem spanischen Kastell. Wir springen auf den Wagen des Siegers, sagte er und zählte die

Takte aus. Und wem verkaufen Sie dann Ihre Motoryachten? Berlinguer und Amendola, sagte der Direttore. Berlinguer liebt Yachten. Er stammt aus dem Adel Sardiniens. Berlinguer ist kein Ideologe. Machiavelli hat gesagt: Spitzbuben, die mit den Schwächen und Schlichen der Menschen vertraut sind, regieren uns besser als Ideologen.

Dann stellte er den Funkpeiler ab und fragte: Kann es noch schlimmer kommen? Von den sechzehn Industriestaaten des Westens zahlen wir die höchsten Sozialversicherungsbeiträge. Ich zahle mehr Steuern als Herr Agnelli in Turin, weil der Staat sie seit den Zeiten der Römer von den Banken einziehen läßt. Und weil die Eintreibung hier schwieriger ist als in Mailand, schlagen sie hier sieben, aber in Mailand nur ein Prozent drauf. Denn die Bank muß dem Staat überall pro Kopf das gleiche zahlen. Also muß ich im armen Süden mehr Steuern zahlen.

Wer räumt mit den Steuerhinterziehungen auf? fragte Mutter. Um Gottes willen, lachte der Direttore, wer kauft dann noch Motoryachten von Fiart? Er hielt die Hand über das Glas seiner Frau, als Vater zuschenken wollte. Das Gespräch kam auf die Monarchisten. Der Direttore erzählte von dem fünfundachtzigjährigen Achille Lauro, dem vorletzten Bürgermeister von Neapel. Er nannte ihn Gattopardo, den Leoparden. Am 19. Juni 1963 sei er von der Democracia Cristiana mit einer Stimme Mehrheit gestürzt worden, weil ein Parteifreund zu spät zur Wahl kam. Da zerschlug der Alte vor Zorn die gläserne Wahlurne. Das brachte ihm zwei Jahre Gefängnis auf dem Papier. Die Revision läuft seit zehn Jahren. Heute ist der Gattopardo Neofaschist, Herr über eine der größten Flotten Italiens und Bürgermeister von Sorrent, der zweitgrößten Stadt am Golf. Neapel, die größte, hat einen kommunistischen. Zwei Spitzbuben. Sie gewannen zusammen 50 % aller Stimmen mit dem Versprechen: »Es wird sich alles ändern.« Der Direttore lachte: »Wissen sie, daß die Großväter von Cossiga und Berlinguer Brüder waren? Hier muß sich alles ändern, damit es bleibt, wie es ist.«

Der Direttore erhob sich. Es war Nacht geworden. Wir trennten uns im Geiste des roten Epomeo. Nero lief eifrig hin und her. Für ihn gehörten wir jetzt zu Fiart. Die Signora hatte keine Angst mehr um ihre Kinder und auch den anderen war es egal, ob die Zukunft schwarz, rot oder gold aussah. Hier und heute war es schön. Die Signora hing an Vaters Arm, die Kinder am Direttore, darüber unzählbar die Sterne. Nunc et in hora mortis nostrae, sagte er in unserer Vatersprache.

Am Morgen, als die ersten Sonnenstrahlen unsere Backbordseite erwärmten, klopfte es an der Bordwand. Mutter erhob sich und sah draußen in ein nasses, lachendes Jungengesicht. Es war Marco. Die Taucherbrille hatte er in die Locken geschoben und zwischen den weißen Zähnen blitzte ein grüngoldenes Ding in der Morgensonne. Die kam gerade aus dem Vesuv.

Wer ist da? fragten wir von drinnen. Marco. Marco? Kennen wir nicht. Dann kommt, damit ihr ihn kennenlernt. Marco machte einen Klimmzug an der Bordwand und saß im Cockpit. Das Ding zwischen seinen Zähnen war eine Münze. Er kratzte sie mit den

Fingernägeln sauber, putzte sie blank an den wenigen
Quadratzentimetern seiner Badehose und redete auf
uns ein. Er schien heute morgen den Fang seines Lebens gemacht zu haben. Er legte ihn auf sein Herz und
küßte ihn. Wir wurden ganz neidisch. Vater streckte
die Hand aus. Marco legte seine mit der Münze hinein.
Es war eine richtige Münze, sogar mit einem Bild auf
der einen Seite. Vater holte seine Brille. Ein Männer-
kopf, hohlwangig, am Rand der Münze eine Um-
schrift. Sie ging von Hand zu Hand. Die Buchstaben
LIVS waren vom ersten Wort noch zu entziffern. Sieht
aus wie der auf meinem Lateinbuch, sagte Nico. Cäsar!
Natürlich, sagte Mutter, Julius Cäsar, Ju-lius! Marco
nahm die Münze wieder an sich. Aber Uli hatte sie
noch nicht gesehen. Der hat Geburtstag, sagte er. Wieso? Er hat einen Kranz auf. Vielleicht ist es doch eine
Frau, meinte Mona. Quatsch, sagte Nico, und zeigte
auf den Adamsapfel. In der Tat, auch der war gut zu
sehen. Marco sah uns gespannt an. Wißt ihr was, sagte
Vater, und pfiff leise durch die Zähne, das Castello
Aragonese, unter dem wir liegen, war doch der Palast
Cäsars. Wenn die Münze echt ist, habe ich jetzt zweitausend Jahre und ebensoviel Mark in der Hand. Er
warf sie hoch, Marco fing sie auf. Er steckte sie zwischen die Zähne, lachte und schwang sich über Bord.
Wo wollte er hin? Zur Sopreintendanza, die Münze
abgeben. Da lud Mutter ihn zum Frühstück ein, und er
kam wieder zurück. Wieviel Finderlohn er denn be-
käme, wollte Uli wissen. Marco drehte Augen und
Handteller nach oben, was heißen könnte, Gotteslohn
oder Million.
Da wir zu Schiff nach Pozzuoli wollten und von dort

zu Ciceros Villa auf dem Monte Nuovo, luden wir Marco ein, mitzukommen. Wir hatten dann einen Aufpasser für die SYBILLE. Marcos Vater war Muschelfischer. Ihm gehörten die Pfähle draußen, erzählte er. Es war das Jahr 1973, das mit der Cholera-Epidemie endete und die Muschelfischer brotlos machte. Er sollte erst zu Hause fragen, wollte Mutter, aber er lachte und meinte, er dürfe schon mit. Vierzehn, sagte er, als wir nach seinem Alter fragten. Er steckte den hohlwangigen Cäsar in seine Hose und half beim Ablegen.

Draußen sahen wir uns die Geschichte an. Die vulkanische Bucht von Baia ist heute ein Trümmerfeld von Erd- und Menschengeschichte und war einmal eine Perlenkette aus Bädern und Palästen. Das versunkene Weltbad eines vergangenen Weltreichs in einem ertrunkenen Vulkan. Unter Myrtenwäldern labten sich hier die alten Römer mit einem Aufwand an Wasser, vor dem wir immer noch Barbaren sind. Du hast dich heute nicht gewaschen, sagte Mutter, aber Vater hörte nicht: Pro Kopf die doppelte Wassermenge, sagte er, und das vor zweitausend Jahren. Ja, ja, winkte Nico ab, aber bei der Hälfte der Einwohner. Nein, sagte Vater und sah ins Seehandbuch, damals waren es hunderttausend, heute die Hälfte, Seite 326, Pozzuoli: 41 500. Mach das Seehandbuch zu, sagte Mutter, du kommst vom Kurs ab.

Inzwischen hatte uns ein freundlicher Maestrale mit halbem Wind so weit von der Küste abgebracht, daß wir statt der Geschichte ihre Geologie sahen. Marco zeigte auf eine Tonne voraus. Dahinter lag eine Untiefe, die Secca Fumosa, ein Felsen, nur neunzig Zentimeter unter der Wasseroberfläche. Wir stellten das Echolot an, drehten den Kiel hoch und hielten genau zwischen Tonne und Monte Nuovo: 33 m, 25 m, 15 m, 8 m, 5 m Tiefe. Wir sahen neben dem Schiff ins Wasser: und da war die Secca an Steuerbord dicht neben uns! Aber nicht neunzig Zentimeter, sondern zwei Meter zeigte das Echolot. Wir wendeten und segelten noch einmal genau über das Riff: es blieben zwei Meter. Uli tippte auf Flut. Aber Gezeiten gabs hier ja nicht. Laut Mittelmeer-Handbuch können hier Wasserstandsschwankungen durch starke Winde bis maximal einem Meter vorkommen. Stimmt unser Echolot nicht? Nico sah in der Seekarte nach. Dort stand 1,8 m Wassertiefe, berichtigt Anfang 1973. Das Seehandbuch war von 1966! Neunzig Zentimeter in sieben Jahren! Da Vater einsachtzig groß war, mußte er auf die Secca. Das war viel leichter gesagt als getan. Eine Seemeile von der Küste entfernt in der leicht bewegten See konnte er sich auf der mit Seegras bewachsenen Spitze nicht halten. Erst mit einer Schwimmweste um den Hals, einem Schnorchel im Mund und einem Anker an den Füßen ging es. Vaters Scheitel schnitt gerade nicht mehr durch die Wasseroberfläche. Unser Echolot stimmte also doch. Nach heißer Diskussion stand es vier zu eins für diese Deutung: Der Boden mußte sich an dieser Stelle in sieben Jahren um 90 cm gesenkt haben. Uli glaubte das nicht und blieb dabei, daß ein Dampfer die Spitze der Secca abrasiert hatte. Marco war während der Diskussion über Bord gesprungen und schnorchelte um die Secca. Paßt auf, meinte Nico, gleich hat er wieder einen Cäsar. Aber er fand weder Fisch noch Cäsar. Er hielt einen Fuß aus dem Wasser, zeigte auf die Sohle und rief: Caldo! Warm. Nun gingen wir alle schnorcheln. Und tatsächlich, am westlichen Abhang des Felsens kam warmes Wasser hoch. Uli meinte sogar, Blasen zu sehen und ein Wrack. Da hatte er seinen Dampfer. Das Echolot zeigte dort zwölf Meter an. Ein unheimlicher Fels. Marco holte sich eine Zigarette aus der Kajüte, steckte sie an, legte den Kopf an den Nakken und blies den Rauch aus. Fumosa, sagte er; Secca Fumosa, der rauchende Fels. Der ist nicht ganz dicht, sagte Mona.

Als wir weitersegelten, holte Marco seinen Cäsar aus der Hose und zeigte damit nach Norden, in Richtung Monte Nuovo. Ja, das war unser Ziel. Denn unter diesem Neuen Berg lag die Villa eines alten Römers: Ciceros Cumanum. Ihn wollten wir besuchen. Der Berg, 140 Meter hoch, hatte sich vor vierhundert Jahren in sieben Tagen über der Villa Ciceros aufgetürmt wie eine ägyptische Pyramide. Ein Grabmal der Götter. Um seine Spitze liegt heute ein Pinienkranz. Links, an seiner Westseite, ist der Averner See und der Rest des fischreichen Lucriner Sees, aus dem der Vulkan entstand. Noch 1922 tötete darin ein Fumarolenausbruch alle Fische. An seinem Ostufer lag Ciceros Cumanum. Für die alten Griechen, die dies schwankende Land vor den Römern betraten, war es der Eingang zur Unterwelt. Hier stieg Odysseus becirct zu den Schatten.

Marco zeigte immer noch mit der Cäsarmünze den Kurs an. Und als Vater gerade von Cäsars Besuch bei Cicero erzählen wollte, rief Marco: Ferma! Fondo! zeigte auf die Münze und sprang über Bord. Das Echolot zeigte 3 Meter. Wir sahen Marco auf dem Grund über einigen länglichen Holzteilen schweben. Jetzt wird's interessant, meinte Nico. Wir nahmen die Segel weg, ließen den Anker fallen und auch Nico sprang ins Wasser. Wir beobachteten die beiden. Marco zeigte auf die Kreuzungsstelle einiger verrotteter Balken, die vielleicht ein Schiff gewesen waren. Zwischendurch tauchten die beiden ein paar Mal zum Luftholen auf und spritzten das Wasser aus ihren Schnorcheln. Als sie wieder an Bord kletterten, sagte Nico: Er hat sie im Koker des Mastes gefunden. Er nahm seine Kamera, die er in einen Plastikbeutel geschweißt hatte, mit nach unten. Marco zeigte uns, wo er Cäsars Münze gefunden hätte: an der Stelle, wo einst der Mast ins Deck eingelassen war.

Keiner von uns hatte bisher an die Echtheit der Münze geglaubt. Laßt euch nichts anmerken, sagte Nico, bevor er mit der Kamera nach unten ging. Vater wußte, daß die alten Römer Goldstücke als Glücksbringer unter den Mast klemmten. Das wußte Marco sicher nicht. Marco lächelte. Wieviel will er wohl haben, fragte Mutter aus der Kajüte und reichte The freddo, kalten Tee heraus: Zehntausend? Dafür kann er sie nicht mal selber machen, meinte Vater und sah durch den Kieker zum Monte Cicero. Man könnte sie fassen lassen, sagte Mutter so nebenbei, und als Kette tragen. Vater holte die geologische Karte. Darin war die antike Küstenlinie eingezeichnet. Zwischen Baia und Pozzuoli lag sie gut einen halben Kilometer weiter seewärts als heute. Von hier bis zum Strand werden es gerade fünfhundert Meter sein, schätzte er. Es blieb rätselhaft. Wir gingen wieder ankerauf. Die Kinder schnorchelten und ließen sich dabei von der Sybille ziehen. Sie sahen oft Steine, die geordnet lagen, auch zwei Säulenstümpfe. Endlich kamen wir nach Pozzuoli. Der Kaiser Caligula, sagte Vater, ritt einmal die drei Kilometer von Pozzuoli nach Baia über die quergelegten Schiffe seiner Flotte. Wie breit schätzt ihr die damaligen Schiffe? Nein, sagte Uli, ich rechne jetzt nicht aus, wieviel Schiffe er hatte.

POZZUOLI,
Talk Show mit Cicero

Wir waren in Puteoli, dem Welthafen des alten Rom.
Marco blieb mit Eis und Kuchen als Wache an Bord.
Eine sichere Sache, da wir seinen Caesar noch nicht
gekauft hatten.

An der Mole war es zu unruhig für unsere KLEINE LIE-
BE. Vater und Nico verholten an einen Ankerplatz in
Höhe des Serapeum und kamen mit dem Schlauchboot
an Land. Vor der zweitausend Jahre alten Bogenmole
aus Pozzolanmörtel sahen sie mit ihrem Schlauchboot
aus wie David vor Goliath. Zwar steckt die Mole jetzt
an einer Spundwand, aber schon damals hätten heutige
Luxuspassagierdampfer an beiden Seiten bequem anlegen können. Ein Meisterwerk römischer Ingenieure,
vierhundert Meter lang, fünfzehn Meter breit. Auf ihr
betrat Paulus italienischen Boden. Vielleicht haben gefangene Gallier an ihr gearbeitet. Ohne Asterix und
Obelix lief nichts in Rom. Natürlich auch Ostfriesen,
meinte Nico. Jetzt wurde uns klar, warum sie immer
noch gebückt gehen. Jetzt sahen wir Pozzuoli mit ganz
anderen Augen.

Wir standen vor dem Serapeum, diesem Rest eines

römischen Marktes mit drei hohen Säulen, zahlreichen Stümpfen und einem antiken WC, dem schönsten, das auf uns gekommen ist, groß wie in einem Kongreßzentrum. Ein Mekka für Archäologen. Die Säulen haben alle in der gleichen Höhe Fraßstellen von marinen Bohrmuscheln. Die Oberkante der Fraßstellen liegt 8 Meter über dem kürzlich ausgegrabenen Boden des Marktes. Im 2. Jahrhundert vor Christus lag der Meeresspiegel noch zwei Meter unter diesem Boden. Also schwankte der Meeresspiegel um zehn Meter, stellte Mutter fest und starrte auf diese geologische Weltuhr. Ein Mekka auch der Geologen. Vater hatte Monas Pichler auf den Knien. Mit dem Meeresspiegel hat sich schon Goethe geirrt, sagte er. Er gab dem Ausbruch des Monte Nuovo die Schuld am Absinken. Seine Aschen hätten zwischen Meer und Serapeum einen Wall aufgeschüttet, dahinter sei das Serapeum in seinen eigenen Quellen ertrunken: »Den Schalenthieren mag der griechische Cipollin-Marmor als ausländische Speise trefflich gemundet haben.« Aber dann kam die italienische Marine, machte geodätische Messungen, und siehe da: von 1919 bis 1955 stieg der Wasserspiegel in Baia um 20 cm, in Pozzuoli aber um 40 cm. Da wir von Baia nach Pozzuoli keinen Wasserberg hinaufgesegelt waren, kann es nur der Boden sein, der sich senkte, in Baia langsamer als in Pozzuoli. Das leuchtete ein. Vom Jahre 1000 bis 1500 nach Christi hob sich Pozzuoli um 5 Meter, von 1500 bis 1538 um weitere sechs Meter! Am 29. September 1538 zerriß der Boden genau zwischen Pozzuoli und Baia, und am alten Eingang der Unterwelt brach der Monte Nuovo aus. Seitdem sinkt der Boden wieder. 1913 lag der Fußboden des Marktes anderthalb, 1933 zwei Meter unter dem Meeresspiegel, und jährlich werden es zwei Zentimeter mehr. 1940 ergab eine Tiefbohrung am Monte Nuovo in 600 Meter 70°, in Marcos Baia aber 230° Wärme. Ob Marco das weiß? fragte Uli. Mona sagte: Er würde nicht glauben, was im Pichler steht.

Wir machten uns auf den Weg zum Monte Nuovo. Die Straße, eingeklemmt zwischen Küste und Höhenzug, führte durch Ciceros Puteolanum, einem antiken Supermarkt. Cäsar und er hatten ihn 45 vor Christi von dem Bankier Cluvius geerbt. Was der sich wohl bei seinem Testament gedacht hatte? Wollte er sie damit aneinanderbinden? Cäsar, ohnehin in Sachen Bürgerkrieg unterwegs, ließ sich seinen Teil auszahlen, Cicero machte das Geschäft: »Bald werde ich eine 100%ige Rente aus dem Puteolanum haben, denn ich habe in diesem Jahr bereits 80 % herausgezogen«, schrieb er seinem Freund Atticus. Vater hatte die Briefe unter dem Arm. Achtung! warnte Nico, Vater römert. Später kaufte Cicero noch eine Villa drüben in Pompeji, sagte Vater. Müssen wir die sehen? fragte Uli. Aber Vater beruhigte die Mannschaft. Heute gibt's Talk Show mit Cicero, Fernsehen über zweitausend Jahre!

Mutter hatte etwas gegen Fernsehen, oder wie sie es nannte: Kaugummi für die Augen. Die Römer hatten auch was dagegen, beruhigte sie Vater. Hör mal den Spottvers von Horaz:

Glücklich ist, wer ohne Streß
das Land der Väter pflügt
wer nichts am Ersten zahlen muß

nicht stundenlang vorm Fernsehen hockt
statt dessen stillvergnügt auf Bergen sitzt
und sich sein brüllend Vieh beschaut
wenn gar ein Weib für Haus und Küche sorgt
wenn abends seine Dienerschar
sich sammelt um den Hausaltar –
So sprach Herr Alfius
und trieb vor Monatsschluß
das Kapital von seinen Gütern ein –
nur um es schon am Ersten wieder auszuleihn.

Tatsächlich von Horaz?, fragte Mutter. Tatsächlich!
Vater hatte nur für »stundenlang auf Ämtern hockt«
das Fernsehen eingesetzt.
Am Lido Augusto bogen wir nach rechts ab und bestiegen den Monte Cicero von Süden. Die Straße
führte an Häusern von Amerikanern vorbei, Angehö-
rige der Mittelmeerflotte. Ein Fußpfad endete oben in
einem lichten Pinienwald. Wir schüttelten die rötliche
Asche aus den Segelschuhen. Mutter hatte ein Stück
gelben neapolitanischen Tuff im Schuh, aus dem der
Boden vor dem Ausbruch bestand. Vielleicht aus Ciceros Garten, sagte Vater, und steckte es ein.
Das Fernsehen von da oben auf den Busen von Baia
war tyrannisch schön. Rechts Cäsars Palast in Baia,
dann das Cap Misenum und am linken Flügel Brutus'
Insel Nisida, ein Minivulkan, auf der er den Tyran-
nenmord ausbrütete. Dazwischen unzählige Schaumkronen wie Helmbüsche von Legionären, vom Maestrale nach Südost getrieben in Richtung Vesuv. Cäsar
gegen die Republik, sagte Vater. Setz dich zu uns, sagte
Mutter, hier kann Cäsar gar nicht gewesen sein,

140 Meter tiefer vielleicht. Im Pichler steht 133 Meter, sagte Mona, aber in der Seekarte stand 140, was stimmt nun? Pichler mißt ohne Pinien, meinte Nico, die Seekarte mit.

Na ja, sagte Vater und schlug das Buch auf mit Ciceros Briefen. Hat der diese ganzen Briefe geschrieben? seufzte Uli und wog sie in der Hand. Vierhundert, sagte Vater. Liebesbriefe? Er hat sie nicht selber geschrieben, sondern Tiro, seinem Sklaven, diktiert, denn er war damals längst altersichtig, und Brillen gab es erst tausend Jahre später. Der Freund, dem er schrieb, hieß Atticus, sagte Vater. Geld schafft Gleichheit zwischen Ungleichen, war sein Wahlspruch. Seit Rom Griechenland unterworfen hatte, lebte Atticus in Athen und handelte mit der attischen Intelligenz, die er zu Schreibern, Rechnungsführern, Vorlesern und Freizeitgestaltern der römischen Gesellschaft umschulte. Sklavenhändler, stellte Nico fest. Von Politik hielt er nichts, sagte Vater, im Gegensatz zu Cicero. Er überlebte ihn denn auch und verheiratete seine Kinder mit den Kaisern. Vater blätterte, bis er jenen Brief Ciceros über Cäsars Besuch hier auf dem Cumanum fand. Geschrieben am 19. Dezember 45, zwei Jahre vor Ciceros und drei Monate vor Cäsars Ende. »Was für ein unsympathischer Gast!« schrieb er an Atticus. »Er war äußerst guter Laune. Abends traf er ein, und gleich war das Haus voll von Soldaten. Im Triclinum, wo er speisen sollte, war kein Platz mehr, er kam mit 2000 Mann. Mir wurde bange, wie es am anderen Tag gehen würde. Biwak auf freiem Felde. Mein Anwesen wurde abgesperrt. Den Weg zu mir hatte er zu Fuß am Strand entlang gemacht. Nach

2 Uhr ins Bad, dabei Audienz. Dann ließ er sich salben und kam zu Tisch. Er ließ ein Vomitiv bereitlegen und so aß und trank er denn auch unbekümmert. Es war ein glänzendes, prachtvolles Mahl. Außerdem wurde sein Gefolge an drei Tafeln gespeist. Auch den weniger vornehmen Sklaven und Freigelassenen fehlte es an nichts. Kurz und gut: ich glaube, es in Ehren bestanden zu haben, ohne daß es aussah nach: Komm doch wieder herein, wenn Du vorbeikommst. Einmal genügt mir. Einen Tag wollte er noch in Puteoli bleiben, einen weitern in Baiae. Da hast Du den Verlauf des Besuchs von Cäsar oder besser der Einquartierung, mir zuwider, und doch nicht unwillkommen.«

Hat der das geschrieben, fragte Uli, von dem der Stein in Mutters Schuh ist? Ja, sagte Vater, und der andere war Cäsar, der Hohlwangige auf Marcos Münze mit der Krone. Er hatte sich gerade zum Diktator gemacht. Was ist ein Vomitiv? wollte Mona wissen. Ein Brechmittel, er nahm es, damit er noch einmal essen konnte. Vater erklärte das medizinisch: die Römer machten das wie Aufstoßen und erledigten es nach dem Nachtisch in ein Deckelgefäß. Das lernten schon die Kinder. So wurde niemand zu dick. Sie trennten Geschmack von Ernährung, wie sie auch Sexualität von Fortpflanzung trennten. Ich bitte dich! sagte Mutter. War das noch vor Jesus? fragte Uli. Wir rechneten: Fünfundvierzig Jahre und fünf Tage vorher.

Zehn Jahre vorher, sagte Vater, als Cicero gerade die Villa hier unten im Berg gekauft hatte, schrieb er an seinen Freund Atticus: »Ich weide mich an Büchern. Du dachtest natürlich: an den Delikatessen von Puteoli und aus dem Lucriner See. Auch daran fehlt's nicht.

Aber wahrhaftig, alle Vergnügungen ekeln mich angesichts der politischen Lage!« Typischer Intellektueller, fand Mutter, sitzt hier und nörgelt bei Austern über die politische Lage. Der große Mommsen ließ deshalb kein gutes Haar an Cicero, sagte Vater, nannte ihn weibisch, politische Wetterfahne, Journalistennatur. Und dabei war er ihm so ähnlich! Beide waren sie erfolglos im Kampf gegen die Könige, Mommsen 1848 nach Christus und Cicero 49 vor. Mommsen scheiterte mit 31 Jahren und begann seine »Römische Geschichte« zu schreiben, für die er den Nobelpreis erhielt. Cicero aber bezahlte den Kampf für die Republik mit dem Leben.

War dieser Mommsen auch hier bei Cicero? wollte Uli wissen, Ja, sagte Vater, vor hundert Jahren war er hier oben. Er hat alles so erforscht, daß wir heute wissen, was damals in Rom los war. Das wußte man vorher schon, aber er wußte es besser als alle anderen. Er hat Tausende von Inschriften entziffert und abgeschrieben. Dagegen kamen die anderen Forscher nicht an. Die Italiener wollten ihn nicht abschreiben lassen. Da nannte er Italien ein Lumpenland und die Universität Neapel ein Urnest gebildeter Faulheit. Die so Beschimpften nannten Mommsen ein teutonisches Ungeheuer. Wir haben auch so einen in der Klasse, sagte Uli, keiner will neben ihm sitzen.

Uli fand es jedenfalls besser, es von Cicero zu hören, als von jemand, der zweitausend Jahre später alles besser weiß. Mutter wollte wissen: Was hatte Cicero eigentlich gegen Cäsar? Vater versuchte, es zu erklären: Sie kämpften um die Macht. Uli grub unterdessen nach Cicero, Nico suchte das Meer mit dem Kieker ab und Mona aß Apfelsinen, Cäsar war in Gallien und unterwarf Asterix und Obelix. Dazu brauchte er sieben Jahre. Währenddessen mobilisierte in Rom sein Freund Clodius die Chaoten und schickte Cicero in die Verbannung. Mommsen beschrieb ihr Treiben so: »Das Gesindel aller Art hatte nie bessere Tage, nie lustigere Tummelplätze gehabt. Die Zahl der kleinen großen Männer war Legion. Die Demagogie wurde zum Handwerk, ihr Handwerkszeug: der zerschlissene Mantel, der verwilderte Bart, das langflatternde Haar, Brüllaktionen. Am liebsten fochten diese Leute unter dem Panier der Freiheit, aber genau genommen waren sie weder demokratisch noch antidemokratisch, sondern Bataillone der Anarchie. Die Senatoren seufzten in ihren Villen. Der Bürger rief natürlich nach Gesetz und Ordnung. Cäsar wartete ab.«

Cäsar wartete auf die Niederlage der alten republikanischen Familien, zu denen er eigentlich auch gehörte. Cicero kam nicht aus diesen Kreisen, hatte erst langsam dort Fuß gefaßt. Sein Traum war es, einmal Kanzler zu werden, oder Konsul, wie es in Rom hieß. Die Konsuln kamen aus wenigen großen Familien wie heute, aus den Claudiern, den Juliern, den Lauros, den Berlinguers. Rom war kein Parteienstaat, sondern ein Familienunternehmen.

Cäsars Clan, mit dem er bei Cicero erschien, war 2000 Mann stark, ohne Frauen und Kinder. Das war normal. Jeder begab sich in persönliche Abhängigkeit zu einer dieser Familien. Starke Patrone hatten immer Zulauf. Jahrhundertelang verstanden es die großen Familien, das Gleichgewicht der Kräfte durch Gesetze zu erhalten. Cäsar war der erste, der dies durchbrach, indem er Roms Soldaten als Patron führte, so daß sie im entscheidenden Moment ihm folgten und nicht dem Gesetz. Ich, Cäsar, bin der Staat: Er setzte sich die Krone auf und ließ als erster Römer zu seinen Lebzeiten Münzen mit seinem Bild schlagen. Vielleicht haben die Soldaten geahnt: Rom, das nun ein Weltreich war, konnte besser von einem Cäsar regiert werden als von sich streitenden Familien, die nur für Notzeiten einen Diktator wählten und nur für ein halbes Jahr. Mit dieser Verfassung, einer Verfassung gegen Tyrannen, hatten die Römer die Welt, die voller Diktatoren war, erobert und die Menschen drängten sich, römische Bürger zu werden. Ubi bene, ibi patria, sagte Cicero, wo's mir gutgeht, ist mein Vaterland. Nur Asterix und Obelix drängten sich nicht, die blieben lieber bei ihren Hinkelsteinen, bis Cäsar sie auf die Mole von Puteoli schickte.

Der Senat, das Parlament der großen Familien, beschloß am 1. Januar 49, Cäsar sei zu mächtig, er habe sein Heer abzugeben. Da überschritt Cäsar am 10. Januar mit seinen Soldaten den Rubicon und marschierte nach Rom. Das war das Ende der Republik und der Anfang des Bürgerkriegs. Cicero floh hierher. »Soll man im Vaterlande bleiben, wenn es von einem Tyrannen beherrscht wird?« fragt er am 12. März seinen Freund Atticus. »Soll man mit allen Mitteln auf die Beseitigung der Tyrannis hinarbeiten, auch wenn dabei der Staat zerbricht? Soll man Bürgerkrieg über das Land bringen, wenn es von einem Tyrannen beherrscht wird? Auch wenn man die Beseitigung des Tyrannen durch Krieg nicht billigt? Oder soll man sich gestatten, auch einmal an sich und an seine nächsten

Angehörigen zu denken? Und muß der, der die Tyrannis beseitigen will, sich nicht in acht nehmen, daß er nicht selbst auf den Thron gehoben wird? Nosce te ipsum, erkenne dich selbst.« Wir sehen in das Herz eines Menschen, sagte Vater, eines Mitmenschen über die Zeiten. Es gibt nicht viele solcher Einblicke. Vater unsert, flüsterte Mutter.

Der hörte es nicht, sondern suchte nach einem Brief Cäsars. Der hatte bei Corfinium gefangene Parteifreunde Ciceros freigelassen und schrieb an Cicero: »Wir wollen versuchen, auf diese Weise allgemeine Zuneigung zu gewinnen, um den Sieg dauerhaft zu machen. Unsere neue Art zu siegen heißt: Barmherzigkeit und Großmut.«

Unsere neue Art zu siegen: Barmherzigkeit und Großmut! Diesen Satz Cäsars haben seitdem alle Kronprinzen der Welt auswendig lernen müssen. Ich glaube ihm seine Barmherzigkeit nicht, meinte Mutter, sie ist Politik. Wer Barmherzigkeit einsetzt wie Soldaten, der ist nicht barmherzig, sondern gerissen. Was haben denn die Leute gemacht, die er freiließ? Sofort gegen ihn gekämpft, sagte Vater.

Cicero glaubte auch nicht daran: »O tempera, o mores! Was sind das für Zeiten,« schrieb er an seinen Freund. »Die Verhältnisse lassen es ratsam erscheinen, mein Atticus, daß wir fortan in unseren Briefen nicht mehr solche Dinge berühren, die uns gefährlich werden könnten, falls ein solcher Brief abgefangen wird. Denn ich sehe schon, was die Stunde geschlagen hat: Mord, Eingriffe in das Privatvermögen, Schuldenerlaß, Beförderung der größten Lumpen und eine Tyrannei, die nicht einmal ein Perser ertragen könnte, geschweige denn ein Römer. Und was sind das für Subjekte, deren Caesar sich als Helfer bedient! Nicht einer von ihnen hat auch nur zwei Monate lang sein väterliches Erbe in Ordnung halten können, und die sollen jetzt Provinzen, ja den Staat regieren? Aber wenn Du Dir das alles vor Augen hältst, mußt Du Dir sagen, diese Gewaltherrschaft kann kaum sechs Monate dauern. Er stürzt durch seine Gegner oder durch sich selbst. Heute hat er mir einen widerwärtigen Brief geschrieben. Hier der Wortlaut:

Cäsar, der Imperator, grüßt Cicero, den Imperator. Zwar traue ich Dir nichts Unkluges zu, aber die Leute reden, und so fühle ich mich doch verpflichtet, gewogen wie ich Dir bin, Dich zu bitten, nicht den Schritt zu tun, den Du glaubst tun zu sollen. Du würdest damit unserer Freundschaft einen ganz harten Schlag versetzen und Dir selbst einen schlechten Dienst erweisen. Du wirst zu der Überzeugung kommen, daß es für Dich das Sicherste ist, aus dem ganzen Streit herauszubleiben. Geschrieben auf dem Marsche, den 16. April 49.

Auf dem Marsch in den Bürgerkrieg, fügte Vater hinzu. Cicero hier in seinem Cumanum zögerte, offen Partei zu ergreifen. Die Senatoren in Rom, die Nullitäten, wie Mommsen sie nennt, hatten Cäsar am 1. April die verlangte Diktatur verweigert. Nun waren die meisten auf der Flucht in die Provinzen zu den senatstreuen Legionen. Den Rest kaufte sich Cäsar, denn er hatte im Capitol die Staatskasse erbrochen.

Warum schrieb er Cicero eigentlich noch? wunderte sich Mutter. Vielleicht, weil er ihn mochte, meinte Vater. Er hat von ihm gesagt: »Cicero hat zwar nicht Gallien erobert, dafür aber geistige Provinzen.« Cäsar brauchte die staatserfahrenen republikanischen Familien, denn mit Clodius und seinen Chaoten konnte er kein Weltreich regieren. Einen Beamtenapparat, den sich Kaiser Augustus, sein Nachfolger, später schuf, hatte er noch nicht.

Solange Cäsar lebte, ist Cicero übrigens nie ernstlich in Gefahr gewesen. Erst Cäsars Nachfolger haben kurzen Prozeß mit ihm gemacht. Seinerseits hat Cicero trotz aller starken Worte für die Republik erst wirklich für sie gekämpft, als Cäsar tot war. Im Juni ging er zwar auch nach Griechenland trotz Cäsars Warnung; aber als die senatorischen Legionen bei Pharsalus geschlagen waren, kehrte er zurück und bat um Schonung. Cäsar gewährte sie gern. In einem merkwürdigen Brief nennt Cicero ihn nun sein zweites Ich, alter ego. Es ist heute ein geflügeltes Wort. Soviel Opportunismus blieb dem jungen Mommsen unverständlich. Dabei nahm er selbst einen Lehrstuhl wieder an, der dem Republikaner Mommsen vom Monarchen erst aberkannt worden war. Cicero saß danach wieder hier in seinem Cumanum, dachte über sich und die Welt nach und schrieb Bücher. Ich treibe Philosophie, was bleibt mir denn sonst, schrieb er Atticus. Er trennte sich von seiner Frau und nahm ein junges Mädchen. Aber das schrieb er Atticus nicht. Er schickte sie ohnehin bald wieder zu ihrer Mutter zurück. Statt dessen schrieb er: »Wir sitzen am Lucriner See und sehen die Fische springen. Wie herrlich ist die Aussicht. Ich sehe drüben Puteoli.« Seinem Bruder teilte er mit: »Ich arbeite an einem staatswissenschaftlichen Werk, eine mühevolle Arbeit. Wenn es mir nicht gelingt, werfe ich es ins Meer, in dessen Anblick ich schreibe«. Uli stand auf

114

und probierte es vergeblich mit einem Stein. Du bist
eben nicht Cicero, sagte Nico.

Cicero grübelte über den Staat. Blut floß aus dem Körper der Republik und machte die Haie gierig. Er ahnte,
daß der Senat wohl Rom regieren konnte, aber nicht
ein Weltreich. Der Senat brauchte Cäsar, wie Cäsar den
Senat, und beide brauchten das Volk. Und so entwarf
Cicero eine gemischte Verfassung, wie sie heute noch
in den Vereinigten Staaten von Amerika existiert.

Mitten in der Arbeit kam die Nachricht von Cäsars
Tod. Cicero traf sich am 8. Juli drüben in Nisida mit
Brutus, dem Tyrannenmörder. Auch Cäsars Neffe
Oktavian, der spätere Kaiser Augustus, besuchte ihn
am 1. November hier. Brutus zauderte, den Stuhl Cäsars einzunehmen. »Ich fürchte, die Iden des März haben uns nichts eingebracht, als das Gefühl, Rache genommen zu haben«, ruft Cicero, »eine herrliche Tat,
nur unvollendet! Brutus, wo bist du? Ich muß nach
Rom!« Dort gerät er ins Gerangel der Diktatoren. Cicero, der Republikaner, kämpft endlich. Sein letztes
und größtes Jahr beginnt. Am 7. Dezember 43 fällt er.
Die Republik war am Ende. Kaiser wurde Augustus,
ein Mann zwischen den Stühlen. Er regierte, ohne daß
die anderen es merkten, machte sich unentbehrlich als
Schiedsrichter zwischen den Klassen. Divide et impe-
ra, er teilte und herrschte. Rom wurde die Beute einer
Familie. So kam am Ende des Bürgerkriegs ein Ma-
chiavell mit dem Kindergesicht des Biedermanns. Dieser Padrone brachte der Welt den Frieden, den läng-
sten, den sie je hatte.

Ciceros Ende war kläglich, wie das Ende der Republik:
Brutus und Cicero auf der Flucht. Cicero, so ist es

überliefert, trieb ein Fahrzeug auf, ging sogleich an Bord und fuhr mit günstigem Wind an der Küste entlang bis zum Kap der Circe. Als die Steuerleute von dort gleich weiterfahren wollten, ging Cicero, vielleicht aus Furcht vor der Seefahrt, oder weil er den Glauben an Octavian noch nicht ganz aufgegeben hatte, von Bord und reiste hundert Stadien in Richtung Rom. Dann wurde er wieder schwankend, änderte seinen Plan und begab sich wieder ans Meer. Dort verbrachte er die Nacht unter ausweglosem Hin- und Hersinnen, bis die Mörder kamen. Da steckte er stumm den Kopf aus der Sänfte. Sie schlugen ihm gemäß Befehl Kopf und Hände ab, brachten diese nach Rom und stellten sie auf die Rednertribüne des Forums. Suum quique, hatte Cicero einst verkündet, Jedem das Seine, sagten sie jetzt.

Mommsen nannte ihn einen Illusionisten. Cicero steckten noch die sieben Hügel Roms im Blut. Auf jedem saß einst ein Familienclan und hielt sich für den größten. Und als sie sich beinahe ausgerottet hatten, stiegen die Clans von ihren sieben Hügeln herunter und einigten sich unten auf dem Forum, das damals noch ein Sumpf war. Dort bauten sie ihren Senat und machten sich Gesetze und die sollten herrschen. Dort erschlugen sie Cäsar, als er das Gleichgewicht der Kräfte zerstörte. Kaiser Wilhelm hatte schon recht, als er in Preußen das humanistische Gymnasium bekämpfte, in dem Cicero zu Hause war: »Weil es mir nicht das Material bildet, mit dem ich im Staat arbeiten kann.«

Nico stand auf und nahm den Kieker: Da kommt Marco! rief er. Kein Zweifel! Marco motorte unter den

Monte Cicero. Wir sahen ihn winken. Ragazzo! Er kriegt alles fertig, staunte Mona und winkte auch. Wir könnten hier Picknick machen, schlug Mutter vor, Mona und ich gehen an Bord und holen was zu essen. Wir Männer graben solange nach Cicero, schlug Uli vor. Kraft protzt, stellte Nico fest und Uli konterte: Schwach sinnt. Vater machte einen Schlichtungsvorschlag: Ausgraben wird zu spät, es ist schon vier. Aber wir könnten die Stelle suchen, wo das Cumanum unter uns lag. Damit war Uli einverstanden und wollte an der Stelle den Stein aus Ciceros Garten begraben, den Mutter im Schuh hatte. Wir studierten den Pichler. Nach der Karte schneidet sich das alte Ufer des Lucriner Sees mit dem jetzigen Kraterrand im Südosten bei vier, nimmt man ihn als Uhr. Da muß also das Cumanum sein. Die Stelle lag fast unter uns. Wir suchten die Himmelsrichtung nach dem Sonnenstand und gingen hin. Dort war natürlich nichts Besonderes zu sehen, aber das wollte Uli nun ändern. Er ließ sich von Vater das gelbe Steinchen geben. Doch wie er es auch legte, es fiel nicht sehr auf. Wir suchen einen größeren, schlug Nico vor und sie stiegen die hundert Meter bis zum Kraterboden hinunter. Tatsächlich fanden sie etwas. Hin-kel-stein! rief Uli von unten herauf. Es dauerte lange, bis sie das gelbe Tuffding hinaufgeschleppt hatten. Vater ging derweil ein Stück nach Westen und sah in den Averner See, den Eingang zur Unterwelt der Alten. Aber die Motorboote, die ihn heute überflitzen, trieben ihn wieder zurück zu Asterix. Der schleppte seinen Hinkelstein und stritt sich mit Obelix. Sie wuchteten ihn Vater zu Füßen und sagten: Heil Cäsar! Inzwischen kamen Mutter, Mona und Marco zurück von der KLEINEN LIEBE. Der Stein wurde feierlich aufgestellt und Vater ritzte »Cicero« hinein. Dann gab es Brot, Käse, Wein und Cola. Es wurde gemütlich.

Die Sonne stand über dem Epomeo von Ischia und Nico sagte: Reicht mir das Vomitiv, Römer! und stieß auf. Das verstand Marco und freute sich. Uli goß Cola in den Wein und rührte es mit einem Stück Käse um. Miraculix wird jetzt Cicero zum Sprechen bringen, orakelte er, goß den Zaubertrank über den gelben Hinkelstein und verschwand dahinter. Seid ihr auch alle da? fragte der Stein mit tiefer Stimme. Ich komme von den sieben Bergen und gehe aufs Forum in den Spinat. Und da lege ich mich hin und schlafe, und wenn Cäsar kommt, dann ruft ihr mich, ja? Wir versprachen es, und Mona rief: Er kommt! Uli sagte: Was führst du im Schilde? Da kam er hinter dem Stein hervor und war Cäsar. Er hatte sich das Gesicht mit Asche verschmiert. Ich bin dein Freund, mach die Tür auf. Er rüttelte an dem Stein. Uli ging wieder hinter den Stein und sagte: Ich mache die Tür nicht auf, du bist nicht mein Freund, du bist ein Diktator! Als wir alle lachten, packte Cäsar den Stein und drohte uns mit wildem Gesicht zu erschlagen. Alle riefen durcheinander: Miraculix! Cicero hilf! Idefix komm! Cäsar wütet! Als die Schlacht beendet war, standen wir wieder auf und klopften uns die Asche aus den Hosen. Cicero war tot. Wir gruben den Stein fest ein, vertieften die Schrift mit dem Bordmesser, was besonders gut ging, nachdem die Spitze abgebrochen war. Dann packten wir unsere Sachen, grüßten Cicero noch einmal und zogen ab. Wer ihn heute besuchen will, kann sich an Marco in Baia wenden. Der Stein steht sicher noch da. Auf dem

118

Pfad nach unten trafen wir einen Amerikaner, der vor seinem Haus stand. Nico rief ihm zu: Cäsar was here. Er sagte: Thank you! und pfiff nach ihm.

Auf der Rückfahrt nach Baia schlief der Wind ein und wir brauchten zwei Stunden für zwei Seemeilen. Niemand wollte an die Pinne außer Marco, und der verstand nicht, warum wir den Motor nicht anwarfen. Nico lag auf dem Kajütdach und blätterte in Ciceros Briefen. Schließlich hatte er den an seinen Sklaven Tiro gefunden. Der steht bei uns im Lateinbuch, sagte er. Es steht was Nettes über Ärzte drin: Cicero segelte von Griechenland nach Italien. Tiro hatte er krank in Patras zurücklassen müssen.

»Dein Brief hat wechselnde Empfindungen in mir hervorgerufen«, schreibt Cicero von der Insel Leucas am 7. November. »Der Arzt, schreibst Du, hat einen guten Ruf, aber mit seinen Verordnungen bin ich nicht einverstanden. Suppe hätte er Dir nicht verabfolgen dürfen. Er ist, fürchte ich, ein wenig oberflächlich wie alle Griechen. Scheue keine Kosten für Deine Genesung, um so mehr Mühe wird er sich geben.«

Aus Actium, dort, wo zwanzig Jahre später Augustus siegte, schrieb Cicero: »Dies ist nun der dritte Brief, den ich Dir heute schreibe, mehr um nicht aus der Gewohnheit zu kommen – ich habe nämlich jemanden, dem ich ihn mitgeben kann. Gib allen, die nach Italien gehen, einen Brief an mich mit.«

Da kam die Bora, der Nordwind. Cicero schreibt aus Korfu am 16. November: »Schon seit sechs Tagen sitzen wir auf Corcyra fest. Wir sind riesig besorgt um Deinen Zustand, wundern uns aber nicht, daß wir von Dir keine Nachricht erhalten, denn wenn wir den

Wind hätten, mit dem man von dort hierher segelt, sä-
ßen wir nicht auf Korfu. Sieh zu, daß Du wieder gesund wirst! Leb wohl, mein Tiro.«
Dann gelang ihm der Sprung nach Italien, und am
27. November schrieb er aus Brindisi: »Wir haben uns,
wie Du weißt, am 2. November von Dir getrennt. Am
6. sind wir in Leucas angekommen, am 7. in Actium.
Dort mußten wir am 8. bleiben, weil es stürmte. Am 9.
sind wir von dort nach Korfu gesegelt und hatten eine
herrliche Fahrt. In Korfu sind wir bis zum 15. geblieben. Das stürmische Wetter hielt uns fest bis zum 22.
Inzwischen haben viele Leute, die die Zeit nicht ab-
warten konnten, Schiffbruch erlitten. Wir sind an dem
genannten Tage nach dem Essen abgefahren und bei
ganz leichtem Südwind und heiterem Wetter während
der Nacht und des folgenden Tages am 24. um die
vierte Stunde in Brindisi eingetroffen.«
Wenn man das auf uns überträgt, rechnete Vater, ist
das ungefähr unsere Durchschnittsgeschwindigkeit.
Übern Daumen: 100 Seemeilen von Korfu bis Brindisi
in 50 Stunden macht zwei Knoten bei leichtem Wind.
Die Fährdampfer brauchen heute 6 Stunden. Nun mal
langsam, sagte Nico und holte die Karten. Was heißt
4. Stunde? Übern Daumen lag schon mancher Schiffsort an Land. Du mußt mindestens den damaligen Sonnenaufgang in Brindisi wissen. Und nun spielte unser
Navigator das Glücksspiel der Zeiten: Sonnenaufgang
zur Wintersonnenwende bei uns zu Hause etwa
7.30 Uhr, Unterschied zu Brindisi etwa 8 Längengra-
de, pro Längengrad 4 Minuten macht 32 Minuten: Sagen wir Sonnenaufgang in Brindisi damals 7.00 Uhr,
Ankunft in der 4. Stunde, also 11 Uhr, das sind dann

51 Stunden Fahrt. Die Mannschaft war beeindruckt. Vater fand, daß er ohne Navigator eine Stunde schneller war. Allerdings schrumpfte sein Vorsprung auf Null, als Nico ihn auch noch wegrechnete, weil für die Römer die Stunde je nach Jahreszeit 45–75 Minuten hatte, denn sie teilten die Zeit von Sonnenauf- bis Sonnenuntergang durch zwölf. Zur 4. Stunde waren also in Wirklichkeit erst drei heutige vergangen. So hatte die Mitnahme des Navigators Vater doch nicht geschadet. War dieser Tiro ein Sklave? fragte Mona. Ich dachte, die wurden immer geschlagen. Römer behandelten ihre Sklaven wie Kinder, meinte Vater. Unser kleiner Sklave, sagte Nico zu Uli und rückte rasch von seiner Seite, so daß sein Schlag ins Leere ging. Vater übersah es: Wenn Tiro nicht gewesen wäre, hätten wir keinen Cicerobrief. Er hat nach Ciceros Tod 780 davon gesammelt.

Mutter sagte: Marco, gib mir mal die Münze. Marco, der die KLEINE LIEBE steuerte, fischte sie erwartungsvoll aus seiner Badehose. Wir betrachteten alle noch einmal diesen Mann mit der Königskrone. Vater holte aus der Kajüte ein Buch mit Bildern alter Römer. Cäsar! Da war er. Die naturgetreusten sind die Münzporträts, stand unter seinem Bild. Sieht wirklich aus wie bei Marco, sagte Mutter leise. Marco hatte es schon entdeckt. Cesare! rief er. E vero! Mona las weiter im Text. Die echten Münzporträts Cäsars unterscheiden sich von allen anderen Kaisermünzen durch das fehlende Königsdiadem. Cäsar trug nur den goldenen Kranz des Triumphators ohne die Nackenschleife. Das wurde zweitausend Jahre übersehen. Erst 1952 gelang Konrad Kraft diese Entdeckung. Zu Unrecht wurde

»Kaiser« von »Caesar« abgeleitet. Das schlug auf der KLEINEN LIEBE wie eine Bombe ein. Alle machten sich über die Münze her. Aber Mutter hielt sie in der geschlossenen Hand. Nackenschleife oder nicht? das war hier die Frage. Mutter nahm Wetten an. Und erst als die Familie sich in Cäsarianer und Anticäsarianer gespalten hatte, enthüllte sie Cäsars Kopf. Er hatte eine Schleife! Die Cäsarianer waren geschlagen. Aber sie sahen wohl nicht zu Unrecht in diesem Irrtum der Jahrtausende eine Folge der Anticäsar-Propaganda der Ciceroianer, die selbst den großen Mommsen mit Blindheit schlug. Vielleicht, sagte Mutter, und sah Cäsar scharf an, trug er den Kranz auch nur, um eine Glatze zu verstecken. Und während nun Marco uns in den Hafen steuerte, sagte Vater: für mich ist dieser Cäsar trotzdem echt, wofür ihn die Leute halten, ist mir schnuppe. Er hielt ihn gegen das Licht, holte einen Zwirnsfaden, steckte ihn durch ein feines Loch im Kopf, das auch noch keiner gesehen hatte, und hängte ihn Mutter um. Dann legte er Marco einen von diesen unförmigen Lirescheinen auf den Schoß und wartete. Langsam sank Marco in sich zusammen. Aber beim zweiten Schein änderte sich das, und strahlend wuchs er über sich hinaus. – Beim Festmachen sagte Uli zu seiner Mutter: Wenn Cäsar nicht echt ist, nennen wir ihn Cicero. Und da drückte Mutter den richtigen Uli an ihren falschen Cäsar. Marco lachte. Er hatte nun Lire statt Cäsar in der Hose, was ihn reifer machte. Die Taucherbrille in seinen Locken blinkte in der Abendsonne wie ein Diadem, als er davonsprang. Am Werfttor rief er noch, wir sollten uns vor der Sopreintendanza hüten. Ragazzo! Wir lachten und winkten.

CUMAE,
Suche nach der verlorenen Sybille

Am nächsten Tag entschlossen wir uns zu gammeln. Uli und Mona segelten mit den Fiartkindern in den Fiart-Optimisten. Nico legte sich mit Tacitus an Deck und las Kaiser Neros Muttermord von Baia. Mutter und Vater wollten einkaufen und die antiken Bäder ansehen. Zuerst besuchten sie die Signora. Vater hatte ihr Augentropfen versprochen. Sie machte sich Sorgen um ihren Mann wegen der unsicheren Zeiten und weinte viel. In ihrem Zimmer hing über dem Sofa ein alter Steindruck: Seneca in den Bädern von Baia. Da lag ein alter Römer auf einem Ruhebett, das kahle Haupt von einem Kissen hochgestützt. Eine Sklavin mit seiner Toga über dem Arm stand so, daß sie seine Mitte verdeckte, während die ihre unbedeckt blieb. Im Hintergrund sah man zwischen den Säulen Badende, die näher zu erkennen Vater durch das Sofa der Signora gehindert wurde.

Der Fiartchef kam aus seinem Büro herauf und fragte, wo wir gestern gewesen seien. Bei Cicero, sagten wir. Der Direttore schnalzte mit der Zunge und nickte: dort gibt es die schönsten Austern. Er lief wieder in sein Büro und telefonierte. Dann kam er zurück und sagte, in einer Stunde sei die Carozza da nach Cumae. Wir sollten die Sybille grüßen. Schon war er wieder weg. Carpe diem, er nutzte den Tag, es war kein Streik bei Fiart.

Da nun aus den Bädern nichts wurde, gammelten wir weiter und warteten auf den Pferdewagen. Vater legte sich unter das Sonnensegel ins Cockpit. Mutter suchte in der Bordbibliothek Senecas Briefe über die Bäder von Baiae, neunzehnhundert Jahre alt. Die Augenzeugen waren an Bord.

Vater war gerade eingedöst, als Mutter sagte: Baiae war ihm zu laut, Neapel zu dreckig. Sie las: »Mein Lucilius, Du hast dort den Ätna, wir müssen mit Baiae zufrieden sein. Es gibt Landschaften, die der weise Mann meiden soll, zum Beispiel Baiae. Dort ist die Verschwendung zu Hause. Wie ich unter Folterknechten nicht leben möchte, so auch nicht zwischen Nachtlokalen und Betrunkenen, die am Ufer entlangirren, auch nicht zwischen lärmenden Gelagen zu Wasser und zwischen Seen, auf denen die Musik dröhnt. Habe ich das nötig? Unmittelbar über einer Badeanstalt wohne ich. Stell dir Geräusche vor, die Haß verursachen können: Wenn kräftige Männer trainieren und ihre mit Blei beschwerten Fäuste schwingen; wenn sie sich anstrengen, oder so tun, höre ich Stöhnen, Zischen und Keuchen. Wenn nebenan einer mit dieser ordinären Einsalberei bearbeitet wird, höre ich Klatschen in verschiedener Tonart, je nachdem, ob die Hand flach oder gewölbt aufschlägt. Wenn aber ein Ballspieler kommt und seine Bälle zu zählen beginnt, ist es aus. Denk Dir einen Streithammel hinzu, oder einen Dieb, einen ertappten, oder einen, dem die eigene Stimme im Bad gefällt, oder einen Haarzupfer, wie er seine dünne Stimme immer wieder erhebt und niemals schweigt, außer wenn er die Achselhöhlen leerzupft. Dann schreit der andere. Dazu fahrende Wagen, ein Schmied, eine Säge in der Nachbarschaft, einer der seine Trompeten probiert und auf dem Wasser der Rudermeister, der mit gellender Stimme den Takt angibt.« Mutter lachte. Der Seneca kam ihr vor wie der Direttore. Kein Wunder, beide haben spanisches Blut in den Adern.

Vater wunderte sich über die guten alten Zeiten. Nach zweitausend Jahren Lärmterror: Wir sind so leicht nicht taub zu kriegen. Seneca glaubte noch an die guten alten Zeiten: »Cäsar baute in Baia eine Burg auf der Höhe. Sieh, wie er die Lage ausgesucht hatte! Wir baden heute hier unten und verzärteln uns. Was soll ich mit diesem Warmwasserbecken? Was mit Schwitzräumen, in denen trockene Hitze den Körper entschlackt? Schweiß soll durch Anstrengung fließen. Beim ersten Kampf versagen diese Gebadeten und Parfümierten.«

Das geht gegen Nero, sagte Vater, den parfümierten Kaiser, der Senecas Schüler war. Da tauchte auf der Mole unsere Pferdekutsche auf.

Nino, der Kutscher, stieg vom Bock seiner zweirädrigen Carozza und lud uns mit rudernden Armen ein, Platz zu nehmen. Über der Kutsche schwankte ein Sonnenschirm, so daß nur Bendico, der schlanke Sardinier, ohne Schatten blieb. Die Sonne war an diesem Morgen noch nicht zu jener betäubenden Glut entflammt, in der der Wille schmilzt. Der Direttore erschien, Werftleute folgten. Vater und Mutter mußten hinten Platz nehmen, Nico und Mona davor mit dem Rücken zum Kutscher. Uli durfte oben neben Nino sitzen und bekam eine Apfelsine mit Blättern und Stiel. Dann ging es los. Der Direttore gab Nino letzte Direktiven. Wir grüßten ernst nach allen Seiten. Man klatschte. Vater nahm Mutters Zigaretten und warf sie unter die Leute. Bella figura. Oben aus dem Fenster winkte Signora.

Bald nach der Werft ging der Weg bergauf an den antiken Bädern entlang. Wir stiegen aus, Bendico tat uns leid. Doch Nino bestand darauf, daß wir wieder Platz nahmen. Bendico lief der Schweiß über die Flanken. Da entschlossen wir uns, die Bäder Baias zu besichtigen, um Bendico eine Pause zu gönnen. Nino fuhr zum Eingang, lief gleich in den kleinen Schalterraum und kam mit einem Bild zurück. Darauf war eine nackte Statue. Er zeigte auf die Statue und dann auf sich, und dann stieß er beide Hände zu Boden, drehte sie um und stieß sie wieder zu Boden. Es stellte sich heraus, daß er im September 1953 diese Hermesstatue ausgegraben hatte. Später lasen wir, daß daran auch Prof. Mario Napoli beteiligt war.

Nino ging mit uns durch einen hundert Meter langen Säulengang oberhalb der Venus- und Merkurtherme. Den Blick von hier oben zum Kastell und auf den Golf von Pozzuoli konnten wir nicht genießen, weil Nino zu schnell zu seinem Hermes eilte. Als wir dort ankamen, fanden wir ihn bereits stehend zur Rechten des Gottes, dem er bis an die Knie reichte. Er bat uns um ein Photo und wurde verewigt.

Wie aber geschah es, daß uns dieser nackte weiße

Marmorgott menschlich so nahekam? Es fing damit an, daß Uli rief: Der hat ja Blaubeeren gegessen. Tatsächlich hatte er einen schwarzverschmierten Mund. Wer macht solche Schweinerei? fragte Mutter und schüttelte den Kopf, da hört doch der Spaß auf! Achtet nicht darauf, empfahl Vater, seht, wie er gelassen dasteht, lässig das Tuch über die Schulter geworfen. Hermes oder Merkur waren Götterboten, las Vater im archäologischen Führer. Die Römer nannten den schnellsten Planeten nach ihm. In seiner Jugend stahl er seinem Bruder Apollo eine Rinderherde, wurde zur Strafe seine Leier los und mußte auf ewige Wanderschaft. Seitdem war er der Gott der Diebe und Kaufleute, der Wanderer zwischen den Städten. Er hatte einen Heroldstab, Flügel an Schuhen und Hut und nahm am Ende die Menschen bei der Hand auf ihrem Weg vom Leben in das Totenreich. Vater klappte den Führer zu und wir schwiegen beeindruckt.

Aber die hohe Stimmung war nicht zu halten. Uli zeigte auf die Mitte des Gottes und vermißte das Glied. Er allein hatte es bemerkt. Das kommt, wenn man in der Orientierungsstufe Sexualkunde hat. Mona sah auf den Boden, aber da lag es nicht. Uli tippte Nino an und machte ihn auf das missing link aufmerksam. Doch Nino spielte den Unschuldigen und grinste. Ein Fall von Abtreibung. Mutter platzte ein Lachen heraus: Wie göttlich! Einfach Glied ab und wir brauchen keine Pille mehr. Doch Vater gab zu bedenken: Manneskraft, wenn unverströmt, wird auch zur Qual für Götter. – Eines war klar: Hier stand ein Gott, nichts Menschliches war ihm fremd, Blaubeeren eingeschlossen. Wo hatte er sie nur her? Abends, wenn die Bäder schlossen, machte er sich vielleicht auf die Suche. So, wie er dasteht, meinte Vater, so majestätisch, kann man sich nicht vorstellen, daß er nachts auf Blaubeersuche geht.

Aber Spaß und Götterspeise beiseite, die Sache begann uns physikalisch zu interessieren. Nino wurde zu Rate gezogen, der legte sich auf den Boden und grub sich in einer unvergeßlichen Plautus-Szene aus, wobei er gleichzeitig den Hermes und sich selbst spielte. Die Arbeiten wurden nur einmal durch Nico unterbrochen, als er den Namen Mario Napoli im Reiseführer las. Nino hob sich auf und sagte: Napoli, Napoli! Er nahm Nico bei den Schultern und führte ihn an eine Stelle, zwei Meter neben der Ausgrabung. So, da stand der Professore. Nino, sagte der, grabe! Und Nino grub. Zuerst kam der Hintern zum Vorschein. Nino hob sein Hinterteil und zeigte darauf. Dann hockte er sich hin und sagte: Io! Ich habe es zuerst berührt, il mio io! Er stand wieder auf, lief zu Nico und führte seine Hand über den göttlichen Popo. Io primo! Dann lief er suchend durch den Raum, bis er ein rostiges Metallstück gefunden hatte. Das tat er sich auf den Mund und war wieder Hermes. Langsam richtete er sich auf. Wir stützten ihn, klopften ihn ab. Er nahm die schreitende Haltung des Gottes an. Nico nahm ihm das Metallstück vom Mund. Nun wurde es klar: Ein zweitausendjähriger eiserner Kuß hatte den weißen Marmor verrostet. Nicht Blaubeeren zeichneten ihn, sondern ein eiserner Dauerbrenner. Wer rastet, der rostet. Blieb noch das Glied. Nino wußte es auch nicht. Er hatte alles umgewühlt. Es wurde niemals gefunden. Uli schlug vor, Marco danach zu fragen.

Nino lockte uns noch in einen Nachbarraum. Darin stand – schön wie der Blaubeer-Hermes – die Mantelstatue einer Venus. Sie blickte trauernd in die Ferne. Es schien, als habe sie gerade das Himation über die linke Schulter geschlagen, als wir hereinkamen. Arte greca, sagte Nino, molto antico. Sie mußte wohl alt sein, denn später wurde die Göttin der Liebe nackt dargestellt. Nino nannte sie Roma, rückwärts Amor. Die Göttin war unvollendet an der rechten Seite. So mußte es wohl eine römische Kopie sein. Sie lag direkt neben meinem Hermes, sagte Nino. Mutter verstand nicht, warum man sie getrennt aufgestellt hatte, nachdem sie 2000 Jahre beisammen waren.

Wir gingen zur Carozza zurück und warfen noch einen Blick in die Merkurtherme, den frühesten römischen Kuppelbau, Vorbild für Pantheon und Peterskuppel. Seneca hat darin geschwommen unter dem kreisrunden Auge in der Höhe der Wölbung. Zweiundzwanzig Meter mißt der Durchmesser. Da Baia sinkt, versinkt auch die Merkurtherme heute unaufhörlich in den Boden. Wieviel Götter ruhen noch auf ihrem Grund?

Draußen gaben wir Bendico Zucker, bestiegen unsere Ein-PS-Karosse und zuckelten weiter gen Cuma. Als wir den Kraterrand der Sella di Baia überschritten hatten, wehte uns vom Fusaro-See und dem dahinterliegenden Tyrrhenischen Meer ein kühlender Westwind entgegen. Er roch nach Blumen. Wir zogen auf der alten Via Domitiana entlang, die Roms größten Kriegshafen Misenum mit Cuma verband und weiter über die Via Appia Rom erreichte. Man kann das Morgenlicht auf dem römischen Palatin begrüßen, sagte Statius, und am Abend den letzten Schein hinter Cumae verglimmen sehen. Geht es heute schneller? fragte Uli. Eine Flugstunde, sagte Nico. Aber komm mal vom Palatin durch Rom zum Flugplatz und durch Neapel nach Cuma, meinte Vater, dann kannst du den Fortschritt von zweitausend Jahren vergessen.

Um uns herum war es ländlich und einsam. Die häßliche Zersiedelung, das Wechselfieber von Autoverstopfung und Durchfall rund um den Golf von Pozzuoli hatte aufgehört. Zum erstenmal, seit wir hier waren, hörten wir Vögel rufen. Linkerhand lag auf dem Lago di Fusaro Vanvitellis Casino Reale, eine schwimmende Insel, die sich König Ferdinand bauen ließ. Heute ist dort eine hydrobiologische Station für Muschelzucht. Wir kamen auf kleinen Straßen an alten Gräbern vorbei. Nino zeigte uns ein mächtiges Gewölbe, das tief in der sinkenden Erde steckte. Überall liegen hier noch römische Gräber. Es gibt eine Handvoll italienischer Naturschützer, die das kranke Land am Golf zu einem Nationalpark machen wollen. Sie sollten mit dem Kulturschutz beginnen.

Vor uns stieg aus der flachen Küste die Akropolis von Cuma auf, achtzig Meter hoch, vor dreitausend Jahren von Griechen gegründet, seit tausend Jahren unbewohnt. Bendico zog uns mit klappernden Hufen an Madonna de Carmine vorbei. Wer wollte, stieg aus und ging nebenher. Schließlich erreichten wir die Reste des Amphitheaters und damit die alte Stadtgrenze. Nino hielt bei einem kleinen Bauern; wir lernten Gianni kennen, seinen Vetter. Er spannte Bendico aus und gab ihm zu trinken. Die Familien begrüßten sich. Gianni hatte drei kleine Kinder. Giannis Frau deckte draußen den Tisch. Giannis Mutter brachte ein großes weißes Tischtuch. Gianni selbst holte Wein und goß den Rest von Bendicos Wasser in die Karaffen. Bendico schlief im Stehen. Wir saßen im Schatten zwischen Hühnern und stark durftendem Oleander und waren glücklich. Es gab Spaghetti mit Muscheln und Brot und Wein. Nino bekam Bier. Er kehrte wohl öfter hier ein.

Nach dem Gastmahl legte sich Nino in die Carozza und machte ein Nickerchen und Vater las zum Nachtisch leise aus dem Petronius. Petronius war ein Freund von Nero und Seneca. In seinem berüchtigten Satyrikon sah er vom Balkon der Oberschicht dem Volk aufs Maul. Das, was uns vom Satyrikon blieb, beginnt hier in Cuma. Zwei gammelnde Studenten kommen in die Stadt und diskutieren in einer Schule mit dem Direktor. Enkolp, der eine, sagt: »Ich bin der Ansicht, daß uns die Schule verdummt, weil sie nichts bringt, was in der Praxis vorkommt. Statt dessen setzt man den Schülern Tyrannen vor, die Söhnen befehlen, ihren Vätern den Kopf abzuschlagen und ähnlich schwulstigen Kitsch. Junger Mann, sagte der Direktor, ich will dir keinen faulen Zauber vormachen. Wir müssen mit den Narren närrisch sein. Denn sagten wir nicht das, was die Leute hören wollen, würden wir, wie es bei Cicero heißt, bald in unseren Schulen alleine bleiben. Im Grunde sind die Eltern schuld. Sie begreifen nicht, daß nichts groß ist, was Knaben gefällt.« Die Frauen hatten inzwischen abgedeckt. Caecilia, die Jüngste, schlief auf dem Schoß ihrer Mutter. Gianni hatte statt der Augen den Mund offen und die Oma häkelte an einem schwarzen Kopftuch. Die Katze schlief auf Monas Arm, Uli spielte mit den Hühnern, und

Mutter blinzelte durch den Oleander: Da lag Cuma.

»Enkolp merkte, daß sein Freund Askylt sich während des Gesprächs aus dem Staube gemacht hatte. Er suchte ihn, hört, wie es ihm erging: Aber ich hielt den Weg nicht ein und wußte nicht genau, wo unser Quartier war. So kam ich immer wieder zur gleichen Stelle zurück, bis ich eine alte Frau fragte, die Feldkohl verkaufte: Mütterchen, kannst du mir vielleicht sagen, wo ich wohne? Sie lachte über meinen törichten Witz und sagte: Warum nicht und ging voran. Ich folgte ihr. Als wir in ein ziemlich abgelegenes Viertel gekommen waren, schlug sie vor einer Tür den Vorhang zurück und sagte: Hier bist du zu Hause. Ich bemerkte, wie ein paar Strichjungen und nackte Huren sich zwischen den beschrifteten Türen herumdrückten und ahnte, daß ich in ein Bordell gelockt worden war. Ich verhüllte mein Gesicht und versuchte, durch den hinteren Eingang zu fliehen. Und siehe da: von dort kommt mir Askylt entgegen. Ihn hatte wohl die gleiche Alte hergelockt. Ich begrüßte ihn lachend und fragte, was er hier vorhabe. Ach, sagte er, und wischte sich den Schweiß, wenn du wüßtest, was mir passiert ist! Als ich in der Stadt herumirrte und unser Quartier nicht fand, trat ein würdiger Familienvater an mich heran und bot sich freundlich als Führer an. Nachdem er mich durch die dunkelsten Winkel geführt hatte, kamen wir hier an. Er machte mir einen Antrag und wollte mich schon bezahlen. Einer der Huren gab er Geld für die Überlassung ihrer Kammer. Wenn ich nicht der Stärkere gewesen wäre, so hätte ich dran glauben müssen.«

Vater legte das Buch auf den Tisch. Nico schüttelte den

Kopf und Mutter lachte. Gianni wachte auf, die Katze sprang von Monas Schoß und die Hühner flatterten. Oma nahm sich das Buch. Aber es war nicht die Heilige Schrift.

Wir fragten nach einer Toilette. Gianni weckte Nino und winkte uns, ihm zu folgen. Mona wollte lieber dableiben. Doch die Neugier war dann größer. Gianni führte uns auf ein Feld hinter dem Haus. Am Ende war ein Hügel voller Ginster und darin verschwand Gianni. Gabinetto in Campagna. Danach winkte Gianni geheimnisvoll, und wir folgten ihm in ein modriges Gewölbe. Im Licht seiner Kerze sahen wir Ruineneidechsen in Nischen verschwinden. Die Kerze vor der Brust sagte Gianni: Tomba! Sein Schatten bewegte sich hinter ihm. Er griff in eines der Nischengräber. Seine Hand kam mit einem Knochen wieder heraus. Di gran valore, sagte er, molto antico. Er wog den Knochen in seiner Hand. Sie war hart und rissig. Den Knochen hätte Vater gerne genommen. Nico flüsterte: Da steht was! und bückte sich. Gianni leuchtete und wir lasen auf einem Kalkstein die Buchstaben N und O. Wir kratzten die Erde ab, und dann tauchte noch ein N auf und nach einer Lücke ein S, ein U und ein M, dann wieder eine Lücke und nach einem weiteren N war der Stein gebrochen. Wir suchten, aber mehr fanden wir nicht. Ich bin nicht, übersetzte Nico. Gianni musterte den Stein mit den fingergroßen Zeichen: NON SUM N. Er schüttelte den Kopf und zeigte auf seinen Knochen. Vater sah den Knochen nun mit anderen Augen. Gianni nahm seine Hand und strich darauf von der Handwurzel bis zum Knöchel. Molto antico, wiederholte er. Vaters Diagnose lautete: Hühnerbein. Er sagte aber nichts, sondern bot ein Koppelgeschäft von Stein und Bein. Daß Gianni darauf einging, hält Vater heute noch für den Beweis der Echtheit des Grabsteins.

Später bekamen wir heraus, daß NON SUM häufig Teil von Grabsprüchen war. Oft folgte NON CURO: »Ich bin nicht mehr, es kümmert mich nicht.« Oder es folgte der Satz: Wir Toten hier unten sind Staub, sonst nichts. Oder: Es gibt keinen Hades, leb wie du willst.

Auf dem weiteren Kutschweg nach Cuma gab es Streit um das Stück des Grabsteins. Uli war der einzige, der das Hühnerbein für echt hielt. Er erhielt daher diese Reliquie und war aus dem Rennen. Mona hielt den Grabstein für unecht, weil er aus Kalkstein war, die Umgebung hier aber aus vulkanischem Tuff. Mutter schied aus, weil sie schon Marcos Münze hatte. Es blieben Vater und Nico. Beide hielten den Kalkstein gerade für einen Beweis der Echtheit. Als Grabstein nimmt man wertvolle Steine, also seltene. Nico hielt den Toten für wohlhabend, Vater für diesseitig und nüchtern. So blieb der Besitz des Steines unentschieden. Er kam ins Bordmuseum.

Vielleicht ist mein Knochen von einem Römer, sagte Uli, von dem du vorgelesen hast. Aber Vater glaubte eher an einen Knochen aus dem nächsten Kapitel des Petronius, dem »Gastmahl des Trimalchio«. Das Gut dieses freigelassenen Neureichen lag nämlich hier vor der Stadt. Er blätterte im Satyrikon: »26. Juli. Auf dem Gut bei Cumae, Besitzer Trimalchio, 30 Knaben und 40 Mädchen geboren, 500000 Scheffel Weizen und 500 Ochsen eingelagert, Kreuzigung des Sklaven Mithridates wegen Lästerung des Herrn, 10 Millionen Sesterzen in die Kasse übernommen, da Investition unmöglich. Und weiter: Segle mit Geld und du segelst mit sicherem Wind. Und weiter: Es kommt lang, es kommt breit, und es ist ein Zeitvertreib. Was ist das? fragte Trimalchio. Und weiter: Wer die Richter kauft, gewinnt den Prozeß. Was sind Gesetze, wo Geld entscheidet? Recht ist eine Ware. Und? Was blickt ihr mich an mit gerunzelter Stirn, ihr Catos, ich berichte ja nur vom Treiben der Welt«, sagte alles Petronius. Vater klappte das Buch zu. Wer lag unter dem Stein? Wer es auch war, er ist nicht mehr. Non sum. Oder?

Am Eingang zur archäologischen Zone von Cuma ließen wir Bendico und Nino zurück und machten uns auf die Suche nach der Grotte der Sybille. Mit uns suchten bunte Gruppen und Grüppchen und fanden, was sie suchten und fotografierten, was sie fanden. Sie trennten sich, fanden sich wieder in den Gängen und freuten sich. Da hatten die Griechen und dann die Römer aus dem Tuffberg Hallen und Winkel gekratzt, dunkle Wege und Öffnungen ins Freie. Ein Labyrinth, eine Ameisenburg, oben drauf die Akropolis. Aber tief unten, mit dem Blick nach Westen, woher sie kam, saß im Allerheiligsten die Königin von Cumae, die Cumaeische Sybille.

Vor dem Eingang zu ihrer Grotte drängte sich eine Touristengruppe um ihren Führer. Der Dromos ist 131 Meter 50, länger als alle mykenischen, erklärte er immer in zwei Sprachen, ist 2 Meter 40 breit und 5 Meter hoch und verläuft in Nordsüd-Richtung. Hier, wo wir stehen, arbeitete bis 1932 eine Bäckerei, weiter drinnen war ein Weinlager, der Rest war verschüttet.

Im Mai 1932 entdeckte Professor Maiuri, wonach man seit Jahrhunderten gesucht hatte: die Sybille.

Wir gingen nach rechts, wo eine Tafel stand mit Versen Virgils, und ließen der Gruppe den Vortritt. Draußen entdeckten wir die westlichen Lichtschächte, die drinnen den Dromos geheimnisvoll beleuchten, besonders jetzt, am späteren Nachmittag. Im Westen sahen wir Ischia liegen. Die Sonne stand über der Nordwestspitze, am Monte Vico. Von dort, von Pithekussa kamen die Griechen im achten Jahrhundert vor Christi und gruben ihre Sybille hier in den Tuff. Lebte sie? fragte Uli. War es eine Plastik, wie der Hermes von Baia? Aber sie hat doch geredet und die Zukunft prophezeit, sagte Mutter. Das machten Priester, die steckten dahinter, behauptete Nico. Meint ihr, das wäre tausend Jahre unentdeckt geblieben? fragte Vater. Nein, die Sybillen waren einfache Mädchen aus dem Volk mit gesundem Menschenverstand. Sie verkündigten das Wort Apolls, das war der Bruder von Hermes mit dem Blaubeermund. Erkenne dich selbst, stand über seinem Tempel in Delphi, wo die phytische Sybille mahnte: Bedenke, daß du sterblich bist! Und wenn ein Grieche nicht hören wollte, schlug Apoll ihm mit der Faust in den Rücken, so daß ihm der prachtvolle Helm vom Kopfe flog, wie es dem stolzen Petrokles geschah.

Wir sahen durch einen Lichtschacht in die dunkle Sybillengrotte, in der die Touristen drängelten. Sybillen waren es, die schließlich die Übervölkerungskriege beendeten, indem sie das Töten der Gefangenen verboten und sie ausschickten, Kolonien zu gründen. So kam Aeneas von Troja nach Rom. So kam es zur Kolonisation statt zur Ausrottung.

Na bitte, sagte Mutter, fragt Frau Sybille, bevor ihr eure Atombomben werft. Die alten Amazonenreiche sind zehnmal so alt geworden wie eure Männerwelt. Ihr seid wie König Kroisus, der gegen die Perser zog, obwohl die Sybille ihm prophezeit hatte: Du wirst ein großes Reich zerstören. Ihr kommt nie auf die Idee, daß sie euer eigenes meint. Alte Amazone, sagte Vater. Erkennt euch selbst mal schön, sagte Mutter. Paß auf, sagte Nico, daß Apollon dich nicht boxt. Und Uli sagte: ein Glück, daß du nur Sybille heißt. Ja, sagte Mutter, sonst würde ich euch meinen Blitz schon schleudern.

Aus der Sybillenhöhle drangen Stimmen. Wir horchten: »Mit haftendem Zahn fesselt der Anker Aeneas am Strande von Cumae«, hörten wir, und: »Neben ihm gähnt entsetzensvoll die Sybille«. Jemand schien drinnen Virgils Aeneis vorzulesen: »Jetzt, jetzt ruft die Priesterin: Fordert den Spruch: der Gott, er ist's!« Sei mal leise, zischte Mona zu Nico, und hör auf zu lachen. Wir hörten einzelne Sätze: »Verfärbt ihr Antlitz, sträubt das geflochtene Haar, röchelt die Kehle, Wahnsinn, vom Atem des nahen Gottes umwittert. Aeneas, der letzte von Troja, schaudert und fragt.« Dann kam es ganz laut von drinnen: »Krieg, Krieg und Entsetzen sag ich voraus! Ich sehe voll Blut und Leichen den Tiber/ Seh den Gründer Roms, Aeneas!« – Drinnen wurde geklatscht. Wir gingen zum Eingang der Höhle.

Die Gruppe kam zurück und jemand sagte zu uns: Der Nächste bitte, Sybille hat Sprechstunde. Uli fragte: Ist die da wirklich drin? Und Nico sagte bedeutungsvoll: Dein Auge wird sie apfeln, fürchte dich nicht. Uli war natürlich beleidigt und wollte nicht mit. Weißt du, erklärte Mutter, das ist alles sehr lange her. Außer uns wird dort niemand sein. Mona sah auf eine Tafel am Eingang des Höhlenganges und bekam heraus, daß Apollon der cumaeischen Sybille so viele Lebensjahre gab wie Körner in einem Sandhaufen sind. Dann müssen mindestens noch ihre Knochen drin liegen, überlegte sie. Wir bringen dir einen mit, grinste Nico. Uli blieb draußen.

Der Gang durch den Dromos auf das unsichtbare Adyton, den Orakelraum, stimmte nicht ruhig, nicht frei, nicht menschlich. Unruhig das Licht, das dreimal quer den Gang durchschnitt und von Westen durch die Schächte den gelben Tuff rötete. Dazwischen lag schwarzer, unsichtbarer Höhlengang, lang und hoch. Er hat kein Menschenformat. Man könnte sich Bären darin vorstellen oder Mammuts. Das Ende, der Orakelraum, war leer.

Hier, im Adyton, blieben wir stehen. Ein Zimmer nach Menschenmaß, dunkel. Wir sahen zurück. Es war ganz still. Nur jener Spruch Heraklits leuchtete uns wie ein Kerzenlicht der Wahrheit:

> *Der Herr, dem das Orakel gehört,*
> *sagt nichts, sondern ist.*

Als wir stumm aus der Sybillenhöhle kamen, standen neue Besucher im Kreis um Uli, der am Boden hockte. Er hatte den Sand in einer Kiste solange durch zwei geteilt, bis das 26. Häufchen so klein war, daß er es zählen konnte. Jemand hatte ihm einen weißen Briefbogen gegeben und nun zählte er. Er hatte den Leuten erklärt, daß es um das Alter der Sybille ging. Sie unterhielten sich darüber. Einige lachten. Als wir kamen, erklärte uns einer die Sache.

Einhundertundfünfundzwanzig, sagte Uli und sah in die Runde. Take one hundred, sagte ein Engländer. Si, cento, meinte eine Frau, es kommt auf ein paar Jahre nicht an. Uli erhob sich. Die Rechnung war klar: 26 mal 125 macht 3250 Jahre. Ein alter Lehrer war begeistert: 1200 Jahre vor Christus kam Aeneas von Troja nach Cumae, das war vor 3200 Jahren! rief er. Aber einer hatte den Fehler in Ulis Rechnung durchschaut. Nico zischte durch das Gehege seiner Zähne: Du mußt nicht 26 mal, sondern 26 hoch 125 rechnen. Ein Blonder mit einem Universitätshemd suchte nach Papier, ein junges Paar rechnete bereits. Ein Franzose lachte und warf ein Apfelsinenstück auf Ulis Häufchen. Zwei Italiener schüttelten die Köpfe. Ein Amerikaner, der zuletzt gekommen war, zog seinen Taschenrechner aus der Jacke und hatte es gelöst: 4 Milliarden Körner, 4 Milliarden Jahre war also die Sybille alt!

Jetzt war Vater verblüfft und meldete sich zu Wort. Das ist ja das Alter unserer Erde. Vater rechnete: Wenn die Sybille heute 85 Jahre alt wäre, dann hätte sie mit achtzig die Geburt des Tyrrhenischen Meeres erlebt, mit dreiundachtzig die des Vesuvs, vor fünf Stunden die des ersten Menschen und vor fünf Minuten die Ankunft des Aeneas.

Wie weit ist es von hier bis zur Sybille, fragte der Amerikaner. 131 Meter 50 sagte der Reiseführer. Der Amerikaner winkte Uli und rief: Hurry up! Er drückte auf seinen Taschenrechner und die beiden rannten durch die Zeiten: One minute! Sie versuchten es gleich noch einmal und schafften es wieder: 3200 Jahre in einer Minute.

Uli war nun doch noch bei der Sybille gewesen und bekam einen Taschenrechner! Den hat die Sybille ihm geschenkt, sagte der Amerikaner.

Inzwischen hatte Vater im Satyrikon die Sybille von Cumae gefunden: »Von den Sybillen habe ich die von Cumae mit eigenen Augen in einer Flasche hängen sehen«, spottete der Römer Petronius, »und als die Kinder sie fragten: Fehlt dir was? antwortete sie: Ich will sterben.«

Die Römer sind wir, sagte neben uns ein Reiseleiter und sammelte seine Akademische Reisegruppe. Er pries Virgils Aeneis als Roms ideologisches Grundgesetz und jene 4. Ekloge, in der er vierzig vor Christus verkündete: »Der Ring der Zeiten schließt sich, wie die Sybille von Cumae prophezeit. Auf Endzeit folgt wieder Urzeit mit ihrem Segen. Ein neues Geschlecht wird vom Himmel gesandt. Ein Knabe wird das Leben der Götter empfangen und Friedensherrscher sein, wenn er zum Manne reift. Die Tiere des Feldes werden ihm huldigen, Honig wird aus harten Eichen träufeln. Es gibt keine Mühsal mehr. Möchte ich leben, lang genug, seine Taten zu preisen.«

Raten Sie, wen Virgil meinte, sagte der Reiseleiter. Alle tippten auf Jesus. Kaiser Augustus, sagte er, und genoß die Überraschung.

Als wir wieder oben auf der Sella di Baia angekommen waren mit unserer Pferdekutsche, stieg jenseits des Sattels der Mond über den Vesuv und diesseits sank die Sonne hinter den Epomeo. Unten beim Kastell der Cäsaren lag unsere Sybille schon im Dunkel.

BAIA,
kaiserlich

Am Morgen des neuen Tages war es auffallend still um uns. Sonntag? Beim Frühstück brachten wir unseren Kalender in Ordnung und danach verlegten wir die SYBILLE an einen schattigen Platz. Die Werft ruhte, und wir kamen endlich zum Gammeln.
Direttores schienen fort zu sein, Mutter tippte auf Kirche und hängte ein Netz mit Flaschen zum Kühlen außenbords. Nico holte sich wieder den Tacitus und Mutter stellte fest, daß er immer noch Neros Muttermord las. Mach dir nichts draus, sagte Mona, ich nehme dann Vater. Aber zunächst nahm sie die Gitarre, während Vater versuchte, die Angel zu entwirren, weil keiner sich erinnern konnte, wer sie zuletzt gehabt hatte. Uli schnitt sich seine Fußnägel, was allgemein begrüßt wurde, bis Nico ein Stück in den Tacitus fiel. Das hatte zur Folge, daß Nico aufstehen mußte und dabei das Stück unter die Gräting des Cockpits fiel, die festgeschraubt war. Nico bestand darauf, das Stück müsse wiedergefunden werden: Nagel röche. Das brachte natürlich Unruhe ins Gammeln. Und so stellte Uli nach drei von zehn Zehen die Arbeit ein.

Später – das heißt nach etwa einer Stunde –, ereignete sich wieder etwas Merkwürdiges. Knisternde Geräusche kamen unten aus der KLEINEN LIEBE. Alle hatten es gehört. Mona hörte auf zu spielen. Wir verhielten uns ganz ruhig. Da war es wieder. Es klang wie Stimmen, die schnell miteinander sprachen und dann wieder schwiegen. Sie sitzen unter dem Schiff, flüsterte Uli.

Es waren immer die gleichen Gesprächsfetzen, die sich wiederholten. Mutter horchte in die Kajüte. Da war es am deutlichsten:

»Schwellsegelsüdtoktok« – wisperte es schnell.

»Schluffschlammschlapp« – langsam, Pause, dann:

»Odißeuchtiktiktik« – knisternd, darauf eine Oktave tiefer: »Koo – la – blubb« – lang, kurz, kurz und schloß: »Odißblubbzeuch« –

Natürlich konnte man auch etwas andere Worte heraushören, aber so ähnlich kam es alle paar Minuten wieder. Alle versuchten, die seltsamen Sybillenworte zu deuten. Eine bedenkliche Deutung des Orakels fand Mutter: »Schwellsegelsüd« heißt: Südwind, Schirokko kommt. »Schluffschlammschlapp« heißt: Macht uns schlapp. »Odißeuch« heißt: O dies euch. »Koo-la-blubb«: Ihr geht baden: blubb. »Odißblubbzeuch«: und das mit Zeug!

Ich bin nicht abergläubisch, sagte Vater, aber: »Odißeuch« kann »Odysseus« heißen, und der ist ja tatsächlich abgeblubbert. Darauf wollen wir einen trinken. Er holte das Flaschennetz herein, das außenbords hing und verteilte Cola. Ganz klar, sagte Nico, Mutters Schrecken vor dem Schirokko. Er machte Psychoanalyse aus dem Orakel. Die Colaflasche, die Vater öffnete, schäumte, und auch der The freddo war nicht kalt geworden. Da habt ihr's, sagte Mutter, das Wasser kühlt schon nicht mehr, der Schirokko kommt: Wir bleiben morgen hier. Wir liegen auf warmen Quellen, behauptete Vater und prüfte das Wasser. Mona vermutete einen Magmaherd und fand das im Gegensatz zu Nico gar nicht witzig. Nico hatte eine andere Idee. Er untersuchte die Kaimauer, vor der wir lagen. Leute, rief er, wir liegen vor einem Abwasserrohr, das spuckt ziemlich dicke Sachen aus, die ab und zu am Kiel scheuern. So war es. Wir überzeugten uns und verholten die Sybille doch wieder in die Sonne. Uli wollte es immer schon gerochen haben.

Unterdessen waren Direttores wiedergekommen, sie aus der Kirche, er vom Fußball. Am Werfttor bellten zwei Hunde. Eine Stimme rief: Cäsar, come on! und eine andere: Nero, subito! Ein amerikanischer Wagen rollte auf das Werftgelände. Ein sportlicher alter Herr stieg aus. Hello! Er kam uns irgendwie bekannt vor. Hello, Old Boy, sagte er zu Vater, und Vater sagte: Hello, Old Boy. Old Boy hatte sich bei Fiart eine Motoryacht bauen lassen, morgen sollte sie getauft werden. Der Direttore stellte vor. Old Boy sprang zu uns an Bord, sah sich alles an, nahm den Bildband »Alte Römer« vom Kajüttisch, sagte: Nice – und lud uns zum Essen auf sein neues Schiff ein.

Wir schlugen ein deutsches Essen vor: Labskaus mit Jever Pils und Doornkaat und holten die Sachen aus der Kleinen Liebe. Die Signora lächelte unsicher, der Direttore musterte unsere Labskausdosen, der Amerikaner sagte: Okay. Er hatte unsere »Alten Römer« noch unter dem Arm.

An Bord seiner Motoryacht saßen wir auf dem über-
dachten Brückendeck. Während das Labskaus in der
Kombüse blubberte, ließ Old Boy die Motoren röh-
ren. Als aufgedeckt war, schlug er an die Schiffsglocke,
und wir setzten uns ein Deck tiefer in die kühle Pracht.
In eurem Schiff da unten ist es gemütlich, sagte Old
Boy und sprach das Wort deutsch aus, mit u statt ü.
Wir stießen an auf sein neues Schiff. Ah, sagte er: Lö-
wenbräu. Wir klärten ihn auf. Auch gut, sagte er. Beim
Doornkaat schüttelte sich die Signora. Dann kam das
Labskaus auf die Teller und Mutter sah unsicher in die
Runde. Ah, sagte Old Boy und schob den ersten Bissen von einer Backe zur anderen: German Polenta. Die
Direttores lachten, der Bann war gebrochen. Besser als
Polenta, sagte der Direttore. Auch die Signora machte
gute Miene. Alles zusammengekocht, sagte Old Boy
auf italienisch zur Signora. Er prostete uns zu und sagte: Nice old Germany. Die Direttores schlossen sich an
und sagten: Viva Germania. Dann spülten sie die Germanenpampe entschlossen mit Jever Pils herunter.
Nach dem Essen zeigten wir unsere Cäsar-Münze und
erzählten ihre Geschichte. Der Direttore kannte Marco, den Fischerjungen. Er kannte auch den Hersteller
der Münzen. Er hatte für ihn eine Motoryacht gebaut.
Wir sahen uns Cäsars Bild in dem Buch der Alten Römer an, das Old Boy aus der KLEINEN LIEBE mitgenommen hatte. Ich will mein Schiff »Nero« nennen,
sagte Old Boy und blätterte in dem Buch. Vater zeigte
auf zwei Neroköpfe. Da war er zwanzig, da dreißig
Jahre alt. Dazwischen, als er seine Mutter umbrachte,
zweiundzwanzig. Zwei vierkantige Gesichter, flei-
schig das eine, fett das andere, Nase klein, Mund

weich, die Augen hart, der Hals dick, Haare wie ein Pelz. Marlon Brando, sagte Old Boy, und sah auf den nächsten Kopf: eine schöne Frau mit Kopfputz, ernstem Gesicht, weichen Augen und hartem Mund. Wer ist das? fragte er. Der Direttore beugte sich herüber und sagte: Seine Mutter, Agrippina. Old Boy stutzte. Er dachte nach. Dann zeigte er auf die beiden Kaiserköpfe und fragte: Der war's? Ja, sagte der Direttore und zeigte aufs Wasser: Da war es. Nico stand auf und zeigte nach rechts. E vero, sagte der Direttore, im Cento Camarelle war das Ende ihres martirio. Erzähl es nicht, bat die Signora leise. Bitte nicht. Bene, bene! sagte er.

Dammed! sagte Old Boy und sah noch immer auf die Bilder. Die Signora schickte ihre Kinder fort, um frutta zum Nachtisch zu holen. Von ihr, sagte der Direttore, hatte Nero die Macht. Ihr Mann, der vorige Kaiser, war Neros Stiefvater. Ah, sagte Old Boy. Sie ließ ihn Kaiser spielen, sagte die Signora, das ertrug er nicht. Nein, sagte der Direttore, er litt darunter, daß die anderen dachten, sie ließe ihn Kaiser spielen: Das ertrug er nicht. Zu kompliziert! sagte Old Boy, wie alt war Nero, als er es tat? Zweiundzwanzig, sagte der Direttore und stand auf. Er liebt die Geschichte, sagte die Signora leise zu Mutter, und erzählt sie gerne den Kunden. Er war zweiundzwanzig, als wir heirateten. Die Werft gehörte meinem Vater. Die Geschichte steht bei Tacitus, erklärte der Direttore. Er kennt ihn auswendig, sagte die Signora.

Soll ich meinen Dampfer Nero oder Agrippina nennen? fragte Old Boy. Der Doornkaat machte die Runde. Wir baten den Direttore, uns die Geschichte zu erzählen. Tacitus, 13. oder 14. Buch, sagte er, und es begann ein italienisch-englisch-deutsches Spiel: Muttermord bei Fiart.

Agrippinas Einfluß auf Nero schwand, sagte der Direttore, je mehr sich der Kaiser mit einer Freigelassenen namens Acte einließ. Seine Leidenschaft überwältigte ihn so, daß er der Mutter den Gehorsam verweigerte und sich Seneca, seinem Lehrer, anvertraute. Diese Seneca-Jahre waren die glücklichsten fünf der römischen Geschichte. Seneca war der Kissinger Roms. Ah, Kissinger, sagte Old Boy, und blätterte in den Bildern. Inzwischen hatten die Fiartkinder die Früchte gebracht. Die Signora schickte sie wieder fort. Sie durften unter Deck fernsehen. Nico hatte seinen Tacitus geholt, in dem links der lateinische Text stand, rechts die Übersetzung. Der Direttore suchte die richtige Stelle und nun versuchten wir es mit unserer gemeinsamen Vatersprache. Bis auf Uli hatten wir alle Latein in der Schule. »Agrippina«, bekamen wir heraus, »setzte ihrem Sohn mit Liebkosungen zu und bat ihn, doch lieber ihr Gemach und ihr Herz zu suchen, wenn er für die Triebe seiner erwachenden Männlichkeit und die Anforderungen seines hohen Amtes einen verschwiegenen Vertrauten brauche. Hatte sie ihren Sohn bisher allzu streng gehalten, so ließ sie ihm jetzt völlig die Zügel schießen. Ein langes Tauziehen um die Macht begann, während dessen Seneca mit seiner Journalistenschnauze, wie Agrippina sich ausdrückte, die Welt regierte.« Mutter fragte: Steht da erwachende oder erwachsene Männlichkeit. Erwachende stand da. Was das wäre, wollte Uli wissen. Der Bart, sagte Nico. Das weiß ich auch, sagte Uli, daß es nicht der Bart ist.

Old Boy fand den Bart ein bißchen spärlich auf dem Bild.

Inzwischen hatte Nico in seinem Tacitus ein paar Seiten weiter eine Stelle gefunden über Klassenkämpfe drüben in Ciceros Pozzuoli. Das war ein Jahr vor dem Muttermord: »Es kamen zwei Gesandtschaften aus Putuoli«, hieß es, »die eine von den Behörden, die andere vom Volk. Die einen beklagten die revolutionären Umtriebe der Massen, die anderen die Erpressungen der Behörden und der großen Herren. Um Mord und Aufruhr zu vermeiden, wurde eine Kohorte geschickt, die mit einigen Hinrichtungen die Ruhe wiederherstellte.«

Vater wunderte sich: So einfach war das Regieren hundert Jahre nach Cicero geworden. Er schenkte Doornkaat nach. Ordine, sagte der Direttore, solo ordine.

Seine Frau wollte wissen: Trauen Sie Nero die Ermordung seiner Mutter zu? Sieht ein Mörder so aus? Ah, sagte Old Boy, und stellte das Buch so auf, daß alle den Angeklagten sehen konnten. Da stand der zwanzigjährige Nero, der dreißigjährige Nero und dazwischen die Mutter gegen eine Flasche gelehnt. Old Boy wurde munter, er schlug Brainstorming vor und erklärte es: Jeder sagt, was ihm einfällt, wie er die beiden findet. Einer schreibt es auf. Jeder soll dabei sagen, wen er meint, zum Beispiel Nero vor, Agrippina, Nero nach. Wieso: Nero vor? fragte Uli. Nero vor dem Mord, sagte Mutter, das ist das Bild links. Capito? Wir zählen, wer die meisten guten und schlechten Urteile bekommt.

Fangen wir an mit Nero vor, sagte Old Boy, und begann: Blickt ziellos. Darauf Vater: Schaut nicht ohne

Vision. Mutter: Blick strebt aufwärts. Signore: Aber nur bis zu den eigenen Brauen. Uli: Der hat ja gar keine Pupillen. Direttore: Die wurden erst später üblich. Signora: Suchend, anhänglich. Nico: Tölpel. Mutter: Beeinflußbar. Nico: Mädchenhaft. Mona: Ängstlich. Old Boy: Eigenwillig, aber unfähig. Mutter: Einer, dem man sagt: Sei ein Kerl! Signora: Und der darüber verschlagen wird. Vater: Mund ungeformt, ungehemmt. Uli: Küsser. Nico: Typisch Uli. Mutter: Zur Sache. Nico: Schlemmer. Signora: Sinnlich. Vater: Vom Geist nicht angekränkelt. Old Boy: Faul. Signora: Poetisch.

Jetzt Nero nach dem Mord, rief Old Boy und begann: Zielbewußt. Mona: Wetterleuchtende Augen. Uli: Andere Frisur. Mona: Unnatürlich. Vater: Haare als Krone. Mutter: Augen schauen nicht mehr, glotzen. Signora: Kalte Augen, hämisch. Vater: Enges Gesichtsfeld. Old Boy: Auge auf Profit. Direttore: Sieht nicht auf den Pfennig. Mona: Sieht gerne in den Spiegel. Direttore: Eitel, aber nicht kleinlich. Mutter: Erst Küsser, jetzt Schlemmer. Signora: Mangel an Scham, vulgär. Vater: Zu faul zum Nachdenken. Old Boy: Ohren sitzen zu tief. Mutter: Horcht, was er kaut. Old Boy: Harte Stirn. Vater: Kumpel, aber unberechenbar. Signora: Sprunghaft. Nico: Zu fett, zuviel Hals. Mutter: Gehört in die Schwitzbäder von Baia. Nico: Tantiger Klotz. Vater: Der Keil dazu heißt Agrippina. Direttore: Bis er zurückschlägt. Old Boy: Am Kopf springt kein Teil heraus. Signora: Mangel an Neugier. Mutter: Mangel an Distanz. Vater: Einer, der sagt: Quatsch keine Opern, aber stundenlang im Tannhäuser sitzt. Mona: Ein Lacher. Mutter: Ohne Humor.

Uli: Ich würde gern mit ihm spielen. Vater: Geht mit der Walküre zu Tisch, aber mit dem Ballettmädchen zu Bett. Mutter: Schwein. Old Boy: Traf ihn kürzlich in Bayreuth. Direttore: Leerer Heros. Mutter: Mutig scheinender Schlappschwanz. Uli: Ihr seid gemein. Vater: Schmerzunempfindlich. Nico: Nicht bei anderen. Uli: Woher willst du das wissen? Old Boy: Möchtegernkaiser. Uli: Wehe, wenn er das hörte!

Old Boy amüsierte sich. Nehmt euch in acht, sagte er und zeigte auf Uli: Freund des Kaisers. Dann stand er auf, goß sich einen Doornkaat ein und rief: Kommen wir zur Abstimmung: Schuldig oder nicht schuldig? Nein, rief Direttore: Agrippina fehlt noch! Okay, sagte Old Boy, her mit Agrippina. Er trank den Doornkaat aus und ging mit der Flasche herum. Dann gab er zweimal kurz mit der Dampfpfeife, so daß die Signora vor Schreck den Doornkaat verschüttete. Old Boy sagte: Fühlt euch wie zu Hause! Von unten riefen die Fiartkinder, das Bild sei weg. Patienzia, rief der Direttore, das kommt wieder. Es kam wieder, als Old Boy noch einmal kurz gab.

Vater hatte unterdessen Agrippina dazu gebracht, sich auf eine Dose Germanenpampe zu setzen und das Brainstorming konnte wieder beginnen. Anspruchsvoll, sagte Old Boy. Mona: Schön. Direttore: Kalt, bevormundend. Mutter: Verwundbar. Vater: Theatralisch. Uli: Sie guckt so muffig. Nico: Hatte als Mädchen Pickel. Old Boy: Nachtragend. Vater: Hysterisch. Direttore: Frigide. Vater: Daher neidisch. Mutter: Willensstark, intelligent. Direttore: Unfähig. Vater: Fähig. Mona: Egoistisch. Nico: Egozentrisch. Mutter: Ungeduldig. Uli: Möchte mir von ihr keinen

Pickel ausdrücken lassen. Old Boy stand auf und gab einmal kurz. Für Geistesblitze, sagte er. Uli sagte: Schön. Nico: Hatten wir schon. Uli: Schön böse. Schön, obwohl böse, meinte der Direttore. Schön, weil böse, fand die Signora, was gar nicht so leicht zu übersetzen war. Wir einigten uns auf: Fleur du mal. Vater fand sie: Begehrt. Old Boy: Aber nie zufrieden. Signora: Zwiespältig, der Sohn einfältig. Old Boy: Setzt Körper als Mittel zum Zweck ein, Vater: Zweck heiligt ihre Mittel. Old Boy: Macht, ihr Lebenszweck. Direttore: Macht, ihr Brett vor dem Kopf. Uli: Nero ist rund, seine Mutter eckig. Direttore: Eingeschlossen im Ehrgeiz, Intelligenz hätte sie ins Freie gebracht. Signora: Sie ist kalt, er warm. Mona: Sie kann nicht lachen. Mutter: Neros Gesicht ist ganz, ihrs ist oben wissend, unten hart. Signora: Ihr fehlt die Mitte. Vater: Möchte nicht ihr Frauenarzt sein. Direttore: Läßt Männer schwach werden und bleibt unbeteiligt. Der Direttore bekam einmal kurz, bedankte sich und sagte: Ihr Mann muß ein Schwächling gewesen sein. Und Mona fragte: Wer möchte sie als Mutter? und bekam zweimal kurz. Da sagte Uli: Wenn sie keiner nimmt, wird sie noch muffiger. Dir hätte sie die Krone gegeben, meinte Signora. Old Boy gab einmal lang.

Das Gericht zieht sich zur Beratung zurück, verkündete Old Boy und ging mit Vater die Antworten durch. Mona wollte noch wissen, wie alt Agrippina auf dem Bild war. Nico errechnete 35 Jahre. Das Bild stammte noch aus der Zeit, als sie Kaiserin und Claudius, ihr Mann, Kaiser war. Sie endete mit 43 Jahren. Da landete Paulus in Pozzuoli, sagte die Signora, Gott schickte ihn zu spät.

Old Boy erhob sich, läutete die Glocke und knöpfte seine Jacke zu. Ich verkündige das Urteil: Gewonnen hat »Nero vor« mit 6 positiven und 13 negativen Brainblitzen, dann folgt Agrippina mit 10 positiven und 27 negativen und an letzter Stelle liegt »Nero nach« mit 9 positiven und 26 negativen. Das Urteil über Nero vor dem Mord lautet: Nichtschuldig. Die beiden anderen liegen so dicht beieinander, daß Agrippina eine Mitschuld an ihrer eigenen Ermordung nicht abzusprechen ist. Ich gebe abschließend jedem Geschworenen das Wort, wen er für den wahren Schuldigen hält. Ich beginne bei mir. Nero nach. Der Direttore fand: Agrippina, Signora: Nero nach. Nico meinte: Die Monarchie, Mutter: Sein Lehrer Seneca, Vater: Nero vor, Mona: Beide, Uli: Gott. Gott? fragten wir erschrocken. Ja, sagte Uli, er kam zu spät.

Jetzt wüßte ich gerne, wie Agrippina umgekommen ist, sagte Old Boy. Er schenkte Signora noch einen Doornkaat ein und sie traute sich nicht, ihn abzulehnen. Schöne Frauen sterben nicht schön, sagte sie.

Inzwischen war es Abend geworden. Vater lud alle auf die Kleine Liebe ein. Wir werden heute nacht zu der Stelle fahren, wo es geschehen ist, schlug er vor. Es geschah, sagte der Direttore, in einer der vier Nächte zwischen dem 19. und 23. März 59, am Fest der Minerva, hier vor dem Hafen. Wer Lust hat, kommt mit, schlug Vater vor. Alle waren einverstanden. Vater nahm im Austausch gegen den Rest des Doornkaats seine Alten Römer unter den Arm. Old Boy verkündete, er werde seine Yacht Agrippina taufen und lud uns alle zur Taufe ein. Auf der Mole fielen Cäsar und Nero über uns her, bis Mutter ihnen den Rest Labskaus gab. Die mochten Germanenpampe!

Nach einem Rundgang, auf dem der Direttore uns Reste des Nero-Palastes zeigte, trafen sich alle Teilnehmer des Gastmahls auf der KLEINEN LIEBE. Da nicht alle in der Kajüte Platz fanden, blieben einige draußen im Cockpit. Mutter hatte die Petroleumlampe angezündet, Gläser wurden ausgeteilt, Wein eingeschenkt. Die Signora hatte Kopfschmerzen vom Doornkaat und bekam von Vater eine Tablette. Uli verteilte Käse. Nico breitete die Seekarte aus, und der Direttore hatte Tacitus mitgebracht. Old Boy klatschte in die Hände: Attenzione for the bloody spectacle by Direttore Cecil B. de Mill, Agrippina in: To whome the bell rings! Bloody Nero by Marlon Brando! Und der Direttore fügte hinzu: Agrippina in Assicurazione sulla vita! Wir stießen mit Falerner Wein an. Alle machten es sich gemütlich. Gemutlich! rief Old Boy und leerte sein Glas. Tacitus, deutsch, englisch, italienisch. Jetzt hatte der Direttore seinen Auftritt. »Agrippina hat sich in ihrem leidenschaftlichen Verlangen, ihre Macht zu wahren, so weit vergessen, daß sie, als Nero von Wein und Tafel erhitzt war, sich ihm zur Blutschande anbot. Freunde sahen sie schon Liebkosungen wechseln, da schickte Seneca die Freigelassene Acte herein. Aus Angst um Neros Ruf mußte sie ihm mitteilen, seine Soldaten weigerten sich, einem verbrecherischen Kaiser zu gehorchen.

Nero vermied hinfort Zusammenkünfte unter vier Augen und beschloß ihren Tod. Denn es war ein allgemeiner Wunsch, den Einfluß der Mutter gebrochen zu sehen. Daß der Sohn bis zum Muttermord gehen würde, dachte niemand. Dazu bot der Freigelassene Anicetus seine Hilfe an. Er war Befehlshaber der Flotte von Misenum und hatte Nero als Kind unterrichtet. Agrippina haßte ihn, wie er sie. Dieser Anicetus erklärte, es lasse sich ein Schiff bauen, von dem sich Teile auf See lösen könnten. Nirgends ereigne sich ja leichter ein Unfall als auf dem Meer.«

Nico wunderte sich: Konnten Freigelassene Admiräle werden? Der Direttore meinte: Freigelassene blieben ihrem Herrn treu, Sklaven und freie Bürger waren unzuverlässig. Old Boy sagte: Die Kaiser hatten eine Riesenflotte in Misenum, darauf beruhte ihre Macht: Fünfzig Triremen, Gesamtstärke 10000 Mann. Jedes Schlachtschiff hatte zwei Reihen von Riemen übereinander, jeder Riemen in der oberen Reihe wurde von drei, in der unteren Reihe von zwei Mann gerudert. Diese Leute waren keine Sklaven. Sklaven kamen erst im Mittelalter an die Riemen. Zu den Ruderern kam die Decksmannschaft und die Marineinfanterie. Wir wunderten uns über Old Boys Kenntnisse der antiken Marine. Old Boy nahm sich den Tacitus vor die Petroleumlampe, erschlug damit einen Nachtfalter und blätterte im lateinischen Text, bis er die Stelle hatte: »Der kluge Einfall des Flottenchefs fand Beifall. Er kam auch zu gelegener Zeit, denn Nero wollte das Fest der Minerva in Baiae feiern. Er lud seine Mutter dazu ein und äußerte, man müsse mit seinen Eltern Geduld haben und sich zu beherrschen wissen. Er wollte, daß sich das Gerücht einer bevorstehenden Versöhnung verbreiten und auch von Agrippina geglaubt werden sollte, die wie alle Frauen gern glaubt, was sie wünscht.«

Jetzt verpuhlt er Agrippina eins, sagte Mutter. Ein Freund der Frauen war dieser Tacitus nicht. Schießt mit Nebensätzen aus der Hüfte. Ja, sagte der Direttore, das ist seine Technik. Wie alt war er eigentlich, als das hier geschah? Drei Jahre, wußte der Direttore und er hat es objektiv beschrieben, »sine ira et studio«! Er ist das Vorbild der Historiker geworden.

Weiter! sagte Uli, und der Direttore übernahm wieder die Führung: »Der Kaiser ging ihr bis an den Strand entgegen, empfing sie mit Händedruck und Umarmung und geleitete sie nach Bauli. So hieß nämlich die Villa, die in der Bucht zwischen dem Vorgebirge Misenum und dem Golf von Baiae liegt.« Der Direttore zeigte auf die Karte: Da liegt es, wir könnten hinfahren. »Unter den Schiffen, die dort lagen, war eines, um die Mutter zu ehren, besonders geschmückt. Auch früher pflegte sie nämlich auf einem Dreiruderer mit Kriegsschiffbemannung zu fahren. Nero hatte sie zur Tafel gebeten. Denn für die Ausführung der Tat hatte er die Nacht gewählt.«

Diese Schiffe waren sehr breit, sagte Old Boy und trank sein Glas leer: 5 Meter bei 25 Meter Länge und 1 Meter Tiefgang. Die waren kaum zum Kentern zu bringen. Wann wurde es dunkel? Zwischen dem 19. bis 23. März war Tag- und Nachtgleiche, meinte der Direttore. Also sagen wir 6 Uhr Sonnenauf-, 18 Uhr Sonnenuntergang, laß uns doch mal rausfahren, wollte Old Boy. Aber der Direttore war noch beim Vorspiel. Er ließ sich die Inszenierung des Stücks nicht aus der Hand nehmen. Der Muttermord war bei Fiart Kundendienst.

»Festgestellt ist«, sagte Direttore Tacitus, »daß Agrippina gewarnt war und unschlüssig, ob sie der Warnung Glauben schenken sollte, ließ sie sich nach Baiae in einem Tragsessel bringen.« Gut! rief Old Boy. »Dort wurde ihre Furcht durch Neros Schmeicheleien zerstreut. Freundlich empfing er sie und wies ihr einen Platz über seinem eigenen an. Sehr gesprächig, bald heiter vertraulich, dann wieder ernst, als handle es sich um wichtige Mitteilungen, zog Nero die Tafel in die Länge, begleitete sie, als sie ging, blickte sie innig an und umarmte sie herzlich. Bewegte der letzte Anblick der todgeweihten Mutter selbst dies unmenschliche Herz?« fragte Tacitus.

War denn keiner da, der Agrippina warnte? wunderte sich Mona. Feiglinge, sagte Uli. Mutter vermißte Seneca. Wie spät war es? fragte Old Boy. Viertel vor elf, sagte der Direttore und sah auf seine Uhr. Dann laß uns rausfahren, verlangte Old Boy und stand auf. Etwas Wind weht noch, stellte Vater fest und schnupperte: Südwest. Nico machte den Anker klar, Vater und Mona die Segel. Der Direttore löste die Achterleine auf der Mole. Old Boy nahm das Ruder. Halten Sie auf das linke von den drei Feuern drüben in Pozzuoli, sagte der Direttore.

Wir glitten lautlos aus dem Hafen. Die Muschelstöcke zu beiden Seiten markierten die Ausfahrt gut. Das Wasser gluckste am Bug. Old Boy ging vorne auf Deck und Mona hielt die geologische Karte unter die Kompaßbeleuchtung: Wo wir jetzt fahren, war damals noch Festland, bis 200 Meter vor der jetzigen Küstenlinie. Uli äußerte Bedenken gegen die Nachtfahrt, aber Mutter tröstete ihn: Das ist alles lange her, zweitausend Jahre.

Direttore Tacitus stand an der Kompaßbeleuchtung und sprach: »Die Götter sandten eine sternenklare Nacht und ein ruhiges Meer, als sollte die Tat nicht verborgen bleiben. Das Schiff war noch nicht weit gefahren.« Nico stand mit Old Boy vorne an Deck. Noch nicht weit gefahren, wiederholte der Direttore und guckte in die Sterne. Vater gab ihm das Fernglas. Der Direttore beleuchtete mit der Taschenlampe die Seekarte. Er malte ein Kreuz auf die Karte, und zwar bei der ersten der beiden Ankertonnen zwischen Baia und der Secca Fumosa. Mona zweifelte: Das wäre dann nur zwei- bis dreihundert Meter von der damaligen Küste entfernt. Der Direttore gab ihr recht. Dort haben Taucher noch römische Reste gefunden. Uli tippte auf die Secca Fumosa: Bestimmt ist Neros Schiff dort aufgelaufen. Aber damit wäre die Muttermord-Theorie ins Wasser gefallen. Mutter schloß sich Uli an, bis Mona auf ihrer Karte nachwies, daß unsere Secca Fumosa damals auf Land lag. Old Boy erklärte die Deviationstonne zum Agrippina-Monument. Dies leuchtete ein, denn sie lag gleich weit entfernt zwischen Baia und Pozzuoli. Mit der nächtlichen Landbrise erreichten wir die Tonne nach knapp anderthalb Seemeilen in einer halben Stunde. Sie lag in Peilung zwischen den Leuchtfeuern von Pozzuoli und Baia/Tenaglia. Wir nahmen die Segel weg und fragten Tacitus:

»Das Schiff war noch nicht weit gefahren. In Agrippinas Nähe waren zwei ihrer Vertrauten, Gallus, der unweit des Steuerruders stand, und Acceronia, die auf Agrippinas Füße gelehnt dasaß und glücklich von dem reumütigen Sohn und dem wiedergewonnenen Einfluß der Mutter sprach. Da stürzte auf ein verabredetes Zeichen das durch Blei stark beschwerte Kajütdach herab. Gallus wurde erdrückt und war auf der Stelle tot. Agrippina und Accerronia wurden durch die hohen Lehnen des Ruhebettes geschützt, die stark genug waren, um der Last standzuhalten. Auch erfolgte der Zerfall des Schiffes nicht richtig, denn alles war in Aufregung, und die Masse der Uneingeweihten behinderte die Tätigkeit der Mitwisser. Einige Ruderer wollten nun das Schiff auf die Seite legen und so zum Kentern bringen. Aber die Nichteingeweihten rannten auf die andere Seite und verhinderten das Sinken des Schiffes.« Damned! sagte Old Boy, what's about Agrippina? »Accerronia schrie in ihrer Torheit, sie sei Agrippina, damit man sie rette. Prompt wurde sie ergriffen und mit Stangen, Rudern und anderem Schiffsgerät erschlagen. Agrippina verhielt sich still, wurde weniger beachtet und erhielt nur eine Wunde an der Schulter. Schwimmend erreichte sie einen Kahn, gelangte an den Lucriner See und begab sich in ihre Villa.«

Die Kleine Liebe trieb zwischen Baia und dem Lucriner See. Rot leuchteten im Osten die Hochöfen von Bagnoli. Tacitus schwieg. Wenn jemand geschrien hätte: Das Land war weit, dort konnte es keiner hören. Mutter sagte: Wenn ich Agrippina wäre, ich wäre jetzt zu ihm gegangen und hätte gesagt: Wenn schon, dann tu es selbst. Old Boy sah auf die Uhr. Es war eine halbe Stunde vor Mitternacht. Wie lange mußte sie schwimmen? fragte die Signora. Vielleicht eine halbe Stunde, meinte der Direttore, im März ist das Wasser hier kalt, 14 Grad, die Luft mag 10 Grad gewesen sein. Eine erstaunliche Leistung, sagte die Signora, mit ihrer Verletzung! Sie war in deinem Alter, sagte der Direttore.

Eine Stunde wird sie schwimmend und mit Kahn bis zum Lucriner See gebraucht haben, überlegten wir. Dann war es etwa ein Uhr. Ein Fischerboot kam auf uns zu. Wir leuchteten in unser Segel. Der Kahn war ihr Glück, sagte die Signora. Ist sie an der Secca Fumosa an Land gegangen? fragte Uli. Mona vermutete es. Gott sei Dank, sagte Uli, dann konnte sie sich aufwärmen.

Old Boy wollte wissen, wie es weiterging, und der Direttore hob den Vorhang zum nächsten Akt. Eine Stunde wird sie gebraucht haben, um sich nachts einen Wagen zu besorgen, macht zwei Uhr, eine Stunde, um in ihre Villa zu kommen, macht drei Uhr. Wieviel Kilometer sind das? fragte Nico. Fünf bis sechs, meinte der Direttore. Aber dann mußte sie ja in Baia an Neros Palast vorbei, sagte Nico. All right, e vero, stimmt. Wir überlegten. Die Strecke rechts vom Lucriner See über Baia nach links zu ihrer Villa am Cento Camerelle war von hier aus gut zu übersehen. Ihr blieb kein anderer Weg. Sie hat also um drei oder vier Uhr noch gelebt, stellte Old Boy fest: Und jetzt will ich euch mal was sagen, das Ganze, was euer Tacitus da schreibt, ist unmöglich, zwischen drei und vier Uhr wird es hier schon wieder hell. Aber nicht im März, zur Tag- und Nachtgleiche, sagte der Direttore und hatte recht.

Ich glaube, sagte Nico, sie ging gar nicht in ihre Villa zurück, sondern blieb am Lucriner See. Der Direttore sagte: So denken auch die Archäologen. Sie glauben Tacitus nicht, der Agrippinas Villa nach Bacoli und nicht an den Lucriner See verlegt. Sie haben sie dort nicht gefunden. Agrippina konnte durchaus noch vor vier Uhr früh in der Dunkelheit ermordet werden, wie

Tacitus schreibt, in ihrer Villa da links am Cento Camerelle. Bloß, wie kam sie da hin?

Tacitus und der Direttore sahen das so: »Agrippina begab sich in ihre Villa. Hier wurde ihr klar, weshalb sie hergelockt und mit Ehren überhäuft worden war. Sie überlegte sich, daß das Schiff unweit der Küste nicht durch Ströme, nicht durch Klippen zusammengestürzt sei. Sie dachte auch an Accerronias Ermordung, betrachtete ihre eigene Wunde und sah ein, daß es keine andere Rettung vor weiterer Verfolgung gäbe, als sich nichts anmerken zu lassen. Sie schickte ihren Freigelassenen Agermus zu Nero und teilte ihm mit, daß sie durch die Gnade der Götter und ihm zum Glück einem schweren Unfall entronnen sei, doch bitte sie, seinen freundlichen Besuch aufzuschieben. Scheinbar ruhig, legte sie Heilkräuter auf die Wunde und wärmende Umschläge um den Leib. Sie las auch Accerronias Testament, das ihr galt, was sie freudigen Herzens tat.« Also jetzt zweifle ich an Tacitus! rief Mutter. Dieser Satz zeigt, daß er Agrippina haßte. Ich ändere meine Meinung und spreche Tacitus schuldig! Wer übernimmt meinen Seneca? Der Direttore warnte vor voreiligen Schlüssen. Er ist kein kalter Gelehrter, der über der Geschichte thront, sagte er und gab wieder die Szene frei!

»Nero wartete auf die Kunde vom Gelingen der Tat. Da erhielt er die Nachricht, Agrippina sei mit einer leichten Verwundung davongekommen. aber über den Anstifter der Tat nicht im Zweifel. Er war außer sich vor Angst und rief: Sie kommt, sie kommt! Sie eilt zur Rache! Sie bewaffnet ihre Sklaven, sie hetzt meine Soldaten auf! Sie wendet sich an den Senat und das Volk!

Wer steht mir bei? Nur Burrus und Seneca können mir helfen. Er hatte sie sofort rufen lassen und aufgeklärt, während sie vorher, wie es scheint, nicht in den Plan eingeweiht waren. Beide blieben lange stumm, weil sie keinen Versuch machen wollten, ihm abzuraten. Vielleicht glaubten sie auch, die Sache sei jetzt so weit gediehen, daß Neros Schicksal besiegelt sei, wenn er Agrippina nicht zuvorkomme. Endlich ging Seneca wenigstens so weit, daß er mit einem Blick auf Burrus fragte, ob man nicht die Soldaten mit dem Morde beauftragen könne. Jener erwiderte, die Leibstandarte hätte ihren Eid auf das gesamte Kaiserhaus geleistet, also auch auf die Kaiserin-Mutter. Anicetus, der Flottenchef, solle nun auch durchführen, was er angefangen habe. Dieser erbat, ohne einen Augenblick zu zögern, die weitere Leitung des Verbrechens. Nero erklärte ihm darauf, Agrippinas Todestag sei der Tag, der ihn erst wirklich zum Kaiser mache. Er werde es sein, der ihm den Thron schenke.

Jetzt hörte Nero, Agrippinas Freigelassener Agermus sei mit einer Botschaft eingetroffen. Er täuschte sofort einen Mordversuch vor, warf Agermus ein Schwert zwischen die Füße und ließ ihn verhaften, als hätte er ihn auf frischer Tat ertappt. So konnte er behaupten, die Mutter habe ihren Sohn ermorden lassen wollen und aus Scham über die Entdeckung ihres Vorhabens selber den Tod gesucht.«

Ich hätte an Agrippinas Stelle genau das gemacht, sagte Old Boy, was Nero befürchtete. Ich hätte ihn umbringen lassen. Das mit dem Schwert zwischen den Füßen glaube ich nicht. Nero hat ihn schon im Vorzimmer verhaften lassen. Mutter ging in die Kajüte und kochte

Kaffee. Es war drei Uhr. Zwischen Neapel und dem Vesuv hellte sich der Nachthimmel auf. Wir nahmen Kurs zurück auf Baia. Der letzte Akt begann: »Inzwischen war bekanntgeworden, daß Agrippina ein Unglück zugestoßen sei. Jeder, der es hörte, eilte an den Strand. Die einen stiegen auf die Hafendämme, die anderen sprangen in die ersten besten Kähne. Andere gingen ins Wasser, so weit sie konnten, manche streckten klagend ihre Hände aus. Die ganze Küste hallte wider von Wehrufen. Zahllose Menschen strömten mit Lichtern herbei, und als man erfuhr, daß sie gerettet sei, machten sich alle auf, um sie zu beglückwünschen. Anicetus sperrte rasch ihre Villa ab, erbrach das Tor und drängte die Sklaven, die ihm in den Weg traten, zur Seite. So drang er bis an die Tür ihres Schlafzimmers.«

Da rief Uli, ich weiß, wie sie in ihre Villa gekommen ist: Übers Wasser! Sie war nicht so doof, über Land zu gehen, sie hat sich an der Secca Fumosa ein Schiff genommen! Du mit deiner Secca Fumosa, sagte Nico, aber auch ihm leuchtete es ein. Wenn Tacitus sagte: »Agrippina begab sich in ihre Villa«, konnte das zu Lande oder zu Wasser bedeuten. Tacitus hatte doch recht. Old Boy schlug vor, noch zu Agrippinas Villa am Cento Camerelle zu fahren. Er beglückwünschte Uli und taufte ihn Tacitus. Wir warfen den Motor an, da der Wind eingeschlafen war und hielten auf Agrippinas Villa nach Süden. Nach dieser Taufe zog sich Uli freiwillig in die Koje zurück. Old Boy versprach ihm für morgen die Tauffahrt mit der AGRIPPINA. Da auf der Seekarte die Punta Cento Camerelle mit Agrippinas Villa nicht eingezeichnet war, suchte sie Nico nach dem Mittelmeer-Handbuch. Aber siehe da, dort war sie eine halbe Seemeile zu weit auf einem anderen Hügel beschrieben. Zum Glück hatten wir den Direttore dabei. Mein Gott, sagte Vater, man kann sich ja auf nichts mehr verlassen. Außer auf Tacitus, sagte Old Boy, und empfahl uns englische Seekarten.

Es wurde langsam hell, als wir in die Ruinen der Villa stiegen: Old Boy, der Direttore, Vater und Nico. Die anderen legten sich in die Kojen. Wir kletterten durch ein Labyrinth von Gängen und Galerien bis zu einem Raum, der nach Osten geöffnet war. Dort setzten wir uns zwischen die Säulen eines Bogenganges und beobachteten, wie es um den Vesuv heller wurde. Der Direttore war hinter uns stehengeblieben. Letzter Akt. »Das Gemach war mäßig erleuchtet. Nun ging die Magd hinaus. Agrippina sagte: Auch du läßt mich allein? Sie blickte auf, und vor ihr stand Anicetus, begleitet von dem Triarchen Herculeius und dem Leutnant zur See Obaritus. Sie sagte: Wenn du als Mörder kommst, glaube ich nicht, daß mein Sohn dich schickt. Er kann keinen Muttermord befehlen! Die Mörder umstellten schweigend das Bett. Der Triarch schlug zuerst zu und traf mit seinem Knüppel den Kopf. Dem Leutnant, der nun das Schwert zum Todesstoß erhob, streckte sie ihren Schoß entgegen. Stoß in den Leib! schrie die Kaiserin, und unter vielen Wunden verblutete sie.«

Wir sahen in die roten Wolken auf dem Vesuv und hörten hinter uns: »Nero verbrachte den Rest der Nacht, nachdem die Tat geschehen war, in dumpfem Schweigen. In Rom schlug der Blitz in sämtlichen vierzehn Stadtteilen ein. Die Sonne verfinsterte sich. Aber diese

Dinge gingen keineswegs von den Göttern aus, denn Nero hat noch viele Jahre gelebt.« Am Ende, sagte der Direttore und setzte sich zwischen uns, am Ende fuhr ein Schiff hier unten vorbei und landete in Puteoli: Paulus betrat römischen Boden.

Rechts vom Vesuv sprang die Sonne aus dem vorbereitenden Licht. Es war vier Uhr. Dort, wo sie heraufkam, lag Pompeji und brannte, und auf der anderen Seite stand eine rote Wolke über dem Epomeo.

Wir segelten zurück im ersten Morgenwind.

Bei Fiart hatte die Arbeit noch nicht begonnen. Wir ließen die Schläfer in der KLEINEN LIEBE, gingen in die Villa des Direttore und legten uns auch schlafen. Auf morgen bei der Taufe, sagte Old Boy und schluckte noch einen Whisky.

Es war schon heller Tag, ja, man muß sagen, es war schon Mittag, als Mutter, Mona und Uli im Hause des Direttore Vaters Bett umstanden. Ganz langsam zog Uli an der Bettdecke. Vater schlief wirklich noch. Als aber die Decke den Bauch freigab, schoß er hoch, riß die Augen auf. Verdammter Leutnant, sagte er und wachte auf.

Nico wachte auch auf und sagte: Gott sei Dank, gerade bin ich mit der Lateinarbeit fertig geworden. Er gähnte und sah aus dem Fenster. Auf der Werft wurde gearbeitet. Ich feiere krank, gähnte Nico.

Die Signora klopfte und lud uns zum Mittagessen ein. Verdammt, sagte Vater, wir kommen hier überhaupt nicht wieder weg. Was ist denn für Wind? Heute müssen wir nach Misenum. Erstens, sprach Mutter, sind wir um fünf zur Schiffstaufe eingeladen und zweitens ist Schirokko. Beides stimmte. Dachte ich mir, sagte

163

Vater, als ich heute morgen über dem Epomeo die Wolke sah.

Nachmittags erschien Old Boy strahlend. Er schnupperte in den Südost und sagte: Hält sich nicht lange. Einen Bootsmann hatte er schon mitgebracht zur Taufe und Probefahrt, einen Kerl mit Keulenarmen. Herkules nannte er ihn. Das Heck seiner Motoryacht war mit Tüchern und Klebeband verdeckt.

Im Golf von Pozzuoli stand Hack, mehr Schaum als Welle. Die Sybille mußte im Hafen bleiben. Eigentlich wollten wir die Agrippina bis zur Deviationstonne begleiten. Dort sollten Taufe und Kompaßprüfung stattfinden. Als wir an der Tonne waren, hatten wir stumpfe Zähne, so schlug die Agrippina in die Wellen. Herkules lag kampfunfähig im Salon, er war den Niedergang hinuntergefallen. Old Boy lachte.

An der Tonne, an der es heute nacht noch so ruhig war, versuchten wir die fünf Peilungen zu machen. Das Schiff gierte, die beiden Maschinen jaulten, aber wir bekamen weder den Monte Solaro auf Capri in 161,5°, noch den Epomeo in 241,5°. Entweder ging sein Kompaß nach dem Mond, oder es lag am Seegang. Old Boy hatte noch eine andere Erklärung: Die Tonne ist versetzt. So war es. Aus der Kompaßregulierung wurde nichts. Schreiten wir zur Taufe, sagte er und rief Herkules, der den Sekt holen und das Heck enthüllen mußte. Herkules flüsterte, er hätte Bauchweh, und Old Boy ließ ihm warmen Whisky geben.

Der Direttore löste das Tuch vom Heck und Mona mußte an einer Lifeline nach vorne. Eine Hand für den Sekt, die andere für dich, rief Old Boy. Dann stand er auf, nahm seine Mütze ab und rief in den Wind:

Nero ist nicht wichtig,
Nixon ist nicht wichtig,
Seneca ist nicht wichtig und
Kissinger ist nicht wichtig.
Wichtig ist Agrippina,
Denn sie war schön:
Sie soll weiterleben!

Mona rief: Ich taufe dich auf den Namen AGRIPPINA! und schlug die Flasche am Ankerspill kaputt. Wir gratulierten Old Boy. Der Direttore packte einen Blumenstrauß aus, Vater überreichte das Buch von den Alten Römern mit dem Bild Agrippinas. Da küßte Old Boy Mona, die Signora und Mutter, teilte den Blumenstrauß und warf eine Hälfte bei der Tonne über Bord. Dann brausten wir ab nach Neapel. Old Boy fuhr zielsicher in die Darsena Ferdinando Acton ein, Neapels Marinehafen gegenüber dem Palazzo Reale. Man schien ihn dort zu kennen.

Wir gingen an Land und bestaunten den Palazzo Reale der neapolitanischen Könige. Ins Ambassador, in das er uns zum Taufessen eingeladen hatte, kamen wir auf Umwegen. Die Signora wußte, daß in die Galleria Umberto Verdis Requiem aus dem Teatro S. Carlo übertragen werde. Und tatsächlich drangen aus diesem Glaspalast Wolken Verdischer Musik. Wir hörten sie schon, als wir vor den Herrscherstatuen des Palazzo Reale standen und tausend Jahre Regno di Napoli überlebensgroß auf uns herabsahen: Normannen, Hohenstaufen, Franzosen, Spanier, Österreicher. Amerikaner fehlen, meinte Old Boy. Auch die Neapolitaner, sagte der Direttore. Wir sahen in diese Gesich-

ter: Friedrich II., die Bannbulle zertretend, die Karls
von Anjou, von Bourbon, von Habsburg, Sum, ich
bin, verkündete jeder. Ich verstehe nicht, sagte Old
Boy, warum ihr sie aufstellt. Wir haben sie viel gekostet, sagte der Direttore. Außerdem mußten wir mit
ihnen die Nischen aussteifen, in denen sie stehen, nach
einem Erdbeben. Sie haben auch 1943 eure Bomben
überstanden. Ein Neapolitaner, der uns zugehört hatte, tippte Uli auf die Schulter und hielt sich die Nase
zu. Dann wies er auf Karl V. Der Kaiser zeigte mit der
rechten Hand nach unten auf die Straße: Hat hier etwa
wieder jemand...? Jedenfalls meint der mit der langen
Bourbonennase neben ihm: Natürlich, man riecht es.
Während König Murat die Hand aufs Herz legt und
beteuert: Ihr könnt mich erschießen, ich war's nicht.
Der kleine Viktor Emanuel zeigt mit dem Degen nach
oben und ruft: Mein Gott, ich war's auch nicht! Der
Neapolitaner freute sich, als wir lachten.
In der Galleria Umberto war nicht nur Verdi. Viele
gingen hindurch, saßen oder standen an den Wänden
der Läden und Bars und rieben sich den Rücken. Alle
arbeitslos, sagte Old Boy. Einer neben uns sah mit geschlossenen Augen nach oben. Niemand ist arbeitslos,
sagte der Direttore, der da zum Beispiel ist bei der Pla-
nung für das nächste Geschäft. Der Mann schlug seine
Augen auf, holte aus seinem Hemd ein Sammelsurium
von Orden und bekniete uns, bis wir ihm einen ab-
kauften. Es war ein amerikanischer. Dann schloß er
wieder die Augen für Verdis Requiem.
Neapel lebt vom Tauschhandel, flüsterte die Signora.
Hier gibt es nur Arme oder Reiche, sagte Old Boy, die
einen werden verachtet, die anderen bewundert, aber

jetzt wird sich alles ändern, ihr habt doch jetzt einen kommunistischen Bürgermeister. Ja, sagte der Direttore, er wird auch bewundert.

Als wir im Taxi saßen, meinte Old Boy: Ein Glück, daß wir Italien befreit haben, bevor wir es kannten. Nirgends wurden unsere Truppen so gut aufgenommen wie in Neapel, aber nirgends brauchten wir so viel Nachschub. Während eines Fliegeralarms verloren wir 1944 ein ganzes Versorgungsschiff, als die Flotte sich einnebelte. Es wurde drei Wochen später leer bei Ischia gefunden. Jahre später tauchte sogar die Mütze des Kommandanten bei einem Bassi-Händler wieder auf. Der Name stand noch drin. Wir haben euch geliebt, trotzdem. Die Deutschen haben wir gefürchtet. Ihr Italiener kämpft bis zum Tod, sagte er, die Deutschen einschließlich.

Wir fuhren in den obersten Stock des Ambassador, setzten uns an eins der großen Fenster, aßen und tranken Erlesenes und sahen staunend tief unter uns in das Gekröse der Gassen, durch die wir vor zwei Wochen die SYBILLE gesteuert hatten. Neapel jetzt: unwirklich wie ein Kuß durch die Fensterscheibe. Mutter summte aus Haydns Schöpfung: In langen Zügen kriecht am Boden das Gewürm. Wieviel Einwohner hat Neapel? fragte Mutter den Kellner, der den Wein nachschenkte. Viele Millionen, sagte er, und mich. Er drehte die Flasche, kein Tropfen ging verloren. Hier oben lebten die Direttores auf. Wir lobten die Küche. Merkwürdig, sagte Mutter, ich habe in Italien noch nie ein ausländisches Restaurant gesehen. Es wird ihnen sicher schwerfallen, wieder nach Hause zu fahren, lachte die Signora und sah nach Capri hinüber. Das schwebte wie ein Raumschiff am Horizont. Daneben stand rot die Sonne und ein tanzender Mückenschwarm. Neapel: Garküche menschlicher Existenzen. Nur Kläranlagen müßt ihr haben, meinte Old Boy. Nebenan saßen zwei und sahen ihre Neapelfotos an. Darling, was ich an deinen Bildern so bewundere, sagte sie, ist dieser unscharfe Impressionismus.

Old Boy fragte nach unserem nächsten Ziel. Misenum? In Misenum hatte er einen Freund, und der hatte gerade zwei Kaiser gefunden in seinem Garten. Ich werde euch hinbringen, sagte er. Nico fragte ihn, was er eigentlich in Italien mache. Verbringe hier meinen Ruhestand, sagte er. Später erkannten wir ihn auf einem Foto aus dem Alliierten Hauptquartier in Caserta 1944. Old Boy als Admiral. Tacitus, sagte Old Boy, willst du morgen mit mir nach Misenum? Uli wollte. Die anderen lassen wir nachkreuzen. Sie waren sich einig. Er sah auf seine Uhr. Es war zwanzig Uhr. Um zehn Uhr liegt ihr in der Koje, meinte er. Es war gestern zu spät. Er schaffte es, weil der Schirokko nachließ.

Am nächsten Morgen kam Herkules und holte Uli ab. Wir verabschiedeten uns von den Direttores. Vater hatte im Ambassador für die Signora ein Stück Seife gekauft in Form der Mantelstatue der Venus von Baia. Mutter fand das kitschig, aber die Signora freute sich. Siehst du, sagte Mona, du hast keinen Sinn für Pop. Der Direttore kam zum Abschied auf die KLEINE LIEBE. Er saß im Niedergang und sah auf die rotkarierte Tischdecke. Vater schlug das Logbuch auf und trug das neue Datum ein. Abschied. Wir fühlten ihn. Der Direttore schrieb etwas unter das Datum ins Logbuch. Dann stand er auf und sagte: Hadrian starb dort auf dem Kastell, übrigens auch ein Spanier.

Unser Freund stieg auf die Mole und löste unsere Leinen. Lange winkten er, die Signora und die Fiartkinder. Wir sahen hinauf zum Kastell der Cäsaren. Dann nahm der Wind uns mit nach Misenum.

Im Logbuch fanden wir des Kaisers letzte Worte in unserer Vatersprache:

Animula vagula blandula
hospes comesque corporis
quae nunc abibis in loca
pallidula rigida nudula
nec ut soles dabis iocos.

Kleine Seele, Gast meines Leibes
Jetzt entschwindest du ins Schattenreich
Deine Scherze sind dahin.

MISENUM,
wir danken für diesen Bums

Der Wind kam noch immer aus Südost. Mit drei, vier Stärken wehte er vom Capo Miseno her. Wir kreuzten ein langes Bein nach Osten zur Brutusinsel Nisida, dem kleinen Vulkan mit dem nach Westen gekippten Krater. Seneca erlitt hier Schiffbruch. Vater römerte: »Ich meinte, trotz zweifelhaften Himmels, nach Puteoli zu kommen. Aber bei Nisida wurde die See rauh. Ich bat den Kapitän, mich dort abzusetzen. Die Seekrankheit marterte mich. Wie im Traum sprang ich ins Wasser. Was habe ich gelitten, als ich über die Felsblöcke kletterte! Odysseus, der überall an Land wollte – ich weiß es jetzt – war auch ein Opfer der Seekrankheit. Auch ich würde erst nach zwanzig Jahren ankommen. So ist das Leben.«
Wie kann der Bootsführer ihn in die Brandung springen lassen? wunderte sich Mona. Hat sich nicht getraut, einem Kanzler zu widersprechen, meinte Vater. Wir machten eine Wende und konnten nun Misenum anliegen. Hinter uns rollte noch immer die Brandung gegen die Felsen von Nisida.
Der Hafen von Misenum ist nach Südosten geöffnet,

so daß bei südlichen Winden Wellen hineinlaufen. Wir bekamen sie zu spüren. Punta di Pennata, die Nordspitze der Bucht, hatten wir querab und hielten auf die Südspitze. Voraus war eine schwarze Tonne, südlich davon folgte eine Bake mit rotem Topzeichen und dahinter eine felsige Huk, Punta Terone, die Südspitze der Einfahrt. Große Schiffe werden wohl zwischen Tonne und Bake durchmüssen, vermutete Vater, wir nicht. Mutter saß an der Pinne. Wir einigten uns auf eine Wende und rauschten dann mit achterlichem Wind zwischen Bake und Punta Terone in den alten Hafen.

Das soll Roms Kriegshafen gewesen sein? zweifelte Mona und sah bei jedem Schirokko die hölzernen Liburnen und Polyeren Ballett tanzen. Wahrscheinlich zogen sie die Schiffe jedesmal an Land, sagte Vater. Stellt euch mal vor, meinte Mona, wie die Schiffe leckten, nachdem sie drei Tage an Land in der Sonne gelegen hatten. Da sah Nico kein Problem: Hatten ja Sklaven zum Wässern. Mutter sah in die Karte: Drinnen sind noch zwei weitere Hafenbecken. Aber wir waren uns einig: Auch darin steht Schwell. Die Einfahrt hier ist viel zu offen. Ich hätte hier keinen Hafen gebaut, jedenfalls nicht ohne Wellenbrecher, sagte Nico. Vielleicht ist dies gar nicht das alte Misenum. An dieser Stelle nahm das Gespräch ein jähes Ende.

Was nun geschah, ging so schnell, daß es uns später wie ein Traum erschien: In einem Wellental schlug der Kiel von unten ins Schiff. Die SYBILLE legte sich auf die Seite, die nächste Welle rollte ins Cockpit und wir halsten. Alle, auch der Steuermann, fielen nach vorne und Nico ging über Bord. Zum Glück blieb der Mast oben.

Es war wie eine Ohrfeige. Als ob jemand spöttisch von unten gesagt hätte: Wir danken ihnen für dieses Gespräch.

Vater riß in der Kajüte die Bodenbretter hoch, aber wir hatten keinen Wassereinbruch. Wir konnten froh sein, daß unsere SYBILLE einen beweglichen Hubkiel hatte. Wir wendeten und warfen den Motor an, um Nico wieder aufzufischen. Verdattert kletterte er über die Heckleiter an Bord. Dann ankerten wir und suchten nach Schäden. Beim Tauchen war am Kiel nichts zu finden. Hatten wir ein Glück! Wieso sind wir eigentlich nicht zwischen Tonne und Bake eingelaufen, wie sich das gehört? fragte Vater. Weil du gesagt hast, das brauchten nur große Schiffe, empörte sich Mutter. Ich saß doch gar nicht an der Pinne, meinte Vater. Das ist das letzte Mal, daß wir auf dich gehört haben, sagte Nico und hängte sein Hemd an die Reling.

Vater stellte das Echolot an: sechs Meter. Die KLEINE LIEBE hatte keine zwei Meter Tiefgang. Der Bums blieb ein Rätsel. Mona, die an ihrem blutenden Knie lutschte, zischte: Secca Fumosa! Wir verholten vorsichtig zurück, Vater nahm Taucherbrille und Schnorchel und versuchte, der Sache auf den Grund zu gehen. Mutter sah ins Seehandbuch und Mona in die geologische Karte. Und siehe da: Vater und Mutter wurden fündig, während die geologische Karte stumm blieb. Vater fuchtelte im Wasser mit den Armen, zeigte nach unten. Er versuchte, sich auf etwas zu halten, aber die Wellen ließen ihn nicht stehen. Mutter las vor: Untiefen, die aus den Resten römischer Molenbauten bestehen, engen die Einfahrt nach Porto di Miseno auf etwa 150 m ein. Zu ihrer Bezeichnung liegen an der Nordseite...; dann kam die Beschreibung von Tonnen und Baken. Wir schnorchelten die Stellen ab und fanden zahlreiche Pfeilerstümpfe bis 180 Meter vom Festland entfernt in einer Doppelreihe. Die Stücke, die wir heraufbrachten, waren gegossen. Die Wellen hatten sie angenagt. Kleine Tuffsteine waren mit Pozzuolanerde verbacken, deren Bindekraft unter Wasser die Jahrtausende überdauert hatte. Offensichtlich wurden vorgefertigte Blöcke versenkt und unter Wasser mit Pozzuolan verbunden. Wir fanden solche Absätze. Wir fanden auch einen gelochten Kragstein zum Festmachen von Schiffstauen. Auch hier hat sich der Boden gesenkt, stellten wir fest. Die Römer werden nicht zwei Meter tief getaucht sein, um ihre Schiffe festzumachen. Die Mole muß den Hafen bis auf eine enge Durchfahrt verschlossen haben. Daß hinter dieser gewaltigen Mole, die wohl 10 Meter breit und 5 Meter hoch aus dem Wasser ragte, eine ganze Flotte wie in Abrahams Schoß lag, war uns nun klar. Wir legten uns im Außenhafen vor Anker und klarten auf. Vor uns war ein Felsen, in den ein Gang gehauen war. Da kam Old Boy heraus und rief: Wollt ihr ins römische Theater? Er war mit seiner AGRIPPINA samt Uli längst da. Wir lagen vor einem Amphitheater, Eingang für Seeleute. Wir gingen an Land und erzählten von unserem Bums-Theater. Old Boy zeigte uns den Hafen, den er wie seine Westentasche kannte. Der Südteil des Vorhafens, von den Molenresten der Punta Terone bis zur Punta Scarparella, war wie der Nordteil steil und felsig. Dahinter begann ein zweites Hafenbecken mit Sandstrand und einer Pier der italienischen Marine. Ein Minensuchboot lag daran und Old Boys AGRIPPINA. Hier liegt man ruhig, rief Uli aus einem Liegestuhl auf dem Brückendeck. Wir legten uns dazu.

Nach einem Drink fragte Old Boy: Wißt ihr, daß ihr auf einem Weltwunder liegt? Ich bringe euch in die unterirdischen Zisternen. Er scheuchte uns hoch. Jetzt ist dort das beste Licht. Er besorgte einen Wagen und wir fuhren zum Nordufer des Hafens. Dort hatte Augustus eine Zisterne bauen lassen, 70 mal 25 Meter, 15 Meter tief in den Tuffstein. An die 12 000 Kubikmeter Wasser kamen aus den Bergen des Apennin über einen 65 km langen Aquädukt, hörten wir und stiegen hinab. Der gewaltige Raum wirkt wie ein Kirchenschiff. Zwölf Pfeilerreihen tragen Tonnengewölbe, durch deren Risse Licht dringt. Meterlange Pflanzen hängen von den Gewölben und bewegen sich langsam. Ihr geht hier wie im Traum, wie unter Wasser, sagte Old Boy. Wie in der Sybillenhöhle, meinte Mutter. Old Boy machte eine wegwerfende Bewegung. Die Sybillenhöhle von Cumae, sagte er, ist auch nichts anderes als die alte Flottenzisterne von Cumae. Wir schwiegen. Als wir hinter Old Boy aus der Piscina mirabilis stiegen, sagte Vater leise zu seiner Sybillen-Mannschaft: Cumae hatte nie einen Hafen. Am Ausgang sagte Old Boy: Ganze Schiffsbesatzungen habe ich schon in diese Zisterne geschickt, 50 000 Mann und 250 Schiffe haben die Römer daraus versorgt. Und er zitierte den alten Frontius: »Vergleiche damit die unnützen Pyramiden oder gar die unbrauchbaren Kunstwerke der Griechen; so schön sie sein mögen, dies ist größer!«. Alter Römer, sagte Vater zu Old Boy und boxte ihn in die Seite.

Wir fuhren zurück, und Old Boy bot uns an, die Sy-

BILLE neben die AGRIPPINA zu legen, weil es im Innenhafen ruhiger war. Aber wir waren zu müde zum Verholen und krochen in die Kojen. Als uns der Schwell in den Schlaf schaukelte, fühlte jeder noch den Schlag, mit dem wir auf das antike Misenum gestoßen waren. Der nächste Morgen war kühl und schön. Die KLEINE LIEBE schaukelte vor den Grotten der Punta Scarparella im Außenhafen. In einige Grotten konnte man hineintauchen. Eine führte durch den Felsen bis zum inneren Vorhafen, wo die AGRIPPINA lag. Vater mußte seinen Mut zusammennehmen, um durch den dunklen Kanal zu schwimmen. Schnorchelnd ging es am besten, denn unter Wasser war es heller. Außerdem mußte man gegen den Strom schwimmen. Einige Fische unter uns schwammen uns entgegen mit dem Strom. Der Grund war sandig, voll bunter Gerölle. Am anderen Ende des Kanals kamen wir in den inneren Vorhafen und sahen die AGRIPPINA. Wir stiegen auf die Felsen über den Grotten und fanden Ruinen in Nischen übereinander. Die Wände sahen aus wie Bienenwaben: Die Steine waren durch die Winderosion der Jahrtausende geschwunden, der harte Pozzuolanmörtel dazwischen aber stehengeblieben. Was für ideale Nistplätze, rief Mutter. Aber nicht ein Vogel war in den Hunderten von Pozzuolanhäuschen zu sehen. Wir kletterten in den Häuserresten herum, in denen Kinder spielten, fanden Stücke von Fußbodenmosaiken und stellten uns vor, dies würde bei uns entdeckt. Wir hätten ein Römisch-Germanisches Museum darüber gebaut. Als wir das am Nachmittag einem jungen Ausgräber sagten, meinte der: Wir lassen uns die Erhaltung unseres Kunstbestandes jährlich so viel wie dreißig Kilometer Autobahn kosten. So viel? wunderte sich Uli. Der Gräber lächelte kalt. Wir haben in ganz Italien so viele Wissenschaftler wie die Eremitage in Leningrad allein, nämlich zweihundertvierundachtzig. Mit Berlinguer wird alles besser, tröstete ihn Old Boy.

Nach dem Tauchen in den Grotten verlegten wir die KLEINE LIEBE längsseits der AGRIPPINA. Vater und Mona machten bei dem Kommandanten des Minensuchers einen Höflichkeitsbesuch. Der Oberleutnant, ganz in Weiß, legte die Hand an die Mütze, wohl weil Old Boy dabei war. Uli hatte bereits Hausrecht und saß am Radarschirm. Mona durfte die Kombüse besichtigen, sie war etwas größer als die auf der SYBILLE. Als Vater deutsches Bier holte, wurden wir zur Pizza eingeladen, so daß aus dem geplanten Aufstieg zum Kap Misenum nichts wurde. Ihr könnt am Abend hinauf, sagte Old Boy, wenn wir bei den Kaisern waren. Abends ist der Blick herrlich.

Beim Essen sahen wir einen Segler mit englischer Flagge aus dem Hafen kreuzen. Er kam nicht recht voran. Als wir mit der zweiten Pizza begannen, hatte er Punta Scaparella immer noch nicht geschafft. Bis Sonnenuntergang muß er raus sein, sagte Old Boy, dann ist hier Sperrgebiet. Warum motort er nicht, wunderte sich der italienische Kommandant. Weil es unsportlich ist, sagte Old Boy und blinzelte uns zu. Der Oberleutnant hörte auf zu kauen. Ja, unsportlich, erklärte Old Boy ihm, das ist dasselbe wie gottlos. Der Kommandant kaute wieder. Segler glauben an Gott, fügte Old Boy hinzu. Wozu sollten die anderen auch, sagte Vater. Eben, sagte Old Boy, denn sie kommen auch ohne seine Hilfe gegen den Strom. Vater zerbiß eine Feige und sagte, aber der Engländer segelte mit dem Strom, ich habe es beim Schwimmen durch die Grotte gemerkt, der Strom läuft aus dem Hafen heraus. Old Boy zeigte auf eine Boje an der Punta Scarparella, die der Strom in den Hafen hineinbog. Dann muß ja der Strom in der Mitte in den Hafen laufen, wunderte sich Vater, und außen durch die Grotten wieder heraus. Old Boy trank sein Bier aus. Auf die Idee war er selbst noch nicht gekommen: Sie haben einen Stromkreislauf gemacht, damit der Hafen nicht versandet. Der funktioniert heute noch. Vater schenkte nach und wir stießen auf die alten Römer an. Draußen verließ der Engländer mit flatternden Segeln den Hafen. Er hatte den Glauben verloren und den Motor angestellt.

Nach dem Essen brachte Old Boy uns, wie in Neapel versprochen, zu den neuentdeckten Kaisern. Er kannte den Besitzer des Grundstücks. Dies und ein Telefongespräch mit der Soprintendanza in Neapel öffnete uns die Ausgrabungsstelle. Wir wurden gebeten, nichts zu fotografieren, denn es gab noch keine Veröffentlichungen dieser archäologischen Sensation. Das Grundstück lag in der Nähe der Molenpfeiler, mit denen wir Bekanntschaft gemacht hatten, etwa hundert Meter westlich von Punta Terone. Der Besitzer wollte dort 1969 bauen. Er bekam die Genehmigung, nachdem eine Probegrabung durch die Soprintendanza bis zwei Meter keine Bodenschätze erbrachte. In drei Meter Tiefe stieß der Bagger dann aber auf die Wand eines Tempels. Und der hatte es in sich.

Sooft ich hier war, sagte Old Boy, ich muß wieder her.

Der junge Archäologe, der die Ausgrabungen leitete, führte uns vor eine dunkle Wand, die in die Erde versunken schien. Italien hat achtzig Millionen Kunstwerke, sie stehen vor zehn neuen, sagte er. Die Bodenschätze sind unser größter Reichtum. Was tut der Staat dafür? fragte er und hob die Schultern. Sie haben ihn nicht mal zum Beamten gemacht, erklärte Old Boy und klopfte dem Ausgräber auf die Schulter. Ihr müßt ihn nehmen, wie er ist, er leidet für die erniedrigten und beleidigten Kunstwerke Italiens. Der junge Ausgräber lächelte kalt.

Wir standen auf dem Grabungsschutt und sahen hinunter. Drei Nischen hatte die Wand. Die Sonne schien hinein. Die mittlere, größte enthielt nur einen Sockel mit Inschrift. Eine Widmung an Kaiser Augustus, sagte unser Archäologe. Dies ist ein Tempel des Kaiserkults. In den seitlichen Nischen standen zwei nackte Männer. Beide winkelten den linken Arm ab, in dem ein Mantel hing. Wohlgenährt standen sie lässig auf ihren Sockeln. Obwohl wir höher standen, schienen sie auf uns herabzusehen. Die Erde, aus der sie gegraben wurden, saß noch in ihren Haaren. Dem rechten Nackten fehlte der rechte Unterarm, beiden der Penis, sonst nichts. Der linke ist Kaiser Vespasian, der rechte Kaiser Titus, sein Sohn, sagte unser Ausgräber. Waren sie hier begraben? fragte Uli. Nein, sagte Mutter, dies war ihre Kirche. Sie hatten Kirchen, sie wollten Götter sein, Friedensstifter, Wohltäter. Die anderen wollten sie so haben, meinte Old Boy. Es waren Sklavenhalter, sagte der Ausgräber, keine Friedensstifter: Die Pax Romana war ein Friedhofsfriede.

Es müssen Mittvierziger gewesen sein, sagte Mutter,

mit Rettungsringen an den Hüften. Vespasian sieht aus wie Curd Jürgens in Teufels General, fand Nico. Er war auch General, erklärte der Ausgräber. Er wurde Kaiser, als Nero abgewirtschaftet hatte. Er war ein Geizhals. Er machte Schluß mit den Nulltarifen, die Nero eingeführt hatte, zuerst bei den öffentlichen Bedürfnisanstalten. Geld stinkt nicht, sagte er. Er feuerte Anicetus und machte Plinius zum Flottenchef in Misenum. Der kam 79 beim Vesuvausbruch um.

Unser Ausgräber taute auf. Er ließ Uli in die Nischen klettern und fragte: fällt dir was auf? Uli sah sich die Kaiser von hinten an. Ich finde das eigentlich besser als bei uns, sagte er. Wenn sie nichts anhaben, sehen sie nicht so streng aus. Bei Schmidt denke ich immer, ich kriege eine fünf.

Das brachte Stimmung. Old Boy vermißte die Dampferpfeife und gab zweimal lang auf zwei Fingern. Die beiden Kaiser wurden uns sympathischer. Nico stellte sich Strauß und Kohl in den Nischen vor. Mona sah sie bei uns nackt auf dem Pferdemarkt. Mutter sah schwarz für die nächste Wahl. Vater verlangte gleiches für Indira Gandhi und Königin Elisabeth. Old Boy meinte, so wäre Hitler nie an die Macht gekommen. Bei Idi Amin war er sich nicht sicher. Unser Ausgräber lachte. Vielleicht hatte er sich gerade den kleinen Fanfani vorgestellt oder seinen schönen Berlinguer. Uli dachte an seine Lehrer. Old Boy sah Rußland voll bloßgestellter Lenine: Der Staat hätte sich kaputtgelacht.

Mutter fragte sich, wieso ging das in Rom? Drehen Sie Roma um, sagte Old Boy, dann kommt Amor heraus, die Liebe. Rom, diese gefühlsarme Wirklichkeit von

Legionären, Sklaven, Unterwerfung und Gesetzen hatte eine Kehrseite: spöttisch, human, italienisch. Wäre es anders, Rom wäre nur ein Zuchthaus gewesen und nicht: Mutter der Völker. Urbi et Orbi. Ich wünsche mir wieder einen Weltstaat, der die Einzelstaaten zwingt, Frieden zu halten, sagte Old Boy. Amen.

Unser Archäologe stellte ein paar Steine aufeinander und winkte Uli, hinaufzusteigen. Du hast noch nicht entdeckt, sagte er, was ich vorhin meinte. Er zeigte auf den Hals des Kaisers Vespasian. Jetzt sah Uli die Bruchstelle. Abgebrochen! Nein, ausgetauscht, sagte der Ausgräber. Die Körper beider Kaiser sind gleich, sieh sie dir an. Er klopfte Titus auf den Bauch. Das war vorgefertigt, Dutzendware. Kam ein neuer Kaiser, wurden die Köpfe ausgetauscht. Kaiser Konstantin schlug, als er zum Christentum übertrat, der Statue des Apoll in Konstantinopel den Kopf ab und setzte seinen drauf, mit der Dornenkrone: Staatsakt und Geschichtsdeutung.

Endlich zeigte unser Ausgräber in einem abgedeckten Raum seinen größten Schatz: eine Reiterstatue des Kaisers Nerva. Sie gehört zu den bedeutendsten Bronzemonumenten des Altertums, sagte er, jetzt soll sie nach Neapel. Am Kopf des Kaisers sahen wir eine Narbe hinter den gläsernen Augen. Auch hier waren Chirurgen am Werk gewesen und hatten das ursprüngliche Gesicht entfernt. Es war das Gesicht des grausamen Domitian, des zweiten Sohnes von Vespasian. Der hatte immer Titus, seinen Ältesten, vorgezogen. In Titus' Regierungszeit fiel am 24. August 79 der Vesuvausbruch, der Pompeji verschüttete. Mit Domitian starben die Erbkaiser aus, erklärte Old Boy, es folgten die Hundert Jahre der Philosophenkaiser, Sternstunden der Geschichte. Unser Ausgräber hob die Schultern. Sternstunden für wen? fragte er: Eure Christen froren in der kalten Welt dieser Kaiser und die anderen schwitzten für ein paar führende Familien. Wir verließen den Raum und Vater sagte: Wir danken Ihnen für Ihre Führung. Old Boy gab ihm die Hand. Darin war ein Schein.

Wir ließen die Kaiser im Dorf und stiegen auf den Monte Miseno. Old Boy und Uli fuhren mit der AGRIPPINA zum Kap und wollten sich das lieber von unten ansehen. Wir kletterten hundertfünfzig Meter hoch über Ruinen von Augustus bis Mussolini, fühlten, wie die Sonne an Kraft verlor, die seit fünfzigtausend Jahren hinter Ischia versinkt, und sahen den Mond über dem zehntausendjährigen Vesuv. Aus der kleinen AGRIPPINA da unten in den blauen Tinten des Golfs winkte es. Der Südwind war eingeschlafen. Im Norden lag unter uns der Hafen. Jetzt sahen wir auch das innere Becken, das langsam versandet. Mare Morto steht auf der Karte. Zu Plinius' Zeiten lagen hier die Werften und Arsenale. Weiter hinten standen im Widerschein der Sonne die Kuppen von Cumae, Baia und Ciceros Monte Nuovo.

Abends gab Old Boy auf der AGRIPPINA ein Abschiedsessen. Wir wollten morgen weiter nach Pompeji. Uli und er zeigten uns stolz eine prächtige Spigola. Aber wir brauchten nicht neidisch zu sein, sie war in die gestrige Ausgabe der Unita verpackt, und die las Old Boy nicht. Unser Verdacht, daß sie gekauft war, bestätigte sich, als Herkules drei weitere auf den Tisch brachte.

Nach dem Essen zeigte Vater unserem Admiral das Tagebuch des Kaiserlichen Seekadetten von 1912. Er war entzückt. Besonders über ein Foto, auf dem sechzehn Kadetten, drei Unteroffiziere und der Leutnant v. Bräutigam zu sehen waren. Backbord I stand darunter. Die erste Kadettenreihe lag. Einer war angekreuzt. Die nächste Kadettenreihe kniete. Darüber standen die Unteroffiziere, und die Spitze bildete der Leutnant. Drei Kadetten waren von Adel, die Unteroffiziere dagegen lower class people, stellte Old Boy fest. Sie hatten nach oben gezwirbelte Kaiser-Wilhelm-Bärte. Das sah man: Unter ihnen gab es für die Kadetten mit den Cicerogesichtern nichts zu lachen. Leutnant Armin der Cherusker, drei Germanen und achtzehn Humanisten: hart wie die Russen seht ihr aus, sagte Old Boy bewundernd. Schade, daß Opa es nicht hörte.

Vater suchte im Tagebuch den 30. Januar 1912: »Ausflug nach Misenum. Antiker Kriegshafen. Admiral Plinius, römischer Tirpitz. Herr Leutnant erinnert an Odysseus' Trompeter Misenus. Liegt hier begraben. Herr Leutnant führt uns in soeben ausgegrabene römische Kasematten. Unteroffizier Schmidt findet Münze: Nero. Herr Leutnant wird sie dem Kommandanten überreichen. Der Arbeiter bekommt eine Zigarre, jammert, will mehr, wir lachen. Nachher mit dem Kutter nach Baja, das römische Baden-Baden. Ruderten wie die Römer, drei Seemeilen äußerste Kraft. Schafften Misenum–Punta dell Epitaffio in dreißig Minuten. Mit Fremdenführer zu der Stelle, wo Kaiser Nero Mutter ermorden ließ von Marineleutnant. Erhielten Erlaubnis, in die Steilküste zu klettern, zu alten Dampfbädern, die noch heiß waren. Hier badete

Friedrich II. von Hohenstaufen. Bekanntlich reichte Deutschland damals von Palermo bis an den Belt. Bedeckt, NW 3, 13 Grad.«

Old Boy ließ sich das Tagebuch herübergeben und blätterte darin. Eingeklebte Postkarten, Hafenskizzen, vergilbte Fotografien, eine Liste der im Hafen liegenden Kriegsschiffe mit Angabe von Größe, Geschwindigkeit, Bewaffnung und Besatzung. Italien führte Krieg mit der Türkei. Später begann der Balkankrieg. Die Griechen standen vor Konstantinopel, als Opas »Vineta« dort ankam. Unter einer Postkarte mit Bild der Galleria Umberto stand: Film gesehen: Quo Vadis. Ordinär!

Wir tranken Lacrimae Cristi und stellten uns diesen Film vor. Dann machten wir Pläne und fragten Old Boy nach dem besten Hafen unter dem Vesuv. Nach der Karte schien uns Castellamare geeignet. Old Boy schlug Torre Annunziata vor. Ein Freund, der in Castellamare der Hafenmafia nichts zahlte, sei am nächsten Morgen mit Flaschen bombardiert worden. Nichts zahlen geht nicht, meinten wir. Es kommt darauf an, mit wenig Bella figura zu machen. Herkules schenkte uns Wein nach. Und wenn der Vesuv nun ausbricht? gab Uli zu bedenken.

Ich habe 1944 den letzten Ausbruch des Vesuvs gesehen, sagte Old Boy. Wir waren durch den Krieg verwöhnt, es war nicht mehr als ein Bombenteppich. Später las ich, wie Malaparte den Ausbruch erlebte und mußte lachen. Dieser Angeber verdiente damals viel Geld mit seinen Büchern. Wir seien über Neapel gekommen mit der glühenden Lava unserer Begierden, und um das Chaos voll zu machen, sei auch noch der

Vesuv ausgebrochen mit furchtbarem Krachen, als ob
Knochen zerbrochen würden. Er hätte die Menschen
gesehen, ihre gesträubten Haare und Bärte, ihre aufge-
rissenen Münder und hätte ihr Keuchen gehört. Eine
dicke Wolke sei wie der Sack eines Tintenfisches aus
dem Krater gequollen und über den Himmel gerollt,
mit Lavabrocken gefüllt wie ein holpriger Karren. Der
Himmel sei aufgerissen usw. blutbespuckt von der
Erde. Wir lachten. Kein Witz, sagte Old Boy. Die
»Haut« war damals ein Welterfolg.
Ihr solltet lesen, sagte Old Boy, wie mein Vorgänger,
der römische Flottenchef Plinius, den Vesuvausbruch
79 erlebte, bei dem er ums Leben kam. Sein Neffe hat
es beschrieben, einfach und genau. Wir hatten die Pli-
nius-Briefe an Bord. Lest sie morgen, wenn ihr unter
dem Vesuv segelt, empfahl uns Plinius' Nachfolger.
Mutter stand auf und wünschte eine gute Nacht, aber
Uli verlangte den Versuvausbruch. Herkules schenkte
noch einmal Lacrimae nach. Dann verabschiedeten wir
uns. Mutter versprach, den Vesuvausbruch vorzulesen, aber drüben auf der KLEINEN LIEBE. Vater und
Nico verholten die KLEINE LIEBE an den Molenkopf,
so daß wir den Vesuv aus den Kojen sehen konnten,
Mutter las vor:
»Plinius grüßt Tacitus. Du wünschst, daß ich Dir das
Ende meines Onkels beschreibe, damit Du es der
Nachwelt überliefern kannst. Er war in Misenum und
befehligte persönlich die Flotte. Am 24. August um
13.00 Uhr meldete ihm meine Mutter eine Wolke von
ungewöhnlicher Größe, am ehesten einer Pinie ähnlich. Sie wuchs, weil sie durch einen Luftzug emporge-
tragen wurde, verlor dann – vielleicht durch ihr Eigen-

gewicht – ihren Auftrieb und verflüchtigte sich in die Breite. Er läßt Vierruderer ausfahren und eilt dorthin, woher die anderen entfliehen. Schon fiel Asche auf die Schiffe – je näher sie herankamen, desto heißer und dichter, auch Bimssteine und schwarze, von der Hitze geborstene Steine. Das Ufer vor Herculaneum ist bereits unzugänglich durch Bergstürze. Mein Onkel zögert einen Augenblick, ob er umkehren soll, dann sagt er dem Steuermann, der zur Umkehr rät: Vorwärts! Der Wind war für die Fahrt sehr günstig. Drüben umarmt er die Ängstlichen, muntert sie auf, läßt sich ins Bad tragen. Danach liegt er zu Tisch und speist frohgemut, oder, was gleich groß ist, tut, als sei er frohgemut. Unterdessen leuchteten am Vesuv an verschiedenen Stellen Feuersäulen hoch im Dunkel der Nacht. Mein Onkel sagt, das seien brennende Landhäuser und begibt sich zur Ruhe. Aber der Hof ist bereits hoch mit Asche und Bimssteinen gefüllt. Man weckt ihn. Infolge heftiger Beben beginnen nun die Häuser zu schwanken. Sie legen Kissen auf den Kopf und binden sie mit Tüchern fest gegen herabfallende Steine. Schon dämmert anderswo der Tag, hier aber ist Nacht, schwärzer und dichter als richtige Nächte. Man beschließt, an den Strand zu gehen. Aber das Meer ist noch stürmisch, und der Wind kommt jetzt aus der Gegenrichtung. Mein Onkel legt sich auf ein ausgebreitetes Tuch, verlangt mehrmals kaltes Wasser und trinkt. Dann treiben Schwefelgeruch und Flammen die anderen in die Flucht. Gestützt auf zwei junge Sklaven erholt auch er sich und bricht sogleich wieder zusammen, weil ihm, wie ich vermute, die Luftwege verschlossen wurden, die bei ihm von Natur aus schwach, eng und häufig entzündet waren. Später fand man seine Leiche unversehrt, sein Aussehen glich eher einem Schlafenden als einem Toten.«

Kann der Vesuv eigentlich wieder ausbrechen? fragte Uli, der zusammengerollt in seiner Koje lag. Im Pichler steht, daß sich seine Flanken vorher aufblähen, sagte Mona, ungefähr alle dreißig Jahre bricht er aus. Mit einem Ausbruch werden wir wohl kein Glück haben, meinte Vater. Wollen wir denn hinauf? fragte Mutter. Vor dem nächsten Ausbruch jedenfalls, sagte Nico. Es war dunkel geworden. Man sah den Vesuv aufsteigen aus einem Kranz von Lichtern: Portici, Torre del Greco, Torre Annunziata spiegelten sich im dunklen Golf. Senkrecht dazu stiegen die Lichter der Seilbahn zum Gipfel.

Uli wollte noch eine Gute-Nacht-Geschichte und zu seinem Glück hatte der junge Plinius einen zweiten Brief an Tacitus geschrieben, über das, was er selber erlebte hier in Misenum. Den lese ich morgen vor, sagte Mutter. Lies ihn jetzt vor, bat Uli. Nico lehnte das ab. Was ist, wenn er morgen nicht aus der Koje kommt? Uli warf ein Kissen nach ihm, und Mutter beeilte sich vorzulesen: »Nach dem Tod meines Onkels badete ich, aß zur Nacht und schlief unruhig. Während vieler Tage waren Erdstöße vorausgegangen, die nicht allzu besorgniserregend wirkten, da man das in Kampanien gewöhnt ist. Ich war damals achtzehn Jahre alt. Gegen sechs Uhr morgens wurde es immer noch nicht richtig hell. Da beschlossen wir, aus der Stadt hinauszugehen. Es folgte uns eine hilflose Menge. Nachdem wir die Häuser hinter uns gelassen haben, bleiben wir stehen. Viel Erstaunliches, viel Furchtbares sehen wir hier.

Denn die Wagen rollten auf topfebenem Boden nach allen Richtungen. Außerdem sahen wir, wie das Meer gleichsam in sich selbst aufgeschluckt wurde. Auf jeden Fall hatte sich der Strand vorgeschoben und viele Meerestiere lagen darauf. Auf der anderen Seite stand eine schwarze, schauerliche Wolke, von Zackenlinien zerrissen.

Nicht viel später beginnt jene Wolke auf die Erde herabzusinken und das Meer zu bedecken. Drüben hüllt sie Capri ein. Schon fällt Asche. Wir wollen abbiegen, sage ich, solange wir noch etwas sehen, damit wir nicht auf der Straße umgeworfen und von der Masse in der Dunkelheit zertreten werden. Kaum erwägen wir dies, da ist es Nacht, nicht wie bei mondlosem oder wolkigem Himmel, sondern wie in einem geschlossenen Raum, wenn das Licht aus ist. Man hörte das Geheul der Frauen, der Kinder Gewimmer, das Schreien der Männer. Die einen suchten ihre Eltern, die anderen ihre Kinder mit Rufen zu erreichen, am Rufen zu erkennen. Es gab solche, die in ihrer Todesangst den Tod herbeiwünschten. Viele erhoben ihre Hände zu den Göttern, noch mehr behaupteten, es gebe keine Götter mehr und dies sei die letzte Nacht für die Welt. Es fiel Asche, dicht und schwer. Immer wieder standen wir auf und schüttelten sie von uns ab, sonst wären wir zugedeckt und von ihrem Gewicht erdrückt worden. Endlich verflüchtigte sich der Qualm. Den Blicken zeigte sich alles verändert, hoch war das Land mit Asche, die wie Schnee aussah, bedeckt.« Wenn die Wolke kommt, laufen wir einfach aus, sagte Mutter und drehte sich auf die Seite. Die anderen träumten schon.

VESUV,
mit Spartacus

Früh am nächsten Morgen nahmen wir Kurs auf den Vesuv. Genauer ging es zunächst nicht, weil die Sonne hinter ihm die Küstenorte davor beschattete. Der Wind stand gegen die Sonne und schob uns. Wir setzten den Spinnaker. Uli kämpfte mit den Schoten um jeden Hauch im Segel, und das brachte Fahrt. Mutter steuerte, Mona studierte die geologische Karte und den Pichler, und Nico machte Frühstück.

Mona wollte uns vom Kurs abbringen: Das Vallone Anton Dohrn zwischen Ischia und Capri ist die tiefste Rinne im Golf: An den Rändern muß es Fische geben, seht mal da an Steuerbord die Fischer! Laßt uns die Angeln klarmachen. Vater prüfte gerade, ob Cicero von Baia aus sein Haus in Pompeji sehen konnte, wie er behauptete. Ich glaube, Cicero irrt, sagte Vater, und wollte auf diesem Kurs bleiben. Cicero oder die Fische, war hier die Frage. Uli war für Cicero, weil er dann den Spinnaker nicht wegzunehmen brauchte, die anderen waren fürs Fischen; also segelten wir zur Dohrn-Rinne und warfen die Blinker aus.

Zwar wurden nicht die Angeln fündig, aber wir durchschauten die Dohrn-Rinne mit Hilfe des Pichlers: Der Golf von Neapel ist ein Waschbecken mit sinkendem Boden. Der Abfluß ist die Dohrn-Rinne. Vor 100 Millionen Jahren waren der Golf und das Tyrrhenische Meer noch Festland. Vor 10 Millionen Jahren waren sie verschwunden, senkrecht abgesunken. Warum, weiß niemand. Nur Randstücke blieben stehen: Capri da hinten mit der Halbinsel Sorrent, Kalabrien, Nordsizilien. Der Aspromonte in Kalabrien ist heute zweitausend Meter hoch, der Meeresboden davor ist fünftausend Meter tief, vorher waren beide auf einer Ebene. Je tiefer die Tyrrhenis sank, desto höher stieg Italien und drückte sich gegen Europa, bis es dort zum Zusammenstoß kam, wo heute die Alpen sind. Vater hatte Cicero vergessen.

Nico spottete: Und es war wüst und leer und Fische gab es auch nicht, bis Jona mit der Arche kam. Quatsch, sagte Uli, es war Odysseus. Seid ruhig, Männer! gebot Mutter, und Mona und Vater geologelten weiter: Die Erdkruste brach zwischen der sinkenden Tyrrhenis und dem aufsteigenden Apennin an vielen Stellen ein und Magma quoll nach oben. Der Ätna, der Stromboli und Ischia tauchten auf. Der Urvesuv brach vor 12 000 Jahren aus dem Meer, der Urphlegräus spie seinen gelben neapolitanischen Tuff aus, Kampanien entstand. Wir lagen an Deck und vergaßen die Angeln und blinzelten hinüber nach Capri und Ischia, wahren Sauriern der Tyrrhenis. Vater badete im Geiste bei Caserta, bis der Vesuv ihn vertrieb. Mona sah Capri eines geologischen Morgens in die Dohrn-Rinne kippen.

Laßt uns raus aus der Rinne, verlangte Uli. Keine

Angst, das Mittelmeer ist bald verdunstet, beruhigte ihn Mona.

Hör auf mit deinen Geolügen, sagte Nico, und zog seine Angel aus der Dohrn-Rinne. Uli wollte seinen Spinnaker wiederhaben und Vater seinen Cicerokurs. Mutter schlug vor, an die Fischer heranzusegeln und eine Spigola zu kaufen. Das klappte. Wir bekamen drei Barben, die noch lebten. Die Fischer nahmen sie aus. Dabei wurden sie rot. Die Fischer lachten, als wir darüber erschraken. Pesce d' amore, sagten sie und überreichten sie Mona. Darum wurden schon bei den Römern Barben bei Hochzeiten gegessen.

Nun nahmen wir noch einmal Kurs auf den Vesuv. Uli bearbeitete wieder den Spinnaker. Vater las im Pompeji-Führer: Vor dem Herkulaner Tor wurde 1763 eine Villa ausgegraben und als Villa Ciceros bezeichnet. Nichts deutet jedoch darauf hin, daß sie wirklich Cicero gehörte. Nichts? Vater hatte irgendwo etwas über Ciceros Sehkraft gelesen, die von Baia nach Pompeji reichte oder nicht reichte. Vater zog auf der Seekarte eine Linie von Bacoli über die Leuchttonne vor dem Posilip bis nach Pompeji. Cicero hatte recht. Er konnte von dort bis zu seiner Villa in Pompeji sehen. Wir segelten auf dieser Kartenlinie und suchten mit dem Glas Pompeji. Niemand konnte es finden. Knapp neben Torre Annunziata mußte es liegen. Vater holte den Cicero und lieh sich Mutters Brille und siehe, da stand es: »Das Cumanum sehe ich von hier aus, mein Pompejanum aber sehe ich nicht und doch liegt nichts dazwischen, was das Sehen hindern könnte, denn die Sehkraft läßt sich nicht weiter anspannen.« Er hatte noch keinen Kieker, sagte Uli. Aber auch mit

Kieker konnten wir Ciceros Villa nicht sehen, obwohl wir näher dran waren als Cicero. Wir konnten Pompeji überhaupt nicht sehen. Nico fand die Erklärung: Pompeji liegt hinter den Höhen von Torre Annunziata. Daß nichts dazwischen liegt, was das Sehen hindern könnte, stimmte also nicht. Ich gehe, sagte Vater, in die Geschichte ein als Entdecker eines Irrtums mit Bordmitteln. Und meiner Brille, sagte Mutter, und bestand auf dieser Fußnote.

Wir hatten Neapel querab und segelten unter dem Heck eines Tankers durch, der auf Reede lag. Ist das nicht die Stazione Zoologica von Anton Dohrn? Mutter zeigte auf einen langen weißen Bau an der Uferstraße links vom Stadtkern. Die hat uns doch Opa so ans Herz gelegt! Sie nahm den Kieker, und Vater sah in die Karte. Ja, das war die weltberühmte »Station«, das Mekka der Biologen. Die möchte ich sehen! sagte Mutter mit Bestimmtheit und legte das Ruder herum. Sie ließ uns nur die Entscheidung zwischen dem Mergellina-Hafen oder Santa Lucia unter dem Castel dell'Ovo. Wir waren fürs Kastell. Hier kroch einst – wie der Name sagt – die Neue Stadt der alten Griechen aus dem Ei: Nea Polis.

In der Station trafen wir Walter Groeben, den Leiter der Bibliothek. Frau Groeben zeigte uns alte Dokumente und Fotografien aus der hundertjährigen Geschichte der »Station«. Anton Dohrn gründete diese Gelehrtenrepublik 1874. Sein Tischsystem gilt immer noch als Ideal und Glücksfall internationaler Forschung. Staaten und wissenschaftliche Gesellschaften mieten für ihre Forscher dort Jahresarbeitsplätze. Täglich traf man sich in der wohl schönsten Bibliothek der

Welt, die Prof. Dohrns Freund Hans von Marèes aus-
gemalt hatte, und tauschte seine Ergebnisse und Ideen
aus. Achtzig Prozent aller meeresbiologischen Ent-
deckungen der Welt kamen damals aus der »Station«.
Anton Dohrn, der Schüler Darwins, konnte sich in fast
jeder europäischen Sprache verständigen, ebenso wie
sein Sohn und Nachfolger Reinhard, der die Station bis
1963 leitete. Ihm folgte dessen Sohn Peter Dohrn, bis
die Station in immer größere Schwierigkeiten geriet.
Heute steht sie unter italienischer Leitung. Die Ideen
Anton Dohrns verblassen. Längst sind reiche nationale
Zentren der Meeresbiologie entstanden mit staatlichen
Forschungsprogrammen. Die Republik der Wissenschaft zerfällt, ihre Ideen verludern. Wer rettet sie heute? Die Europäische Gemeinschaft? Die Italiener hof-
fen es. Nach dem Zweiten Weltkrieg unterstützte
UNESCO die »Station«.
Die Bibliothek, das Herz der Station mit den Fresken
von Hans von Marèes, war geschlossen. Dort, wo im
Gespräch aus tausend kleinen Ergebnissen die moderne Biologie entstand, fand gerade eine Betriebsver-
sammlung statt. Unüberhörbar ging es um Arbeitszeit
und Geld. Wir fragten unterdessen nach dem Aquarium. Geschlossen, hieß es. Da öffnete sich die Biblio-
thekstür und fünfzig Menschen quollen schwitzend
heraus. Wir gingen hinein. Der Direktor stand am
Fenster und fächelte sich Luft zu. Wir suchten vergebens die alten Tische und Regale, zwischen denen oft
Künstler und Politiker den Gesprächen zuhörten als
gern gesehene Gäste Anton Dohrns. Auf die Fresken
schien die Mittagssonne. Diese Höhepunkte europä-
ischer Wandmalerei werden nicht lange mehr überle-

ben. Aber noch bewegten uns die Felsen von Capri und Ischia, die Fischer und Forscher unter dem Himmel des Golfs, die Einheit von Mensch und Landschaft, von Antike und Gegenwart, diese deutsche humanistische Idee. Eine Klimaanlage und ein Sonnenschutz könnten sie retten. Der Direktor, ein bedeutender Spezialist, lachte und sagte: »Romantik!« Als wir wieder auf der KLEINEN LIEBE waren, suchten wir im Reiseführer die Fresken vergeblich. Wann kommt schon mal ein Deutscher hierher? hatte der Direktor gesagt und im Blick auf die Fresken hinzugefügt: Ja, wenn Goethe drauf wäre!

Wir verließen Santa Lucia und nahmen Kurs auf Portici unter dem Vesuv. Wenn man bedenkt, welch ideales Versuchskaninchen der Golf von Neapel für die Meeresbiologie ist, sagte Mutter, mit seinen Menschenmassen, seiner Industrie und ihren Abwässern, seiner Geologie und Biologie, dann kann ich mir kein besseres internationales Experimentierfeld vorstellen für die Diagnose moderner Küstenkrankheiten. Dieser Gedanke beflügelte uns, und wir entwickelten neue Programme für die altehrwürdige »Station«. Als wir dann in Portici waren, hatten wir alles im Griff, bis hin zur Therapie der Umwelt der Menschheit. In Portici drehten wir den Kiel hoch und legten uns an die schönste Stelle vor die Villa Bruno. Der Hafen ist nach Norden offen. Hier kann man einen Schirokko überstehen. In Torre del Greco und Torre Annunziata ist es umgekehrt. Der Palazzo Reale, den König Ferdinands Vater Karl baute, wird heute von der Küstenstraße durchschnitten, und die Eisenbahn fährt durch den Schloßgarten. Wir holten unsere Barben aus der Bilge, brutzelten sie in der Pfanne und vergaßen darüber diese Barbarei.

Nach dem Abendessen gingen wir nach Herculaneum hinüber. Dabei kamen wir an einer Gedenktafel vorbei, die der spanische Vizekönig nach dem Vesuvausbruch von 1631 für die viertausend Toten aufstellen ließ:

O Kinder und Enkel, übersetzten wir, euch geht es an. Wohl zwanzigmal, seitdem die Sonne scheint, hat der Vesuv gebrannt. Sein Schoß birgt Pech und Schwefel, Gold und Silber. Aber früher oder später brennt er. Flieht, solange ihr noch fliehen könnt. Wenn ihr Vernunft habt, hört die Stimme des Marmors: Kommt nie wieder! Anno Domini 1632

Emanuele Fonseca, Vizekönig.

Wir gingen zurück an Bord. Nachts brach bei Uli der Vesuv aus. Wir mußten ihn alle beruhigen.

Am nächsten Morgen waren die Tore zu den Ausgrabungen in Herculaneum geschlossen. Eine Papptafel verkündete: Scioppero: Streik. Dann folgte eine lange Begründung in grüner und roter Schrift. Am Ende lasen wir: Oggi, heute. Die Busse, die von weither kamen, waren morgen schon woanders. Nur wenige Leute regten sich auf, die meisten stiegen gar nicht aus. Oggi, ausgerechnet heute! Ein leerer Bus kam, ein pfiffiger Fahrer sprang heraus und rief: Zum Vesuv! Er klatschte in die Hände. In einer halben Stunde sind Sie an der Seilbahn, in zwei Stunden wieder hier! Zum Vesuv, Signore e Signori! Wir stiegen ein.

Es ging durch Olivengärten, Weingärten. Lacrimae Cristi! rief der Fahrer und schnalzte. Die Straße war so eng, daß Wagen, die wir überholten, stehenblieben.

Der Fahrer sang in den Kurven. Bei Hühnern auf der Straße rief er: Olala! bei Menschen: Mamma mia! Es ging immer gut. Als die erste Lava auftauchte, nahm er beide Hände vom Steuer und drehte sie umeinander: Seillava, außen schon starr, innen noch glühend, dreht sich zusammen. Bella. Wir verstanden. Vorbei am Observatorium, am Erano-Hotel, herum um die Fließkuppe des Colle Umberto. Links die schwarze Lava von 1944, noch kahl, bis auf einige graue Flechten als erste Besiedler. Talstation der Sesselbahn. Beeilung, meine Herrschaften. Raus. Der letzte Ginster. Oben. Ja, oben! Man merkt es erst beim Blick nach unten. Auf der einen Seite der Golf: Ischia, Misenum, der Monte Cicero, Neapel, der Tanker, die Halbinsel Sorrent, das gekippte Capri, hinter uns der Apennin. Wärter leiten uns ein paar Schritte zur anderen Seite. Der Krater. Wir sehen auf den Grund. Anderthalb Kilometer Umfang, sagt der Wärter, seit 1944 Nichtraucher. Aber ich werde ihn rauchen lassen für euch. Um ihm zu entkommen, gehen wir auf den Kraterrand nach rechts, wo Pompeji liegt, bis wir allein sind. Jetzt haben wir endlich Zeit.

Wir sitzen auf einem Krater im Krater. Es ist erfrischend kühl und windig. Im Norden und Osten sieht man die alten Kraterwände. Das war der Vesuv vor 79, vor Pompejis Ende, der jetzige ist seitdem entstanden. Das Loch zu unseren Füßen wurde 1944 ausgesprengt. Zwischen dem alten und dem neuen Vesuv liegt das Valle dell' Inferno, ein Wüstental. War Cicero hier auch? fragte Uli. Vielleicht auf dem alten Vesuv dahinten, meinte Vater, Cicero lebte hundert Jahre vor dem Ausbruch. Von dem alten steht jetzt nur noch der

Rand. Wie hoch war der alte? wollte Nico wissen. Doppelt so hoch wie der heutige, dazu bewachsen, oben drauf eine Mulde. Auch er war lange Nichtraucher.

Eine Gruppe von Besuchern kam und stellte sich neben uns. Einer hatte eine kleine Fahne, fast dieselbe wie wir am Heck der Sybille. Der sie trug sagte: Es waren nicht mehr als siebzig. So fängt es an. Fidel Castro hatte auch nicht mehr. Einer sagte, Che Guevara hatte noch weniger. Was kommt, muß man wollen, sagte der erste zu seinen Leuten. Sie müssen dahinten rübergestiegen sein. Er sprach das zweite g wie ch und deutete nach Norden zum Rand des alten Vesuvs. Damit hatten die Römer nicht gerechnet, sagte er. Die hatten hier im Süden die Zugänge gesperrt.

Wer? fragte Uli. Keine Ahnung, sagte Vater. Der Herr mit der Fahne hatte es gehört und fragte: Kennst du Spartacus? Erster Sklavenaufstand der Geschichte? 73 vor Christi? Wir schwiegen. Hier begann es, erklärte der Mann, hier sammelten sich die Sklaven, überlisteten die Römer und tauchten unter wie die Fische im Meer. Am Ende waren es vierzigtausend. Revolutionen sind Vulkanausbrüche des Volkes. Vater nickte. Sie mögen Cäsar und Cicero kennen, sagte der Mann mit der Fahne, aber das genügt nicht. Audiatur et altera pars. Der Mann putzte seine Brille. Dann ging er. Die Gruppe folgte.

Motzer, sagte Uli, als er weg war. Da hinten können sie gar nicht entkommen sein, sagte Vater, den Kraterrand gab's vor dem Ausbruch noch gar nicht. Spartacus? fragte Mutter. Klar, das sind doch die von der Uni, sagte Uli. Keine Ahnung, daß der Spartacus hier

196

oben war, sagte Vater. Was wollte der denn hier? fragte Mona. Die Herrschenden austauschen, sagte Vater. Neben uns lachte ein junger Mann: Sozialpoesie! Pulver, sagte er, und stellte sich vor. Ich bin Pompejaner und habe was gegen Vulkanausbrüche. Übrigens: Was kommt, muß man wollen. Wissen Sie, wer das gesagt hat: Spengler, Oswald, Untergang des Abendlands. Herr Pulver lachte. Er hatte ein Buch unter dem Arm, in dem viele Zettel steckten: »Die letzten Tage von Pompeji«.

Von hier aus hat man den besten Blick auf Pompeji, sagte Herr Pulver und zeigte auf eine dunkle Stelle. Es war die letzte Anhöhe vor dem Sarnotal. Neun Kilometer von hier bis zum Forum. Eine tolle Abfahrt, Mona wünschte sich Schnee. Wie schnell fließt Lava? wollte Uli wissen. Vater und Mona überlegten. Ein, zwei Kilometer am Tag, wenn es saure Laven sind. Wenn sie sehr sauer sind, bleiben sie sogar stecken, wie da unten beim Colle Umberto. Basische Laven schaffen ein, zwei Kilometer in der Stunde. Das schaffst sogar du noch, sagte Nico zu Uli. Glutlawinen erreichen bis zu zweihundert Stundenkilometer, sagte Mona. Die gibt es hier sicher nicht, meinte Mutter. Hast du eine Ahnung, sagte Mona. Wenn Plinius schon kurz nach dem Ausbruch in Herculaneum nicht mehr landen konnte, kann es keine normale Lava gewesen sein. Glutlawinen entstehen, wenn das Magma sich während des Ausfließens entgast. Dann entsteht durch Gasschmierung des Gesteins ein schnelles Fließbett, wie beim Luftkissenboot.

Das stimmt für Herculaneum, sagte Herr Pulver, aber Pompeji ist durch Aschen und Bimssteine verschüttet worden. An der Palästra beim Amphitheater haben Geologen ein Profil gegraben, da kommen von unten nach oben erst zweieinhalb Meter nußgroße Bimssteine, erst weiße, dann immer dunklere, dann kommen ein Meter Aschen. Die weißen kamen als erste, sie lagen nur ein Kilometer tief, die grauen und grünen wurden später ausgeworfen, sie stammten aus dem Erdmittelalter. Am ersten Tag kamen die Bimssteine, am zweiten die Aschenwolken, die Plinius am 23. Oktober sah. Am 25. Oktober erstickte der Admiral. Dann ließ der Gasstrahl etwas nach, die Schlotwände stürzten ein und versperrten ihm den Weg, wodurch die Erde bebte: die Wagen rollten hin und her, und das Meer verschwand vom Ufer. Dann stieß am 26. Oktober das Gas den Pfropfen noch einmal aus dem Krater. Wir sahen hinunter in den Krater, der 1944 entstand. Wieviel ist da rausgekommen? fragte Nico. Fünfundzwanzig Millionen Kubikmeter stand im Pichler, der Magmaherd enthält sechzig Milliarden. Das kann noch viele letzte Tage von Pompeji geben, überlegte Herr Pulver.

Wie spät ist es jetzt? fragte Uli. Es war eins. Und wir wollen noch nach Torre Annunziata! rief Mutter. Ich bin schon einmal heruntergegangen, sagte Herr Pulver, fünf Stunden, aber man kann in Boscotrecase ein Taxi nehmen. Von hier oben herunter? zweifelte Mutter. So war es, für Sportsleute kein Problem. Wir sind Segler, sagte Uli, und auch Nico winkte ab. Die anderen hatten wohl Lust. Zwei Stundenkilometer, sagte Mona, das schaffst du, Uli. Ich bringe die KLEINE LIEBE nach Torre Annunziata, sagte Nico, ich und Uli segeln sie rüber. Gut, sagte Vater, aber motort lieber, hier gibt es Fallböen. Ich bin doch nicht gottlos, meinte Nico. Ich setze den Spinnaker, rief Uli. Quatsch, entschied Nico, wir nehmen die Genua. Mutter machte eine Miene wie saure Lava.

Herr Pulver steckte die letzten Tage von Pompeji in eine Tasche, in der noch andere Bücher waren. Was machen Sie eigentlich hier? fragte Vater. Ach, sagte Herr Pulver, ich mache bezahlten Urlaub, ich gebe für einen Verlag Bulwers »Letzte Tage von Pompeji« neu heraus mit historischen Anmerkungen. Wir baten ihn mitzukommen nach Torre Annunziata. Laß ihn lieber mit den Jungs fahren, wollte Mutter, damit sie sich nicht streiten. Wir streiten? rief Uli, höchstens Nico! Das wäre großartig, wenn ich mitsegeln könnte, sagte Herr Pulver. Ich würde Sie auch morgen durch Pompeji führen, ich kenne es sehr gut. Nicht schlecht, meinte Vater, wir werden uns einig.

Herr Pulver gab uns seine Wegekarte, und wir trennten uns. Bis heute abend, rief Uli, in Torre usw. Mach's gut, sagte Vater und stieg über den Kraterrand: Laß den Spinnaker, sei Atheist. Uli trichterte die Hände vor dem Mund: Schwimmweste, hast du vergessen! Richtig! rief Mutter, vergiß deine Schwimmweste nicht, sag' das auch Nico. Der rief zurück: Herr Pulver kann nicht schwimmen. Mutter schüttelte den Kopf. Laß sie, sagte Vater. Mona trichterte: Die letzten Tage von Herrn Pulver.

Der Abstieg war sicher so schön wie die Fahrt von Portici nach Torre Annunziata. Jedenfalls trafen wir uns glücklich gegen sieben Uhr im Hafen wieder. Für die Vesuvwanderer wurde das Cockpit zugestöpselt und zum Baden voll Wasser gefüllt. Über uns auf der Kaimauer war ein Hydrant. Hier gibt es die größten Spaghettifabriken Italiens, sagte Herr Pulver und lud uns zu frischer Pasta assiuta ein. Aber sie müssen erst noch das Kapitel mit Arbaces zu Ende lesen, verlangte Uli. Sie waren schon mitten in den letzten Tagen von Pompeji.

Beim Essen fragte Herr Pulver: Wissen Sie eigentlich, daß hier unter Torre Annunziata ein zweites Pompeji liegt? Wir wußten nicht. Am 12. Juni hat Prof. de Franciscis auf dem Archäologen-Kongreß in Essen über Oplontis berichtet. Der Kongreß fand während der Pompeji-Ausstellung in der Villa Hügel statt. Übrigens, sagte Mona, wir kamen vorhin an einem Fußballplatz vorbei. Die Spieler hatten alle ›Oplontis‹ auf dem Hemd stehen. Ich möchte nicht wissen, sagte Herr Pulver, wieviel Raubgrabungen stattfinden. Aufregend, sagte Vater, und bestellte noch eine Flasche Lacrimae.

Unter König Ferdinand, erzählte Herr Pulver, hörten die Funddiebstähle erst auf, als er die Raubgräber auspeitschen ließ und auf die Galeeren schickte. War das der König mit der langen Nase, wollte Uli wissen. Der war es. Ihn interessierten die Römer wie Bodenschätze, sagte Herr Pulver, ihn und seinen Freund, den englischen Botschafter Lord Hamilton: Ganze Schiffsladungen brachte der nach England. 1798 ging eins seiner Schiffe mit antiken Vasen bei den Scilly-Inseln unter. Letzten Sommer hat man das Wrack entdeckt. Taucher haben bis jetzt achttausend Stücke geborgen. Ist das nicht der Hamilton, dem Nelson die Frau wegnahm? fragte Mutter. Ja, sagte Herr Pulver, hier nimmt jeder, was er kriegen kann. Wenn Sie wüßten, wie viele Münzen Raubstücke aus Pompeji sind! Aber wer kann es nachweisen? Man könnte doch die Ascheteilchen vom Ausbruch auf ihnen nachweisen, meinte Mona, unter dem Mikroskop. Ach, wäre ich Nelson, sagte Herr Pulver und prostete Mona zu. Die machte es wie die Barben.

Als die Flaschen leer und die Katzen um uns herum voll waren, schlenderten wir zur KLEINEN LIEBE zurück. Herr Pulver mußte noch nach Pompeji. Er wohnte im Hotel Diomede. Wir kommen zum Frühstück, versprachen wir.

POMPEJI,
die letzten Tage

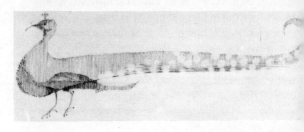

Noch ehe am anderen Morgen die Pforten Pompejis sich öffneten, standen wir vor dem Herkulaner Tor, dort, wo 1713 die Villa Ciceros ausgegraben und wieder zugeschüttet wurde. Die alte Griechenstraße war schon belebt, die einst bis nach Cumae führte. Cicero liebte an seinem Pompejanum den Blick auf das Meer. Herr Pulver schüttelte den Kopf: Wo ist der Blick? Wir kletterten auf die rötlichen Mauerreste, nahmen Kompaß und Seekarte und suchten Misenum und Baia. Misenum war mit dem Glas auszumachen. Das Kap lag gelbgolden in der Morgensonne. Der Hafen war auch noch zu sehen, aber nur bis zur Punta Pennata. Baia wurde von den Höhen bei Torre Annunziata verdeckt. Wir sahen uns um. Innerhalb der Stadtmauern lag die Villa wohl auch nicht, dort ist das Gelände eher tiefer als hier, so daß man noch weniger von Baia sieht. Herr Pulver lachte: Cicero, sag mal ›piep‹. Der piept nicht mehr, sagte Nico. Wir erzählten Herrn Pulver, wie wir auf unserer Suche nach Schauplätzen der Geschichte Ciceros Cumanum fanden. Herr Pulver meinte, Cicero unter uns sei zwar keine Voraussetzung für Cicero in uns, aber jemanden zu besuchen sei besser als mit ihm zu telefonieren. Da rief Mona: Ich hab's!

Sie hatte es auf der geologischen Karte entdeckt: Die Höhen bei Torre Annunziata, die jetzt den Blick in den Golf von Pozzuoli versperren, sind neu: Laven von 1631, darüber von 1760, darüber von 1906! Sie zeigte es auf der Karte. Die ersten Ausgräber hatten noch Ciceros Blick nach Baia. Donnerwetter, sagte Herr Pulver, schrieb etwas auf einen Zettel und legte ihn in die Letzten Tage von Pompeji. Bis auf Cicero haben sich alle geirrt, stellte Mona fest. Kennen Sie die Geschichte, fragte Herr Pulver, wie Theodor Däubler den Palast des Kaisers Tiberius in Damecuta auf Capri fand? Mit Kompaß und Karte? fragte Mutter. Nein, mit seiner archäologischen Spürnase. Werner Helwig sah ihn im Gehrock über die Klippen Capris schreiten. Plötzlich, auf freiem Felde, hob er eine Hand über seine Augen, und während die langen weißen Strähnen seiner Locken im Winde wirbelten, sagte der Dichter: So wie wir hier stehen, stand damals Tiberius in einer Säulenpergola an der Linie dieses Abgrundes. Natürlich nahm ihn keiner ernst. Däubler war lange tot, als man die Säulen dort wirklich fand.

Wir gingen zurück zur Straße. Ich werde ihnen nebenan die Villa Diomede zeigen, erklärte Herr Pulver, sie spielt in Bulwers Roman der letzten Tage von Pompeji eine große Rolle. Hier fand man die ersten Pompejaner, von denen etwas erhalten blieb. Beim Eingang war die Grabplatte des Diomedes zu sehen. Wir setzten uns in den Garten der Villa und genossen den Ausblick auf die Küstenebene, die heute zwei Kilometer breit ist, und das Meer, das damals kaum halb so weit entfernt war. Unter uns lag der Hafen von Pompeji. Er ist noch nicht ausgegraben. Rechts von uns der Vesuv, links die fruchtbare Ebene des Sarno-Flusses. Als der Aschenregen aufhörte, versuchten die Überlebenden mit Schiffen zu fliehen. Aber plötzlich zog sich das Wasser zurück, bis zur heutigen Uferlinie, und die Schiffe lagen auf dem Trockenen. Wieviel sind umgekommen? wollte Nico wissen. Zweitausend hat man bisher gefunden. Zehntausend Einwohner hatte die Stadt.

Herr Pulver führte uns durch eine Pforte in den Keller der Villa. Als man vor zweihundert Jahren die Pforte ausgrub, lag dort der Hausherr mit einem Sklaven. Er hatte noch den Hausschlüssel in der einen und einen Beutel mit zehn Gold- und achtundachtzig Silbermünzen in der anderen Hand. Weiter unten steckte in der Asche seine Familie mit vierzehn Dienern. Man konnte sie am Schmuck unterscheiden. Vorräte lagen um sie herum. Die Frau des Hauses hielt ein Kind auf dem Arm, daneben ein älterer Sohn und eine Tochter. Das Mädchen, vielleicht fünfzehn Jahre alt, hatte ihr Kleid über den Kopf gezogen. So war sie erstickt. Ihr Busen blieb erhalten und ist weltberühmt geworden. Er ruht in Neapels archäologischem Nationalmuseum hinter verschlossenen Türen. Er ist in die Geschichte eingegangen. Theophile Gautier schrieb eine berühmte Novelle darüber. Den britischen Kolonialminister Edward Lord Bulwer-Lytton reizte er so, daß er in der Nähe des Fundortes einen Schädel klaute. Es war Arbaces' Schädel. Er liegt heute noch auf seinem Schreibtisch in Knebworth. Daran schrieb er den Bestseller des Jahrhunderts: Die letzten Tage von Pompeji.

Kann man das übrige Mädchen sehen? fragte Uli. Nein, sagte Herr Pulver. Erst seit hundert Jahren gelingt es, Positive von den Körpern zu bewahren, indem man die Aschenhohlräume mit Gips ausgießt. Von Julia, so heißt sie in den letzten Tagen von Pompeji, blieb nur der Busen und die Arme. Heute können wir den neu ausgegrabenen Pompejanern ins Gesicht sehen und kein Detail ihres Todes entgeht uns, wie bei dem Mädchen und dem Sklaven oben in den Glaskästen des Antiquariums. Schrecklich, sagte Mutter. Nicht schrecklich, modern, sagte Herr Pulver, Pop-Art. Er empfahl uns, im Wuppertaler Museum Ruth Schmidt zu besuchen, von George Segal. Sie sitzt dort seit 1964 als Vital-Mummie an einem Tisch.

König Ferdinand hatte an Toten noch kein Interesse. Bei den Ausgrabungen ließ er alle Mosaiken abnehmen, erklärte Herr Pulver. Sie sind ebenfalls heute im Museum in Neapel. Der König war damals zwanzig Jahre alt. Als keine Bodenschätze mehr gefunden wurden, ließ er die Grabungen einstellen. Nur hundert Meter weiter wäre er auf den Schatz der Schätze, auf die Mysterienvilla gestoßen, in der in unserem Jahrhundert Meisterwerke der antiken Malerei zum Vorschein kamen. Die wollte uns Herr Pulver zeigen. Wir folgten ihm dorthin.

Ferdinand ist der mit der Hochzeitsnacht in Caserta, sagte Vater. Ja, sagte Herr Pulver, er war mit Karoline, einer Tochter Maria Theresias, verheiratet. Ohne sie würden wir nicht die Hälfte Pompejis kennen. Das war doch die, die so schwitzte, meinte Nico. Sie schläft wie erschlagen und schwitzt saumäßig, sagte Ferdinand nach der Hochzeitsnacht. Herr Pulver lachte: Das pflegte Lord Hamilton zu erzählen. Die arme Karoline war damals fünfzehn Jahre alt und Ferdinands zweite Braut. Die erste, ihre Schwester Josepha, starb vier Wochen vor der Hochzeit an Pocken. Wissen Sie, was der österreichische Botschafter über Ferdinand schrieb: »Ihrer Majestät Faulheit ist unbegrenzt, sie verachtet überflüssigen Kraftaufwand, wie alle Neapolitaner, sie weiß nicht, sich in den Zimmern die Zeit zu vertreiben, liest Bücher nicht und versteht sich nicht auf Musik und Zeichnen, mithin bleibt nichts als die tägliche Jagd.« Aber Kaiserin Maria Theresia ließ sich von der guten Partie nicht abbringen und schickte Karoline, die nächste Tochter. Karoline schrieb nach der Hochzeit, nur ihr Glaube an Gott bewahre sie vor dem Selbstmord. Die Kaiserin schickte ihren ältesten Sohn Joseph nach Neapel. Nicht nur wegen ihrer Karoline, sondern um Ferdinand gegen die Spanier auf ihre Seite zu ziehen. Ferdinand ließ Joseph Münzen und Vasen in Pompeji finden, ein Skelett ausgraben und eine Ruine Casa Giuseppe taufen. Joseph berichtete darüber seiner Mutter: »Auf dem Rückweg, da ich Ferdinand gut gelaunt fand, sprach ich mit ihm von seinen Pflichten gegenüber dem Staat, von Ruhm und Freiheit, und ob er nicht die Vormundschaft abschütteln könne, in der Spanien ihn hält. Aber ich fand eine so große Geistesfaulheit, daß ich zu versichern wage, dieser Mann hat niemals im Leben über sich, seine Interessen und sein Land nachgedacht, er vegetiert halt von heut auf morgen.«

Wir waren vor der Villa dei Misteri angelangt. Aber Vater war noch bei Ferdinand. Ein klassisches Dokument der Vorurteile, fand er: Italiener sind faul, leben von heute auf morgen. Das schleppt sich durch die Jahrhunderte. Dabei war Ferdinand von all den Fremdherrschern der italienischste, darum hat ihn sein Volk geliebt und nicht gefürchtet. Ferdinand dachte gar nicht daran, seine Schaukelpolitik aufzugeben zugunsten Österreichs. Da gab es nichts zu überlegen, überleben mußte er. Er kannte seine Interessen genau wie alle Kinder des Südens. Er kannte die Padroni des Nordens und duckte sich. Und er überlebte sie alle, die Spanier, die Österreicher, Napoleon, Nelson. Sechsundsechzig Jahre regierte er, und amüsierte sich, während die anderen schwitzten. Er ging nicht in die Geschichte ein wie die anderen, aber er überlebte sie.

Wir standen immer noch vor der Mysterienvilla. Uli war längst hineingegangen. Schade, daß Lord Bulwer sie noch nicht kannte, sagte Herr Pulver, was hätte er daraus gemacht! Man konnte sehen, daß die Villa zum Vesuv hin an einem Hügel lehnte, wodurch das Leichentuch der Asche hier besonders dick war. Der Besitzer des Grundstücks stieß 1909 auf den ersten Raum. Er war nicht eingestürzt und frei von Asche, aber voll giftiger Gase. Es waren noch die, an denen die Einwohner erstickt waren. Man fand sechs männliche Gerippe, ein weibliches an der Tür. Hat man die Gase untersucht? fragte Nico. Herr Pulver wußte es nicht. Vielleicht waren es Verwesungsgase. In einem Raum fand man einen Mann und seinen Hund. Der Hund überlebte seinen Herrn. Er hatte seine Knochen verschleppt, angenagt, an einem hing noch ein Armband. Uli kam aus der Villa gelaufen und rief: Kommt rein, tolle Bilder an den Wänden! Er war schon bei dem berühmten Mysterienfries gewesen. Ein Wärter hatte ihn gezeigt. Du bist auch drauf, Mutti. Giacomo hat mir alles erzählt. Klasse Geschichten! Er kann deutsch, hat zehntausend BMW's gebaut. Wir durcheilten mit ihm die Räume, zehn oder fünfzehn, es gab kein Halten mehr. Das ist ja ein richtiges Schloß, fand Mona.

In einem Speisezimmer, so wie unseres zu Hause, waren wir am Ziel. Giacomo stand darin und grinste. Schirmmütze, ein paar Zähne, dazwischen Schweinsäuglein. Grüß Gott, sagte er und zog die Mütze, du Mama von Uli, Uli mein Freund, kommen in Casa mia, quatro Bambini io. Er zeigte mit der Hand ihre Größe. Klar, sagte Uli, mach ich. Guck mal, Mutti, das bist du. Si, si, bestätigte Giacomo, Mamma de la casa. Und das bin ich, ich lese die Geschichte, die hier gemalt ist. Da stand die Mama, lebensgroß gemalt, vor pompejanisch-rotem Hintergrund, die Hand an der Hüfte und daneben Uli, nackt übrigens, eine Buchrolle vor der Nase. Nico lachte: Unser kleiner Amor. Arschloch! zischte Uli.

Der guckt ja so entsetzt, was liest der denn? wollte Mutter wissen. Seine Schwester, erklärte Uli, das ist die, die da sitzt, soll dem Großvater auf dem Vesuv Essen bringen. Giacomo zeigte auf die nächste Figur, die eine Schale voller Essen fortträgt und dabei aus dem Bild sieht. In den Weinbergen kommt Mona vom rechten Weg ab, erklärte Uli weiter, und frißt das ganze Essen mit so Leuten auf. Dann trifft sie einen komischen Alten mit einer selbstgemachten Gitarre. Der zeigt ihr gerade seinen fetten Po, hier. Vater trat an die Wand heran und sagte: Tatsächlich! Sie sieht auch noch extra hin, bemerkte Mutter. Mona! sagte Nico kopfschüttelnd.

Könnt ihr mal einen Moment ernst bleiben? bat Uli, es ist eine sehr alte Geschichte, und hier liegen Tote. Ich zeige sie euch noch. Wir schwiegen betroffen. Also, fuhr er fort, die beiden Mädchen, die dann kommen, sind schon in der Gewalt von dem Alten. Die eine muß Flöte spielen, und die andere muß der kleinen Ziege da Milch geben von sich selbst. Ciacomo zeigte auf die Ohren der Mädchen. Sie hatten nun Eselsohren. Uli ging weiter. Am Ende dieser Wand fällt dem Mädchen wieder ein, daß sie eigentlich zu ihrem Großvater sollte und was zu essen bringen. Sie kriegt es mit der Angst. Uli zeigte uns, wie sie entsetzt ihren rotglitzernden Mantel über sich schwingt, um nicht zu sehen, was ihr auf der folgenden Wand geschieht.

Dort sitzt ein alter Mann mit Weintrauben im Haar und weißem Bart. Nein! sagt das Mädchen erschrocken: Du bist mein Großvater nicht! Uli ahmte ihre Stimme nach. Giacomo nickte und schob die Mütze über die Schweinsäuglein. Wer soll ich denn sonst sein? brummte Uli als Großvater und ließ einen Jungen in sein Weingefäß schauen, damit der im Spiegelbild sieht, daß er der Großvater ist. Aber was sieht der Junge? fragte Uli und sah Vater an. Der trat wieder an das Mysterienbild heran und versuchte, es zu begreifen. Der Jüngling guckt so verdattert, sagte Vater. Gut, sagte Uli, und was sieht er? Die Wahrheit, meinte Vater. Na ja, sagte Uli, aber was ist die Wahrheit? Vater kam nicht darauf. Giacomo schob seine Mütze zurück und deutete auf den zweiten Jüngling, der hinter dem ersten stand und eine Maske über den Großvater hielt, so daß der erste Junge im Wein den Alten und die Maske zugleich sehen mußte. Die Maske, sagte Uli, seht euch die Maske an, das ist die Wahrheit. Das Mädchen sieht sie und der Junge, aber der Großvater kann sie nicht sehen.

Wir sahen uns die Maske an: Mund und Augen aufgerissen, Plattnase, Glatze und Zottelbart. Ein lüsterner Alter. Er wird sie vernaschen, sagte Nico. Und siehe da, auf dem nächsten Bild liegt er schon halbnackt im Schoß eines Mädchens, das man nicht sehen kann, weil die Wand an dieser Stelle kaputt ist. Hast du ein Schwein, flüsterte Nico Mona zu. Die schüttelte nur den Kopf: Hauptsache, du bist zu sehen. Giacomo zeigte auf eine köstlich gemalte Sandale, die der Lustgreis schon ausgezogen hatte und hob seinen eigenen Fuß. Dieselbe! Giacomo hatte genau die gleiche Sandale. Wir spielten mit und lachten. Zweitausend Jahre sind hier wie ein Tag, sagte Herr Pulver. Giacomo hielt seine Sandale hin. Vater war es einen Schein wert. Schlauer, alter Pompejaner!

Aber was kommt denn jetzt, sagte Mutter, und sah zu den nächsten Figuren. Die Strafe, erklärte Uli, klar, das konnte ja nicht gutgehen! Ein dufter Engel mit Flügeln und Stiefeln ist gerade heruntergeschwebt. Das Mädchen wirft sich ihm zu Füßen. Nein, sagt der Engel: Ausziehen! Du bist vom rechten Wege abgekommen, jetzt reicht's. Das Mädchen sieht es ein, zieht sich aus und kniet nieder. Der Engel schwingt seine Peitsche. Brutal, findet Mona. Strafe muß sein, sagt Uli. Soll der Engel die Mutter sein? wollte Nico wissen. Mütter sind keine Engel, sagte Uli und zeigte auf das nächste Bild: Am Ende ist alles wieder gut. Auf der nächsten Wand kommt Mona nach Hause, kämmt ihre zerzausten Haare und darf ins Bett. Herr Pulver

zeigte auf eine Figur, die dem Mädchen etwas überreicht, das unter einem Tuch verborgen ist. Giacomo
drohte ihm hinter Ulis Rücken mit dem Finger. Ach ja,
sagte Uli, sie kriegt noch ein Gutenachtgeschenk.
Inzwischen waren drei Soldaten hereingekommen,
schwarze Amerikaner. Ah, sagte Giacomo: Navy! Sie
standen gleich vor dem Strafakt. Giacomo ging zu ihnen und sprach: Ancient slaves, poor Miss! Er schüttelte den Kopf, schob die Mütze über die Augen und
schluckte: Terrible! Er machte eine Bewegung wie der
Engel mit der Peitsche und sagte: Sempre, sempre!
Proletari, frusta! Dann ging er an den Anfang der Bilder und rief: Look. Sie kamen. Dabei warf einer einen
Blick auf Mona, ein anderer steckte Uli ein Kaugummi
zu. Giacomo zeigte auf den kleinen lesenden Jungen
und dann auf Uli: This Uli. Die drei lachten schallend.
Einer fischte eine Münze aus seiner Tasche. Uli bekam
auch eine. Die anderen sahen sich nach Mona um.
Look, sagte Giacomo, und zeigte auf das Mädchen mit
dem Speiseteller. Dann machte er eine runde Bewegung, die in seiner Tasche endete. Ah! machte die
Navy. Capito? Alles aufgefressen! Er zeigte auf die
Eselsohrigen und den Alten mit dem Weinfaß. Vino,
sagte er, Lacrimae Cristi! Ah! freuten sich die Matrosen. Look, rief Giacomo: Padrone videre. Er hielt eine
Hand flach über die Augen und machte mit der anderen wieder die runde Bewegung in seine Tasche. Padrone videre, frusta, frusta! Little Miß much cry! Dabei klatschte er laut mit der einen Hand in die andere.
Look. Die schwarze Navy sah sich noch einmal genau
den Engel und das bestrafte Mädchen an. Fucky, sagte
einer.

Giacomo ging zur Tür und winkte. Come on, rief er. I show you vital mummies, very interesting! Die Schwarzen kamen mit wippenden Schritten und folgten ihm zu den Leichen. Uli ging auch mit. Wir verzichteten.

Wenn es Sie interessiert, kann ich Sie mit der neuesten Deutung des Mysterienfrieses vertraut machen, sagte Herr Pulver. Wir waren interessiert. Es handelt sich in Wirklichkeit um den Dionysos-Kult. Eine Mystin wird eingeweiht. Der nackte Knabe liest das Ritual vor. Das Mädchen trägt die Opfergaben, die Frau ist eine Priesterin. Das Mädchen wird aus der Menschenwelt entrückt und tritt ein in Pans Welt. Es sieht in ein Paradies, Mensch und Tier verbrüdern sich. Aber diese Welt ist auch voller Schrecken für den Neuankömmling. Entsetzt sieht das Mädchen Dionysos auf Ariadnes Schoß. Das Tier im Menschen gehört auch zu dieser Welt. Ein Mädchen überreicht ihr unter einem violetten Tuch ein männliches Glied. Ein geflügelter Dämon vollzieht die rituelle Geißelung, eine nackte Mänade tanzt dazu. Die Einweihung, die eine Hochzeit ist, ist vollzogen. Das Mädchen wird eingekleidet. Auf dem Bett sitzt wartend eine Frau, Juno Pronuba, die Göttin des Ehevollzugs. Und dort endet der Fries in der Wirklichkeit, sagte Herr Pulver, und zeigte auf eine schmale Tür in der Wand. Sie führte in ein Hinterzimmer.

Wir betraten den Raum. Er war klein. Dort stand das Doppelbett, erklärte Herr Pulver, hier wurde die Ehe vollzogen. Die Tür ist erst nach dem Erdbeben von 62 eingebaut worden, als das Haus seinen Besitzer wechselte. Der Neue vermietete diese Räume für Hochzeiten. Hier heiratete der sechzigjährige Cicero ein junges Mädchen in zweiter Ehe.

Wir verließen das Mysterium und suchten Uli. Seine Geschichte leuchtete mir am meisten ein, sagte Mutter, die anderen waren mir zu dunkel. Uli saß mit den amerikanischen Boys vor der Villa und polierte eine Münze, die Giacomo den Marinaios verkauft hatte. Echt! rief er und hielt uns das blitzende Stück entgegen. Die Matrosen schenkten sie ihm.

Wir machten uns auf den Weg zur Porta Marina. Wir wollten endlich in die Stadt. Beim Hafentor war die Stadtmauer nur noch lückenhaft. Unter Kaiser Augustus, der der Welt den Frieden brachte, begann sie zu zerfallen. Villen überwucherten sie. Es war Mittag und heiß. Die ersten Besucher kamen aus der Stadt zurück und strebten in den Schatten der Gärten der Gasthöfe. Wir liefen gegen den Strom. Lieber heiß als voll.

Herr Pulver führte uns zum Forum, der höchsten Stelle Pompejis gleich hinter der Porta Marina und machte aus den Trümmern vor unseren Augen Rathaus, Markt, Gerichte und Handwerkskammer. Hinter dem Jupitertempel, der das Forum abschloß, war der Vesuv zu sehen. Früher natürlich nicht, als die sechs Säulen noch das hohe Dach trugen. Aber das war schon siebzehn Jahre früher – während des Erdbebens im Jahre 62 – heruntergefallen. Bis zum Untergang Pompejis wurde der Tempel, das Kapitol Pompejis, nicht wieder benutzt. Wir stiegen die Treppenstufen hoch, auf denen eine Schulklasse mit ihrem Lehrer saß. Huber, stand auf einem Schild an seiner Kamera, Aschaffenburg, Oberstudienrat.

Oben zwischen den Säulen breitete Herr Pulver den

Stadtplan aus, in dem er die Schauplätze des Romans und die letzten Wege der Helden während der letzten Tage von Pompeji eingezeichnet hatte. Unter uns, sagte Herr Huber zu seiner Klasse, in den Kellern, wurde der Stadtschatz aufbewahrt und da oben, wo die Leute stehen, fand man den riesigen Jupiterkopf, den wir in Neapel sahen. Wir sahen uns um, wir standen davor. Geh ihnen aus dem Jupiter, sagte Nico und drückte Uli in die Kniekehlen.

Hinter dem Jupitertempel liegen die Thermen, zeigte Herr Pulver, und dahinter das Haus des tragischen Dichters, in dem Glaukus wohnte. Er liebte die junge Jone, die mit ihrem Bruder bei dem Isispriester Arbaces wohnte. Der finstere Arbaces hatte es auf Jone abgesehen. Aber die blinde Sklavin Nydia, die Glaukus seiner Jone geschenkt hatte, spürte das. Um den Kreis rund zu machen, wurde Glaukus auch von Julia geliebt, der schönen Tochter des reichen Diomedes. Der finstere Arbaces, dessen Schädel auf Lord Bulwers englischem Schreibtisch liegt, gab Julia einen Liebestrank für Glaukus. In Wirklichkeit war das Rauschgift. Glaukus trank. Rasch tötete Arbaces Jones Bruder, der Jesus Isis vorgezogen hatte und schob den Mord dem berauschten Glaukus unter. Glaukus muß nun vor die Löwen. Kitsch, sagte Vater, es buttert durchs Papier.

Hinter der Villa des tragischen Dichters, erklärte unten Oberstudienrat Huber, liegt das Castor-und-Pollux-Haus, unser Pompejanum, daneben das von Sallust und das Haus der Vettier und davor das Haus des Fauns mit dem Alexandermosaik. Das Aschaffenburger Pompejanum, die Walhalla, und die Tempel in

München markieren Bayerns kulturpolitisches Programm unter König Ludwig, sagte Herr Huber und sah zu uns und den Säulen hinauf.

Aber da geriet die Welt aus den Fugen, fuhr Herr Pulver fort und zeigte mit dem Finger auf die Karte. Am Morgen des 24. August gegen 10 Uhr strömte das Volk zum Amphitheater, wo Glaukus bereits auf die hungernden Löwen wartete. Aus Wandinschriften wissen wir, daß in Wirklichkeit die Schauspieltruppe des Paris den »Erbschleicher« spielen sollte. Da kam die süße blinde Nydia gelaufen. Sie, die alles gesehen hatte, schrie die Wahrheit ins Theater. Nun ergriff der große Sallust, Nachbar des Glaukus, den finsteren Arbaces. In diesem Augenblick verdunkelte sich der Himmel, Aschenwolken verschluckten den Tag, der Vesuv spie feurige Lava. Es wurde Nacht. Arbaces rannte zum Herkulaner Tor. Es war die falsche Richtung. Lord Bulwer fand ihn tot in der Villa Diomede am Busen der schönen Julia und nahm ihn mit. Die blinde Nydia aber führte Jone und Glaukus auf ein rettendes Schiff, denn sie allein fand sich zurecht in der Finsternis der letzten Stunden Pompejis. Und wenn sie nicht gestorben ist, sagte Nico, dann... Nein, sagte Herr Pulver, der Lord ließ sie sterben. Sie stürzte sich vom rettenden Schiff. Ein blindes Sklavenmädchen, das seinen Herrn liebt, hat nicht zu leben. Und Jone, das säftesatte Geschöpf, vermißte bald ihre Augustperiode, schloß Vater. Mutter faßte sich an den Kopf: Hört mal, was der Oberstudienrat da erklärt, lenkte sie ab und schickte Uli die Treppe hinunter. Bei Virgil, kam es aus Bayern herauf, ist Glaukus ein Gott und zeugte die Sybille von Cumae.

Zurück zu Cicero, hörten wir dann Herrn Huber sagen. Der hatte hier sein Pompejanum, wie die Preußen bei uns ihr Bayernhaus. Er fand die Leute eigenwillig und schrieb, es sei leichter in Rom Senator zu werden als Stadtrat in Pompeji. Die politische Ordnung hier war nämlich der des großen Rom nachgebildet. An der Spitze standen gleichberechtigt zwei Duumviri, in Rom Konsuln genannt, und darunter zwei Ädilen. Ihr Amtssitz lag dahinten rechts am Ende des Forums, gegenüber dem der Duumviri. Daneben sehen Sie das Comitium, das Wahllokal. Dann folgt die Handwerkskammer, der Vespasian-Tempel und dort links von uns der Markt der Stadt, das Macellum. Und wir stehen hier in der besten aller Welten, auf dem Kapitol. Hier tagte der Stadtrat, befanden sich Stadtschatz, Bank und Jupiter-Tempel. Oberstudienrat Huber sah in die Runde.

Jupiter auf den Geldsäcken: Für Nico stank das zum Himmel. Herr Pulver zeigte zum Tempel des Kaisers Vespasian: Geld stinkt nicht, hat er gesagt. Geld schafft Gleichheit zwischen Ungleichen, sagte Aristoteles in der Nikomachischen Ethik. Geld ist gemünzte Freiheit. Geld ist eine Waffe gegen Tyrannen. Mutter dachte weiter: Geld wurde zum Tyrannen. Auf einer Wand hinter dem Forum fanden wir die Worte: »Sodoma und Gomora« eingeritzt. Ein Menetekel für die beste aller Welten. Gott ist tot, sagte Herr Pulver. Eben, sagte Mutter, seitdem sitzen wir auf dem Geld und schubsen uns von den Säcken.

Von unten hörten wir den Oberstudienrat sagen: Suum quique, jedem das Seine und nicht einem alles, so wollte es Cicero, der so gerne Stadtrat in Pompeji geworden wäre. Aber er hatte hier kein Ortsbürgerrecht. Gewählt wurde jedes Jahr, geheim und nach Stadtteilen. Nicht die höchste Stimmzahl entschied also. Wiederwahl der Duumviri war nur alle fünf Jahre möglich. Aktives Wahlrecht bestand ab siebzehn, passives ab zweiundzwanzig Jahren. Herrschaften, rief der Oberstudienrat, ich weiß, daß es heiß ist, aber halten Sie doch aus.

Ein fliegender Cola-Händler hatte die Klasse in Bewegung gebracht. Wir stiegen herunter und nahmen die Plätze der Flüchtlinge ein. Herr Huber gab uns zu denken. Vater besorgte ihm eine kalte Cola und fragte: Hätten die Römer zum Beispiel diesen Colamann wählen können? Durchaus, sagte Herr Huber, es sei denn, er wäre Sklave gewesen, Freigelassener der ersten Generation, vorbestraft oder weiblichen Geschlechts. Buh! machte Mona in ihre Flasche. Ach ja, und dann mußte er noch ein Vermögen von hunderttausend Sesterzen haben. Buh! machte Nico. Wieviel Prozent der Bevölkerung hatten denn Wahlrecht? Herr Pulver schaltete sich ein: Ich habe das berechnet. Ich schätze, daß in Pompeji sechzig Prozent wählten und zehn Prozent wählbar waren. Später, als die meisten Sklaven freigelassen waren, vielleicht achtzig Prozent.

Aber bedenken Sie, sagte Oberstudienrat Huber und sah sich nach seinen Abiturienten um: Politische Ämter waren in der Antike Ehrenämter. Da die Gemeinden keine Steuern erhoben, wurden alle öffentlichen Ausgaben von den Amtsinhabern bezahlt. Reiche Leute waren gesuchte Leute. Wer in Pompeji in den Rat gewählt werden wollte, mußte erstmal zehntausend Sesterzen in die Stadtkasse legen. Der Stifter des

Isistempels war reich, ließ sich aber nicht wählen. Da kooptierte der Rat seinen sechsjährigen Sohn und erstellte dem Vater eine Ehrenstatue, um an sein Geld zu kommen. Wer ist nicht eitel? Wer möchte nicht Bella figura machen? Da stehen sie heute im Archäologischen Nationalmuseum zu Neapel, die sich nicht lumpen lassen wollten. Geld gaben sie für Ruhm. Das funktionierte jahrhundertelang, bis es keine Reichen mehr gab im Römischen Reich.

Auch der Kaiserkult, sagte Herr Pulver, war ein Mittel des sozialen Ausgleichs. Die Kaiser machten reiche Freigelassene zu Augustalen, Ausstattern ihrer Kulte. Das hieß Brot und Spiele fürs Volk, und wieder ließen sie sich nicht lumpen, denn als Augustale war ein Freigelassener wählbar. Rom kannte seine Pappenheimer. Es durfte gezahlt, verdient und gelacht werden. Wir dachten an die nackten Kaiser von Misenum.

Die Klasse fand sich wieder ein und schlug vor: nicht reden, lieber angucken. Herr Huber tat uns leid. Meinen Sie, sagte er, die Antike läßt sich durch Angucken übertragen? So wenig wie die Masern durchs Telefon, rief er ihnen nach. Vor uns verteidigte er sie. Wir haben in Aschaffenburg ein Pompejanum, von Ludwig I. gebaut nach dem hiesigen Original. Das wollen sie angucken, sagte er und verabschiedete sich.

Auch wir machten uns auf den Weg durch Pompeji und gingen am Markt vorbei in die Strada del Foro durch das 7. Stadtviertel. An einem Laden des 10. Häuserblocks stand: Hurra, Saturnalien! geschrieben. Am 17. Dezember, sagte Herr Pulver, feierte Rom die Saturnalien, das Fest, an dem alle Standesunterschiede aufgehoben waren und die Herren ihre Sklaven bedienten. Hurra! wer schrieb es wohl? Einen Block weiter, beim Haus eines Kaufmanns, stand: Für Nichtstuer ist hier kein Platz. Scher dich fort, Faulpelz. Gegenüber ließ sich ein Ädil nicht lumpen: Des Ädilen A. Suetti Certi Gladiatorentruppe wird kämpfen am 31. Mai in Pompeji, lasen wir, Tierhetzen wird es geben unter Sonnensegeln. Nebenan hatte jemand gekritzelt: Gemma velim fieri – Edles Geschirr möchte ich sein. Vielleicht war es ein Sklave, der auch mal so gut behandelt werden wollte?

Die Straße war so eng, daß zwei Wagen sich nicht begegnen konnten. Die Wagen hatten ein Meter fünfundzwanzig Spurweite, sagte Herr Pulver. Dies war eine Einbahnstraße. Glaukus fuhr oft hindurch. Leider habe ich noch nicht herausbekommen, in welcher Richtung sie befahren wurde. Mona spaltete mit dem Malspieker ein Steinchen aus der Spurrille des Straßenbasaltes. Vielleicht finde ich die Spurrichtung zu Hause unter der Spaltlampe, meinte sie. Dann kommst du als Fußnote in die Letzten Tage von Pompeji, versicherte Herr Pulver.

Die Via del Foro endete beim Lupanar, dem Bordell Pompejis. Der Wärter wollte die Kinder nicht hereinlassen. Als wir verzichteten, nannte er den Preis und lief uns nach. Wir lasen auf einem Graffito: Heil den Puteolanern und allen Nucerinern, zum Henker mit den Pompeianern und Pitecusanern! Die Leute aus Nuceria und Puteoli waren im Amphitheater im Jahre 59 verprügelt worden, es gab Tote, erklärte Herr Pulver. Gäste aus Ischia hielten zu den Pompejanern. Rom schloß das Theater daraufhin für zehn Jahre. Wir gingen beim Lupanar links ein paar Schritte bis zur nächsten Querstraße. Dort stand beim Haus Nr. 44: M. Cerrinius Vatia erbitten als Ädilen alle Trinker. Drei Häuser weiter lasen wir: Vatia schlagen zum Ädilen vor die Spitzbuben. Und nebenan: Vatia wählen »sämtliche Schlafmützen«. Hier hatte der Wahlkampf getobt. Nach rechts überquerten wir die breite Via di Stabia und kamen ins 9. Stadtviertel. Am 26. Haus des 2. Blocks steht links: Wählt M. Casellius Marcellus, guter Ädil, wird herrliche Spiele geben! Links um die Ecke beim 13. Block fanden wir: Genialis schlägt Bruttius Balbus zum Duumvir vor, denn dieser Mann wird die Finanzen in Ordnung halten.

Dann kamen wir vorbei an den unausgegrabenen Teilen des 9. Viertels zur nördlichen Hauptstraße, der Via di Nola. An der Ecke ist meterhoch zweimal nebeneinander gemalt: Cacator, cave malum! Alter Kacker, ich komm dir! Umweltverschmutzung duldeten die Römer nicht. Merk dir's, sagte Uli zu Nico. Ein Stück weiter gab es eine lustige Inschrift: Claudius macht zum Duumvir sein Schätzchen.

Auf der anderen Straßenseite trafen wir eine Reisegruppe, die uns bekannt vorkam. Bis zur Krawatte korrekt marschierte sie in ein Haus. Wir gingen hinterher. Das sind doch die vom Vesuv, erinnerte sich Mutter. Feierlich standen sie im ersten Haus des 4. Stadtviertels vor der linken Eingangswand. Einige schrieben sich auf, was der Zeitgenosse übersetzte: »Teilt die Gemeindekasse auf, dafür stimme ich, unsere Stadt hat viel zuviel Geld!« Der Mann mit dem Fähnchen funkelte uns durch seine Brille an: Dies ist ein Dokument revolutionärer Geschichte! Vater nahm seinen Sonnenhut ab. Als wir allein waren, lasen wir es auch. Es stand da wirklich.

Wetten, daß sie zum Haus des Bankiers Jucundes gehen, sagte Herr Pulver. Es liegt in der Nähe. Bei Uli fiel der Groschen. Das war Spartacus, rief er. Hinterher! Wirklich, sie gingen zurück in Richtung Via di Stabia, ließen den Cacator links liegen und bogen nach rechts. Bürgerlich gekleidet, revolutionären Sinnes, fanden wir sie im Haus des Kapitalisten Caecilius Jucundus vor der Büste desselben.

Brutaler Realismus, sagte Spartacus gerade, der Typ des Hausjuden. Die Künstler waren Sklaven, meist Griechen, Freizeitgestalter kapitalistischer Gesellschaften. Erst wer genau hinsieht, erkennt ihre Kritik an den Ausbeutern. Für die bürgerliche Kunstgeschichte ist dieser Kopf Höhepunkt römischer Porträtplastik. Aber er ist sozialistischer Realismus, ein Hammer gegen den Kapitalismus. Sie sehen so etwas nur ästhetisch. Sie genießen diesen Schädel mit der Hakennase, den abstehenden Ohren, rechnenden Augen, den grinsenden Lippen. Geiz verdorrt sein Gesicht, kneift die Augen, die auf den Pfennig sehen, ohne Distanz und Vision, schamlos, ein Wucherer, hast du was, bist du was, der ewige Kapitalist. Er schwieg und sah in die Runde.

Wir nickten. Ein großes Kunstwerk, sagte Vater, nahm wieder seinen Hut ab und setzte ihn Jucundus auf. Der grinste samt seiner Warze, lateinisch Cicero, am Kinn. Mit Vaters Hut sah er gar nicht verkniffen aus, sondern keck, ein Padrone, der sich was gönnt, tüchtig und zupackend. Nichts hat die Welt nötiger als solche Leute, nichts vermag sie weniger zu ertragen, sagte Vater. Spartacus zitierte zurück: Geld ist der geräuschlose Weg zur Macht! Seine Gläser funkelten. Vater sagte: Geld schafft Gleichheit zwischen Ungleichen, zuwenig davon macht abhängig. Zuviel auch, sagte Spartacus.

Er machte kluge Miene zum bösen Spiel. Das gefährlichste Raubtier, sagte er, ist der Kapitalist. Ihm allein macht die Vernichtung der Artgenossen Spaß. Wo hatten wir das schon gehört? Mord, funkelte es wieder, ist die Spitze einer Pyramide, deren Basis Egoismus heißt. Vater erschrak und nahm seinen Hut vom Kopfe des Bankiers. Hier wurde Denkstoff zu Sprengstoff. Er wich dem Römer von der Seite. Der grinste ruhig weiter. Ihm war gesagt: Mach dir die Erde untertan, und er stiftete ihr seinen Frieden. Er gehorchte den Göttern nicht, sondern stimmte ihnen bei. Morgen gehört uns das Brot, das ihr uns vorenthaltet, sagte Spartacus, der Mantel, den ihr im Schrank habt, die Zeit, die ihr vergeudet! Die Gruppe klatschte Beifall. Er drehte sich um. Ein klassischer Abtritt.

Wir ärgerten uns als sie fortwaren und führten Binnendiskussionen über Marx und Kunst. Ein Hammer ist ein Hammer, sagte Herr Pulver, man kann damit Nägel einschlagen oder Köpfe. Aber ein Kunstwerk ist ein Kunstwerk, und wenn man damit Köpfe einschlagen will, geht es kaputt, und niemand hat etwas davon. Was waren das eigentlich für Leute? fragte Vater. Warum hast du sie nicht gefragt? wollte Uli wissen.

Herr Pulver zeigte uns noch den Hausaltar des Jucundus mit dem stürzenden Jupitertempel. Das Erdbeben im Jahre 62 – siebzehn Jahre vor dem Untergang Pompejis – war offenbar ein entscheidendes Ereignis für den Bankier. Im gleichen Jahr enden die 132 Schuldverschreibungen, die man in einem eisenbeschlagenen Koffer im ersten Stock fand. Es waren wachsbestrichene Holzschreibtafeln. Quittungen mit Siegel und Unterschrift. Ein einzigartiger Einblick in die Geschäfte des Caecilius Jucundus. Nach dem ersten Erdbeben erließ der Stadtrat allen Bürgern die Schulden. In der Nähe der Büste entdeckte Nico eine Inschrift: Non sum, non cesso, ich bin nicht, ich sag's nicht. Ach ja, sagte Herr Pulver, die Büste stellt Caecilus' Vater dar, der den Beinamen Felix trug, der Glückliche. Der Sohn machte Pleite. Das Original steht im Museum in Neapel. Welchen Beinamen der Sohn trug, der auf den 132 Schuldverschreibungen sitzenblieb, ist nicht bekannt? fragte Mutter.

Uli drängte weiter und wir machten einen Abstecher zum Haus des Glaukus, das in der Nähe lag, und zum Vettierhaus. Vor Glaukus' Haus lag ein Mosaikhund auf der Schwelle und fletschte die Zähne. Cave canem, stand darunter, hüte dich vor dem Hund. Im Vettierhaus bewunderten wir die bemalten Wände. Sie waren fensterlos und mit Malerei wie überflutet. Das römische Haus – ohne Augen nach draußen – schützte die Bewohner vor der Überfülle des südlichen Lichts. Mit den Malern kam die Welt in die Räume. Sie malten Aussichten auf fensterlosen Wänden. Zuerst malten sie Marmor und Säulen, wie die Reichen es hatten. Dies war der erste Stil, die hohe Kunst der Irreführung. Kennen Sie die Geschichte von Zeuxis? fragte Herr Pulver. Zeuxis malte Trauben so echt, daß ein Vogel daran pickte. Dies ärgerte seine Kollegen. Einer ließ den Traubenmeister vor einen Vorhang treten und verkündete, dahinter seien noch bessere Trauben. Zeuxis wollte ihn beiseiteziehen. Der Vorhang war gemalt und Zeuxis besiegt. Der zweite Stil, die Cicerozeit, liebte Bilder mit großer Architektur- und Raumwirkung. Dann, in der Kaiserzeit, wurden die Reichen ärmer, vermieteten ihre Häuser an Geschäftsleute und Handwerker. Dort, wo sie blieben, entstand der feine dritte Stil, ein Flächenstil, dem Rokoko verwandt mit kleinem Detail und exotischen Motiven, besonders aus Ägypten. Schön wie von der Hand der Grazien. Jedes Haus, fast jedes Zimmer war bemalt und enthielt Kunstgegenstände. Man müßte die Zahl der Einwohner, der Häuser und der Kunstwerke damals und heute vergleichen, sagte Mutter. Lieber nicht, meinte Herr Pulver, da müßten wir schon unser Bruttosozialprodukt an die Wand hängen.

Wir gingen zurück zur Via di Stabia, vorbei am Haus des Fauns und an den Häusern von Pansa und Sallust, den Nachbarn des Glaukus. Herr Pulver erzählte: Im Haus des Fauns entdeckte man die Hausherrin an der Spur ihrer Schätze, Armreifen, Ringe, Haarnadeln, silberne Spiegel und Goldmünzen. Am Ende lag sie selber unter dem Dach des Tablinums. Bei Pansa konnten die Männer fliehen. Vier Frauen verpackten die Wertsachen und erstickten. Im Haus des Sallust verlor die Herrin kostbare Zeit. Sie fiel mit ihren Sklavinnen vor dem Haus zu Boden. Geld und Schmuck lagen noch unter ihr.

Wir gingen durch die neuen Ausgrabungen der Strada dell' Abbondanza zum Amphitheater. Am Nocera-Tor hielt Herr Pulver. Hier stieß man im April 1961 auf dreizehn Tote und konnte sie mit Gips ausgießen.

Sie hatten gewartet, bis der Bimssteinregen aufhörte. Aber nach den Bimssteinen kam der Aschensturm. Sie versuchten, im Gänsemarsch zu entkommen. Einer ging voran mit einem Sack voller Nahrung. Es waren Bauern, ärmlich gekleidet. Sie hatten keinen Schmuck, nicht einmal Schuhe. So fielen sie auf die Steine und starben in der Asche: der Mann mit dem Sack, dann zwei Jungen in Ulis Alter, die sich an den Händen hielten, dann Mann und Frau und ein Mädchen. Die Frau starb auf den Knien, ein Stück Stoff an den Mund gepreßt. Ein alter Mann bildete den Schluß des Zuges. Er stürzte, versuchte, wieder aufzustehn, auf beide Arme gestemmt erstickte er. So fand ihn Professor Maiuri. Er weigerte sich, diese Menschen in ein Museum zu bringen. Ich weiß, wo sie sind, sagte Herr Pulver, ich bringe Sie hin, ich zeige sie Ihnen. Wir wollten sie nicht besichtigen.

Im Amphitheater ließen wir uns nieder. Es war Spätnachmittag. Das Theater muß mehr Menschen gefaßt haben als in Pompeji wohnten. Von den südöstlichen Rängen sahen wir auf den Vesuv. Ein festlicher Blick. Wir baten Herrn Pulver, etwas aus den Letzten Tagen von Pompeji vorzulesen. Er holte sie aus seiner Tasche und las: Dieses Amphitheater faßte zwanzigtausend Menschen. Das Kolosseum in Rom vierundvierzigtausend, und dabei ist Rom zwanzigmal größer. In den oberen Rängen, abgesondert von den Herren, saßen die Frauenzimmer, Blumenbeete ihre Kleider, Zielscheiben heimlicher Blicke. Auf den besseren Plätzen um die Arena glänzte das reichere Publikum, auch der Ädil Pansa, auf dessen Kosten das Schauspiel gegeben wurde.

Plötzlich verstummten die Stimmen und unter kriegerischem Trompetengeschnatter betraten Gladiatoren in Reih und Glied die Arena, langsam und würdig, und zeigten dem Publikum ihre sehnigen Glieder und Waffen. Oh! Oh! rief die Witwe Fulvia von ihrem hohen Platze: Oh, sieh nur diesen Riesen, wie komisch. Wer ist denn der hübsche Gladiator da? Er ist ja fast ganz nackt, wie unschicklich! Es ist Lydon, antwortete die Frau des Ädilen Pansa, ein junger Anfänger. Ein sauberer Kerl. Er muß es mit dem entkleideten Tetraides aufnehmen. Die Frauen werden gewiß seine Partei ergreifen, aber nicht die erfahrenen Wetter, las Herr Pulver.

Wir starrten in die leere Arena. Herr Pulver las weiter: Wer sich im modernen Boxkampf auskennt und wer weiß, welch schwere Schläge die menschliche Faust, richtig geführt, auszuteilen vermag, kann sich nicht das Werk der Vernichtung vorstellen, das diese durch Umwicklung von Lederriemen mit Eisenstücken zu erzielen vermag. Schlimm begann es und nahm seinen Lauf. Tetraides schlug zu, es war wie der Streich eines Schmiedes, den Amboß betreffend. Lydon ging leicht in die Knie, der Streich über ihn hinweg. Nicht so harmlos war seine Erwiderung. Tetraides taumelte, das Volk schrie Beifall. Braver Lydon. Tetraides stürzte sich auf ihn. Ein Hieb, und Lydon fällt und fällt. Erde, gib ihm neues Leben, rief die Witwe Fulvia, und das Blut strömte ihm über das Gesicht. Lydon wird wild. Der Schlag trifft Tetraides Schläfe. Er hätte einen Ochsen niedergeschmettert. Habet, ruft der Ädil Pansa, und die Aufseher schleifen ihn hinaus. Schade, daß er so schnell hinüber war, sagte die Witwe Fulvia, es war nicht der Rede wert.

Wie im Fernsehen, fand Uli. Er drehte die Augen nach oben und ließ sich nach hinten sinken. Sie sehen, was Sie angerichtet haben, sagte Mutter zu Herrn Pulver. Telebazillen, diagnostizierte Vater. Uli bekam Zukkungen. Rausschleifen den Ochsen und weitermachen, sagte Nico. Herr Pulver war zu Diensten mit den Letzten Tagen: Kampf zwischen Sporus und Niger, dem Netzfechter. Dahinter sah man schon Lydon sich rüsten für den Kampf gegen Eumolp. Er winkte bescheiden in die Arena. Dort saß in der letzten Reihe ein alter Sklave in seinem schmerzlichsten Interesse: Der greise Vater Lydons, als Christ voll Abscheu gegen die Spiele, in Todesangst um den geliebten Sohn, konnte er den Blick nicht losreißen von dem Furchtbaren, allein unter fremden Leuten, Hefe des niederen Volks. Kein Laut kam von seinen Lippen. Lydon, mein tapferer Junge, sprach er und wischte sich die Augen, du kämpfst um mich.

Doch noch rangen Sporus in voller Rüstung und Niger, wild und nackt, und standen einer vor dem anderen, einander fixierend, bis Sporus langsam mit dem Schwerte nach der Brust des Gegners zielte. Niger ging zurück, mit der Rechten sein Netz entfaltend. Kleine, stechende Augen verfolgten jede Bewegung des anderen, bis der auf Armeslänge heran war. Da warf er das Netz. Eine flinke Wendung, und der Gladiator entkam dem tödlichen Garn. Mit einem Freudenschrei sprang er auf Niger zu. Aber dieser hatte sein Netz schon wieder über der Schulter und flüchtete rund um die Arena. Das Volk lachte und schrie, als der schwere Fechter hinter dem leichten Nackten herrannte und alle Vorsicht fahren ließ. Sporus, Sporus! schrie das Volk. Und im Lauf warf Niger das Netz. Der Riese fiel, umsonst sucht er sich freizumachen. Der Dreizack Nigers traf ihn. Wieder und wieder. Er krümmte sich stumm unter den tödlichen Stößen. Blut quoll durch das Netz in den Sand. Er ließ die Arme sinken zum Zeichen der Niederlage.

Der siegreiche Netzkämpfer zog sein Netz ab und sah, auf den Dreizack gestützt, hinauf in die Zuschauer in Erwartung ihres Urteils. Auch der Gefallene ließ schon verschleierte Blicke in die Ränge irren. Doch von Reihe zu Reihe, von Bank zu Bank sahen nur erbarmungslose Gesichter auf ihn herab. Die Stille war vernichtend. Keine Hand, nicht einmal die einer Frau, rührte sich zu seiner Gnade. Blut wollten sie sehen. Verbissen, doch gefaßt, senkte der Gefallene den Nakken. Eine schreckliche Gestalt betrat die Arena, das Antlitz durchs Visier verdeckt. Mit langsam-abgemessenen Schritten näherte sich der Scharfrichter dem noch immer knieenden Gladiator, legte die Hand auf den gebeugten Schopf und fuhr mit der flachen Klinge rasch über den Nacken hin, wobei er sich noch einmal umsah, um sich zu überzeugen, ob das Publikum nicht doch noch Gnade walten ließ. Aber die abwärtsweisenden Daumen blieben. Da blitzte der Stahl, und Sporus' Haupt rollte in den Sand. Der Rest wurde hinausgeschleift.

Lydon stand nun in der Arena, den Vater im Herzen. Noch war er Sklave. Vier zu eins gegen Lydon, sagte Klodius zu Lepidus. Nicht zwanzig zu eins! antwortete dieser, Eumolp ist ein Achill, und der arme Kerl da ein Anfänger. Edler Ädil, sagte Lydon mit fester Stimme, ich schrecke nicht vor diesem Kampf zurück.

Das Volk jubelte. Eumolp starrte den jungen Lydon an und lächelte, eine mitleidige Regung. Dann standen sie sich mit geschlossenem Visier gegenüber, das letzte Fechterpaar, ehe Glaukus' Kampf zwischen Mensch und Tier begann. Eumolp plazierte einen fürchterlichen Hieb auf Lydons Helm. Der sank ins Knie, Jüngling, sagte Eumolp leise, gib auf, ich will dich leicht verwunden, das Volk ist dir gewogen, du kommst davon. Nein, rief Lydon, Freiheit für meinen Vater! Tod oder Freiheit! Da rief Eumolp: Tod statt Freiheit, und schlug zu. Lydon verteidigte sich mit Mut, immer wieder stürzte er sich auf Eumolp, doch sein Arm erlahmte gegen den geübten Römer und sein Atem ging schwer und schwerer. Der Römer stieß endlich seine Waffe durch die Fugen der Rüstung. Er wollte dem Jungen keine tödliche Wunde beibringen, doch der fiel in sein Schwert bis es zum Rücken herauskam. Man nahm ihm den Helm ab, und der Ädil rief in die Ränge: Er tat seine Pflicht, ihr seid das Gericht. Die Daumen zeigten nach oben. Zu spät, den Toten weckten sie nicht.

Bringt Glaukus und die Löwen, rief da der Ädil. Und Herr Pulver schloß: Aber nicht der Ädil hatte das letzte Wort. Lord Bulwers Poesie war am Ende, der Vesuv stieß Prosa aus. Es war der 24. August des Jahres 79 nach Christi, 12 Uhr Mittag. Das Ende Pompejis begann.

Da war er vor uns, der Vesuv. Die Westsonne rötete den Stumpf, der damals übrigblieb. Es war still um uns. Die meisten Besucher hatten Pompeji schon verlassen. Vater erinnerten die Letzten Tage von Pompeji an Ben Hur, Nico hatte den Film gesehen. Es gibt

Zusammenhänge zwischen den Welterfolgen des 19. Jahrhunderts: Die Helden sind austauschbar. Ben Hur, bei Lewis in Attentate verwickelt, ist derselbe in Neros Rom bei Sienkiewicz. Quo vadis? Er endet als Glaukus bei Edward Lord Bulwer-Lytton in Pompeji. Ein amerikanischer General schrieb Ben Hur, ein Pole erhielt für Quo Vadis den Nobelpreis. Ein amerikanischer Frühling, ein polnischer Sommer, und der Kolonialminister Seiner Majestät sorgte für den englischen Abend. Der Lord hatte die besten Bösewichte: Kapitalistige Leute am Ende des neunzehnten Jahrhunderts. Von unten winkte ein Wärter: Feierabend.

POMPEJI,
als Larry den Kirschkern fand

Kommen Sie, sagte Herr Pulver, ich führe Sie in Larrys Garten, bevor Pompejis Tore schließen. Wir gingen zum Ausgang des Amphitheaters in Richtung Porta di Stabia. Ein Wächter folgte uns. Wir bogen in eine Seitengasse der ersten Region. Beim zehnten Häuserblock hatte er unsere Spur verloren. Herr Pulver lotste uns in das elfte Haus. Neben eine Schlafzimmertür hatte jemand geschrieben: Amantes ut apes vita mellita exigunt, Bienen leben süß wie Liebende. Und von anderer Hand stand dahinter: Velle, das möchte ich auch! Wir gingen weiter. Manchmal ist es eine kleine Inschrift, die das gefrorene Leben trifft wie eine Axt.

Unten auf der Gasse stand der Wächter und sah auf seine Uhr. Wir kauften ihm die Zeit ab, und er führte uns fünf Häuser weiter zur Menandervilla, die schon verschlossen war. Er öffnete sie mit jener neugierweckenden Langsamkeit, die seinesgleichen in die Schlüsselposition bringt zu sagen: Niemand kommt herein denn durch mich. Wir zahlten, und der Schlüssel drehte sich.

Wir standen in dem Haus, das der Familie Poppaeas gehörte, die Neros Frau war. Der Wärter führte uns zu dem Gemälde des Dichters Menander. Er hält jene Papyrusrolle, auf der steht: Dieser hat als erster Komödien geschrieben. Wir zahlten noch einmal und wurden ins Dampfbad geführt. Dort wischte unser Wärter mit dem Ärmel eine Glasscheibe blank. Darunter stand geschrieben: Romulus in caelo, Romulus im Himmel, und wir bekamen vorgemacht, wie Romulus, der Pompejaner, sich einst gefühlt hatte. Dies Schauspiel hatte jedoch nicht die Qualität, die man im Haus des Menander erwarten konnte, und wir zahlten nicht. Unser Wärter sah auf die Uhr und sagte: Die Stadt schließt. Es dunkelte im Haus. Wir erkauften uns noch etwas Zeit. Da brachte er uns ins Peristyl, deutete an, Großes stehe bevor und verschwand. Er hieß uns, vor einer Säule zu warten. Er will uns die Skelette zeigen, sagte Herr Pulver. Mutter entdeckte auf der Säule eine Inschrift: Somene taugt nichts, stand dort. Wir beschlossen zu verschwinden, bevor der Wärter wiederkam, schlichen zur Tür hinaus und machten uns davon. Ein starkes Stück, fand Mona.

Wir überquerten die Via di Stabia und eilten am Isistempel vorbei nach Südwesten in die achte Region der Stadt. Er hat unsere Spur verloren, sagte Herr Pulver, als wir anhielten. Er kannte hier einen versteckten Platz. Wir gingen durch einige Gassen und kamen in einen Garten, an dessen Ende Pompeji aufhörte. Ein Abhang an der niedergelegten Stadtmauer bildete die Stadtgrenze. Die flache Westsonne schien durch das Gestrüpp in die offenen Räume und ließ an den Wänden das Pompejanische Rot leuchten.

Im Triclinium setzten wir uns auf den Boden, horchten und sahen durch Säulenstümpfe und schwankende Farne in den Garten. Fern rauschte das Automeer wie in einer Muschel, und nahebei hörten wir die Pfiffe der Wärter, welche die Besucher austrieben. Als sie sich endlich entfernten und ausgepfiffen hatten, machte sich Mutter Gedanken darüber, wie wir hier denn wieder herauskämen. Gar nicht, sagte Vater, wir können doch dem Wärter nicht in die Arme laufen. Herr Pulver entfernte sich und spähte über die Mauer. Als er zurückkam, sagte er: Die Eingänge sind geschlossen. Wir kommen nicht mehr heraus. Die Stadt ist menschenleer. Und nun? fragte Mutter. Wir bleiben hier, sagte Vater. Eine Nacht in Pompeji. Scharf! fand Nico. Aber wenn ein Ausbruch kommt? fragte Uli.

Tatsächlich blieb uns nichts anderes übrig, als diese Nacht in Pompeji zu bleiben. Jeder suchte sich einen Raum im Haus. Wir tauften es Casa Sybille. Gegenüber liegt übrigens die Casa Joseph II., sagte Herr Pulver. Jeder richtet sich seinen Raum gemütlich ein, schlug Mutter vor, und dann treffen wir uns zum Abendbrot im Triclinium. Das taten wir. In den Gemäuern war es schon dämmrig, und bis wir alle im Triclinium zu Tisch lagen, war es dunkel. Das Abendessen bestand aus dem Inhalt unserer Taschen: 26 Kaugummis, eine Apfelsine, eine Rolle Smarties und eine Kugel Angelknetbrot aus Ulis Hosentasche. Alles wurde ehrlich geteilt, nur Ulis Knetbrot blieb über. Gut, sagte Mutter, wir lassen es zum Frühstück. Was gibt es zu trinken? fragte Uli. Spucke, sagte Nico, und Mona empfahl, morgen den Tau zu sammeln. Zankt euch, meinte Mutter, dann gibt's Lacrimae.

Nach dem Mahl sammelten wir im Licht von Herrn Pulvers Feuerzeug Farbstücke, die von den Wänden heruntergefallen waren. Ob das erlaubt ist? zweifelte Mutter. Wir stecken sie morgen unter deinen Rock, schlug Vater vor. Wir gingen durch den dunklen Garten und sahen am Ende hinunter in die Lichter des anderen Pompeji. Am Horizont lag dunkel der Golf. Die Farben waren erloschen. Dann kehrten wir zurück in die Casa Sybille. Der Mond ging auf und verwandelte Pompeji vor unseren Augen in glitzerndes Schwarzweiß. Wir hockten zwischen den Säulenresten. Niemand ging auf sein Zimmer. Die Grillen zirpten, manche mußten greifbar nahe sein.

Herr Pulver erzählte von Arria Marcella. Thèophile Gautier sah ihren berühmten Busen im Museum in Neapel. In Pompeji wanderte er am nächsten Tag durch die Gassen, den Kopf schwer vom Falerner Wein. Er traf eine Frau, die über ihn lachte, über seinen schwarzen Gehrock, seine Beine, in Hosen gezwängt. Sie war schön, hatte sanfte Augen und einen leidenschaftlichen Mund. Der Anblick ihrer Brüste erfüllte ihm mit Erregung. Es schien ihm, als entsprächen sie genau jener Hohlform im Museum. Die junge Frau bedeutete ihm mitzukommen. Sie gelangten zur Villa des Arrius Diomedes vor der Stadt. Dort wurde er gebadet, massiert und parfümiert. Asiatische Sklaven tischten ihm Leckerbissen auf. Arria erschien mit halbentblößtem Busen unter nachlässigem Faltenwurf. Seine Liebe, sagte sie, sei es, die sie zurück ins Leben gerufen habe. In diesem Augenblick trat Arrias Vater herein mit einem Kruzifix, und das schöne Mädchen zerfiel zu einem Häuflein Asche. Thèophile Gautier erwachte am nächsten Norgen in einem Garten Pompejis, schrieb die Geschichte auf und wurde damit berühmt. Steil, sagte Nico und Uli erinnerte die Geschichte an Vampire, Mutter ans neunzehnte Jahrhundert. 1852, sagte Herr Pulver. Der Dichter muß ins Steile gehn, um Effekt zu machen, sagte jemand. Plötzlich stand Larry hinter uns. Niemand hatte ihn gehört. Der Schreck fuhr uns in die Glieder. Uli floh zu Mutter, Mona hinter eine Säule. Herr Pulver beruhigte uns, er kannte Larry. Hallo, sagte Larry. Er hatte eine Kinderschaufel und ein Sieb in der Hand. Hast du was gefunden? fragte Herr Pulver auf Englisch. Ja, sagte Larry, gestern zwei verkohlte Pfirsiche an der hinteren Gartenmauer und heute Weintraubenkerne und Bohnen. Er zog zwei Reagensgläser aus dem Hemd und eine Leuchtlupe. Wir staunten. Nachts kann er in Ruhe arbeiten, erklärte Herr Pulver, wenn die Leute weg sind und die Sonne und wenn der Mond scheint. Die Scavamonti graben ja nur die Häuser aus, aber nicht die Gärten. Das macht Larry. Ich traf ihn letzte Woche. Er gehört zu dem Team amerikanischer Gartenarchäologen von Miss Jashemski.

Sein bester Fund war vorgestern ein Kirschkern, sagte Herr Pulver. Die Kirsche hat Lucullus in Europa eingeführt; er brachte sie von seinen Feldzügen aus Asien mit. Larry entkorkte ein Reagenzglas, in dem ein bohnengroßes schwarzes Etwas steckte. Er legte es unter die Leuchtlupe und ließ uns durchsehen. Eine Bohne, sagte er. Er drehte sie, und wir entdeckten einen eingebohrten Gang. Insekten, meinte Larry. Hatten auch Pflanzenschutzprobleme.

Larry ging in den Garten und winkte uns, mitzukommen. Er lachte, als wir zögerten. Das Mondlicht schien weiß auf Larrys geschorenen Kopf. Unter seinem Schnauzbart blieben die Zähne im Schatten, auch wenn er lachte. Wir rissen uns zusammen. Hier, sagte er, und zeigte auf Reste eines ausgegrabenen Tongefäßes: Anzuchttöpfe für Zitronenbäume. Das ist schon der fünfte, den ich fand. Die Bäumchen pfropften sie auf bereits angepaßte heimische. Sie brauchten die Blätter als Mottenpulver. Die Zitronen aßen sie noch nicht. Die Töpfe hatte er an der hinteren Gartenmauer gefunden in Abständen von zwei Metern. Heute war der sechste dran. Zahlreiche Bodenproben, die er tagsüber auf ihren Phosphatgehalt untersuchte, mußten nun entnommen werden. Er teilte uns ein. Wir räumten mit den Händen Schutt und Asche fort, bis wir den Grund erreicht hatten. Dann kam Larry und prüfte den Aushub mit Sieb und Kinderschaufel.

In Bodenproben aus den Töpfen hatte er überraschend viel Phosphate gefunden, ebenso an mehreren Stellen des Gartens, die er für Beete hielt. Sie kannten also Dünger, sagte Larry, und damit fällt Liebigs These von der Bodenerschöpfung als Ursache für Roms Untergang. Er ließ uns in den Plan sehen, den er von diesem Garten gemacht hatte. Unter der Carbidlampe entdeckten wir die alte Bewässerungsanlage, Bäume, Beete und Wege. Der höchste Phosphatgehalt war auf einem Weg eingetragen. Wir wunderten uns. Larry kratzte sich den Bart. Es hatte ihn auch schon gewundert. Uli meinte, jemand habe dort eine Karre Mist umgekippt. Larry tippte eher auf Leichen aus der Zeit vor dem Ausbruch. Beim Zerfall hatten sich unlösliche Phosphatsalze gebildet. Tatsächlich waren die Stellen länger als breit. Vielleicht Sklaven, meinte Larry. Vater erbat sich eine Probe, zerrieb sie mit den Fingern und roch daran. Warum ist Rom untergegangen? fragte er. Weil es zu dicht am Vesuv gebaut war, meinte Uli. Quatsch, sagte Nico, wegen der Barbaren. Das bezweifelte Herr Pulver. Dann hätte Rom nicht tausend Jahre bestanden. Barbareneinfälle gab es in Rom immer. Rom ging nicht am äußeren Proletariat der Barbaren, sondern am inneren der Sklaven zugrunde. Mutter meinte, die führenden Familien Roms hätten sich im Bürgerkrieg selber zugrunde gerichtet. Was blieb, waren die Regionen, die späteren Nationalstaaten. Herr Pulver hielt die Christen für Roms Totengräber. Sie schlossen den historischen Kompromiß mit den Barbaren und bekehrten sie zu einem Rom, das nicht von dieser Welt war. Heute sitzen die letzten Nationen auf den Hügeln Europas und suchen wieder den gemeinsamen Markt zu ihren Füßen. Davon wollte Larry nichts wissen. Die Mammutbäume zeigen, daß das Klima sich verschlechterte, erklärte er und siebte seine Proben. Wir haben in der Sierra Nevada bis viertausend Jahre alte Stämme und können an der Dicke der Jahresringe jede Klimaveränderung ablesen. In Kalifornien war das Klima so wie in Italien. Roms fette Jahre waren feuchte Jahre. Die mageren heiß und trocken mit dünnen Ringen. Das waren die Jahre des Untergangs, Jahre der knappen Energie, in denen überflüssiger Kraftaufwand Dummheit war. Das leuchtete uns ein.

Uli hatte sich schon danach gerichtet: Er lag und schlief auf der Erde, in der Larry soeben den Kirschkern fand. Der weiße Mond schien darauf, und er ging von Hand zu Hand. Larry küßte und barg ihn in einem Reagenzglas. Dann trug er den Fund in die Karte ein. Für heute verzichtete er auf weitere Ausgrabungen. Larry holte seinen Schlafsack und wir steckten Uli hinein. Mutter blieb bei ihm. Wir anderen gingen durch die Ruinenräume hinaus und machten noch einen Gang durch die mondhellen Straßen Pompejis. Haltet euch im Mondschatten, flüsterte Larry, es gibt hier seltene Nachtvögel.

Er führte uns gegenüber in ein Haus, das die Sopreintendanza ihm eingeräumt hatte und schloß es auf. Zwei uralte Ölbaumstämme lagen auf dem Boden. Larry leuchtete mit der Lupe die Jahresringe ab. Sie waren gut zu erkennen. In einem steckte ein Fähnchen: Christi Geburt, sagte Larry. Dann leuchtete er auf eine Wand: Miximus in lecto… stand da in unserer Vatersprache, und wir übersetzten: Wir haben ins Bett gemacht, wir geben es zu, Wirt, aber es war kein Nachttopf da! So ist es noch heute, sagte Larry, das bleibt Pompejis Problem. Die Besucher machen in jede Ecke. Pompeji, fast zweitausend Jahre unter der schützenden Asche, zerfällt längst ein zweites Mal, Licht und Luft zersetzen den geschminkten Leichnam, diesmal endgültig. Seht Pompeji, ehe es zu spät ist, sagte Larry und ließ uns sein chemisches WC benutzen. Was bleibt, stiften die Forscher, sagte Herr Pulver, jeder gräbt nach seinem Bilde. Was sind wir? Ausgräber von Reliquien, Zeugen von Zeugen, sagte Larry. Ich zeuge, also bin ich.

Draußen wehte der Nachtwind vom Land aufs Meer. Der Mond wanderte durch tintenschwarze Wolken und ließ Pompeji keine Ruhe. Es war Mitternacht. Wir gingen an der Schattenseite der Häuser zur nahen Gladiatorenkaserne. Vierundsechzig Menschen fand man hier, alles Männer, sagte Herr Pulver und blieb stehen, als der Mond hinter einer Wolke verschwand. Zwei davon waren in Fußeisen eingeschlossen, die fünfundsechzigste war eine Dame der Gesellschaft mit Armbändern, Ohrringen und einem Smaragdhalsband. Gladiatoren waren begehrt, meinte Larry. Als das Mondlicht wiederkam, sahen wir, daß in Richtung des Isistempels eine Gestalt lief. Sie tauchte unter im Schatten des Theaters. Ein Wärter, sagte Vater, laßt uns zurückgehen. Da trat die Gestalt wieder in Erscheinung, zwei Taschen hingen ihr von den Schultern und warfen Schatten. Takeo! flüsterte Larry. Der Mann, klein von Gestalt, blieb stehen, nahm etwas vor sein Gesicht, kniete nieder. So hockte er vor dem Isistempel, regungslos, und sah von unten gegen die Säulenstümpfe, auf die das kalte Mondlicht fiel, bis eine Tintenwolke das Licht löschte. Es ist Takeo, flüsterte Larry, der Hiroshima-Fotograf. Als die Wolke den Mond wieder freigab, war der Japaner verschwunden. Ein komischer Vogel. Nächtelang huscht er hier schon herum. Einmal habe ich ihn gesprochen, da hat er mir sein Hiroshimabuch gezeigt. Pompeji oder Hiroshima, sagte er, die Uhr schlägt, alle. Auch wir unterm Vesuv. Wir gingen in unseren Garten zurück und sahen hinter dem Vesuv das Morgengrauen.

CAPRI,
Adel läßt springen

Es war heißer Mittag, als wir Torre Annunziata in Richtung Capri verließen. Das bißchen Wind drehte alle zehn Minuten. Wir gaben es bald auf, ihn zu fangen. Manchmal fiel von den Bergen der Sorrentiner Halbinsel, an der wir entlangtrieben, eine Bö, so daß wir erschrocken die Schoten losgaben. Schließlich warf Uli den Motor an. Er hatte recht, erst in der Bocca Piccola, zwischen Festland und Capri, konnten wir mit Wind rechnen. Mutter las in Axel Munthes »Buch von San Michele«, Vater lag im Segelschatten mit Opas Kadettenbuch, und Mona zupfte an der Gitarre. Die Jungs angelten. Die KLEINE LIEBE steuerte sich selber. Opa beklagt sich über die tiefen Wagenspuren in Pompeji, sagte Vater und blinzelte über das Tagebuch. Die Straßen seien Jahrzehnte nicht erneuert worden, schreibt er. Dagegen lobt er die Privathäuser: »In der Mitte immer ein Garten, darin ein Springbrunnen, um seinen Körper leben zu lassen. Die Frauen im Hinterhaus, still in ihren Räumen, auch die Sklaven... Arm und reich unter einem Dach. Auch die Toten. Vorne im Haus die Wachsbilder der Vorfahren. Ich glaube, die Leute fühlten sich wohl in Pompeji«, schreibt Opa, der Seekadett. »Eine Stadt ist mehr als Vater und Mutter.« Opa gab uns zu denken.

Auf der Höhe von Sorrent meldete sich Mutter mit Axel Munthe. Der war mit Opa als Cholera-Arzt in Neapel. Von ihm stammte der Vorschlag, die Kloaken zu desinfizieren. Hört euch das an, sagte Mutter: »Millionen von Ratten, die seit den Tagen der Römer ungestört in den Kloaken lebten, überschwemmten nun die Stadt. Rasend von den Schwefeldämpfen und Karbolsäure jagten sie durch die Gassen. Nie zuvor hatte man solche Ratten gesehen. Sie waren völlig kahl mit langen roten Schwänzen, blutunterlaufenen Augen und spitzen schwarzen Zähnen. Schlug man mit dem Stock auf sie, fuhren sie wütend herum, um sich wie Bulldoggen daran zu hängen. Nie werde ich die Nacht vergessen im Vicolo della Duchessa. Der Raum war fast dunkel, nur vor der Madonna brannte das Öllämpchen. Der Vater war seit zwei Tagen tot, aber die Leiche lag noch da unter einem Haufen Lumpen. Wie im Armenviertel üblich, hatte die Familie sie vor der Polizei verborgen, die die Choleraleichen suchte, um sie zum Friedhof zu bringen. Ich saß auf dem Boden neben der Tochter und wehrte mit dem Stock die Ratten ab. Das Mädchen war schon kalt, aber noch bei Besinnung. Ununterbrochen hörte ich die Ratten an der Leiche des Vaters nagen.« Mutter klappte das Buch zu. Weiter! rief die Mannschaft, mehr Munthe!

»Da kam ein Junge und reichte mir ein Blatt Papier. ›Komm!‹ war kaum lesbar auf den Zettel gekritzelt. In fünf Minuten hielten wir vor den mächtigen Eisentoren des Klosters der Sepolte Vive. Am Boden lag Doktor Villari. Er schüttelte den Kopf ein paarmal, das war sein letztes Lebenszeichen. Zwei Stunden später wurde sein Körper in das Massengrab auf dem Cholera-Friedhof geworfen. Als ich vor sein Haus fuhr, sah ich das weiße Gesicht seiner Frau, die fast noch ein Kind war. Entsetzen im Blick, wankte sie zurück, als ich öffnete. Wo ist er? Sie sprang mich an, wie ein verwundetes Tier. Sie hatten kein Recht, ihn wegzubringen, ohne daß ich ihn sah! schrie sie. Er war das Licht meiner Augen! Heilige Lucia, nimm ihm das Licht seiner Augen, schrie sie hinter mir her, als ich fortstürzte.«

Der Munthe hatte doch ein Glaukom, sagte Vater. Die letzten Jahre auf Capri war er jedenfalls blind. Lies weiter, verlangte Uli. Er saß auf der Reling, hatte seine Angel im Arm und blinzelte nach Neapel hinüber. Auch er wußte, daß dort die Cholera wieder ausgebrochen war. Niemand sprach darüber, aber viele Hotels waren leer. Beim Ablegen hatte Umberto leise zu Vater gesagt: Meidet Neapel, beeilt euch mit dem Vesuv, 1944 kam erst die Cholera, dann der Ausbruch, so ist es immer. Vater hatte es für sich behalten. Lies weiter, verlangte Uli.

»Meine einzige Entspannung in dieser Hölle war«, sagte Mutters Munthe, »im Klostergarten unter Zypressen ungezählte Zigaretten zu rauchen. Antike Marmorfragmente lagen herum. Als Brunnen diente ein römischer Altar. Er steht heute bei mir in San Michele. Ein paarmal hatte ich Schwester Ursula getroffen. Sie meinte, sie müsse ab und zu frische Luft schnappen, sie würde sonst ohmächtig von dem Gestank im Hause. Wissen sie, wer dieser Knabe ist? sagte ich und zeigte auf einen kleinen Eros unter den Zypressen. Ein Angelo, sagte sie. Nein, es ist ein Gott, der älteste aller Götter. Es ist der Gott der Liebe.« Mutter schüttelte den Kopf. Cholera plus Liebe, wenn das man gut geht. Mehr Munthe, sagte Mona.

»Kaum hatte ich die unheiligen Worte gesprochen, kam eine Nonne, um mich zur Äbtissin zu holen, die in der Kapelle ohnmächtig geworden war. Sie hatten sie eben in ihre Zelle gebracht. Als ich dort ankam, deutete sie, die Hand hebend, auf das Kruzifix an der Wand. Man brachte ihr die Sterbesakramente. Es ging rasch zu Ende. Ich schaute auf das kalte Gesicht. Ich sah auf die junge Nonne an meiner Seite. Ich kann nicht länger hierbleiben, sagte ich, ich habe nicht geschlafen, mir schwindelt, ich bin nicht mehr ich selbst, ich weiß nicht, was ich tue, ich habe Angst vor mir, vor dir... Ich hatte nicht Zeit, das Wort auszusprechen, sie hatte nicht Zeit zurückzuweichen. Ich fühlte den stürmischen Schlag ihres Herzens. Pietà! hauchte Schwester Ursula. Dann stürzte sie aus dem Zimmer. Die Augen der alten Äbtissin sahen mich an, weit offen. Lebte sie noch? Ich zog das Laken über das Gesicht und rannte hinaus.«

Junge, Junge, sagte Nico und hakte eine Plastiktüte von seiner Angel, das hat Stil. Er wunderte sich, wie er so schnell den Altar mitgekriegt hatte, »der heute in San Michele steht«. Der alte Wikinger, sagte Vater, sein Stil beweist, daß er ein Spitzbube war. Uli fand die Ratten am besten, Stil verstand er nicht. Stil ist die Macke, die einer hat, sagte Nico. Jeder hat seinen Stil, sagte Mutter und las das Cholera-Kapitel zu Ende: »Es gibt ein unwandelbares Gesetz des Gleichgewichts

zwischen Leben und Tod. Ist es gestört durch ein großes Sterben, ruft die wachsame Natur neue Wesen auf,
die Stelle der Gefallenen einzunehmen. Im Zwang un-
widerstehlicher Naturgewalten fallen sich Männer und
Frauen in die Arme, ahnungslos, daß es der Tod ist,
der an ihrem Beilager steht.« Ja, wenn es so ist, sagte
Vater. Trotzdem, Mutter verstand das mit Schwester
Ursula. Vater meinte, Stil ist, wenn einer »Naturge-
walten« sagt und Schwester Ursula meint. Jedenfalls
ließ sich der berühmte schwedische Doktor bald dar-
auf in Capri nieder und schrieb seinen Weltbestseller:
»Das Buch von San Michele«.
Als hinter Sorrent Wind aufkam, ließen wir Axel
Munthe fahren. Uli stellte den Motor ab und Vater
meldete: Opa war auch auf Capri! Nico übernahm die
Pinne und segelte bald flott am Wind. Hinter dem
Capo di Sorrento kam Capri in Sicht. Opa freute sich:
»Am 14. April war das Übungsschießen beendet. Die
Leute hier sind ganz aus dem Häuschen, feiern den
Sieg über die Türken. Lybien ist italienisch. Back-
bord I bekam zwei Tage Capri-Urlaub. Man wird wie
in Helgoland von Fischern ausgebootet. Abends in der
Künstlerkneipe: Zum Kater Hiddigeigei. Gespräche
mit russischen Emigranten. Herr Leutnant v. Bräuti-
gam erklärt, daß unsere Marine unpolitisch sei. Darauf
die Russen: Das wird sich ändern. Ihr habt jetzt 110
Sozialdemokraten im Reichstag. Darauf Seekadett
v. Korff: Für die genügt Backbord I mit Leutnant
v. Bräutigam. Wir lachen. Herr Leutnant bestellt
Pschorr. Wir trinken uns zu. Einer sagt: Ihr trinkt mit
Maxim Gorki, Brüderchen! Wir sangen: Ein Jäger aus
Kurpfalz. Die Nacht im Hotel Quisisana.« Jemand

hatte ›Lenin‹ an den Rand geschrieben; – Vater drehte das Tagebuch herum – und: Titanic untergegangen. Am folgenden Tag fand Opa Gregorovius' ›Wanderjahre in Italien‹. »Von den schönen ›Lasttieren der Insel‹ geträumt«, notiert er, und: »Am anderen Morgen zur Villa Krupp und Kaiser Tiberius. Herr Leutnant zitiert nach Sueton: ›Noch jetzt zeigt man auf Capri die Stelle, wo der Kaiser die Verurteilten nach langen, ausgesuchten Martern vor seinen Augen von den Felsen ins Meer zu stürzen befahl. Ein Haufe Matrosen schlug unten mit Stangen und Riemen auf sie, bis sie ganz tot waren.‹ Frage von Herrn Leutnant: Von wem ist das? Ich: Von Sueton, erstes Jahrhundert nach Christi. Herr Leutnant: Schade, daß Sie in Artillerie nicht auch so gut sind. Lateinischer Geist auf deutschen geimpft, macht Männer. Unteroffizier Schmidt, haben Sie das mit den Stangen mitgekriegt? Jawohl! Herr Leutnant! Wär das nichts für Sie? Wenn Herr Leutnant befehlen und die Kadetten springen, warum nicht? Heiterkeit. Kadett v. Korff: Adel bitte auszunehmen. Versteht sich, sagte Leutnant v. Bräutigam, Adel springt nicht, Adel läßt springen.«

Vater rutschte vom Kajütdach herunter und zeigte zwei Fotos herum, die im Tagebuch eingeklebt waren. »Backbord I mit Giuseppe Spadaro« und »Backbord I am Salto di Tiberio«, lauteten die Unterschriften. Herr v. Korff war zu sehen, dreihundert Meter über dem Meer, den Seekadetten Steenken – angekreuzt – über den Abgrund haltend. Daneben Leutnant v. Bräutigam als Tiberius, nach unten zeigend. Davor Unteroffizier Schmidt mit erhobenem Knüppel, letzterer verwakkelt, wohl wegen der langen Belichtungszeit. Übrigens

stand auf der letzten Seite des Tagebuchs: Offiziers-
laufbahn aufgegeben. Entschlossen, Arzt zu werden.
Nico sah in die Karte. Wir hatten die Ostspitze Capris
Backbord voraus. Mit dem Glas konnten wir an der
Steilküste den Salto di Tiberio ausmachen. Aus der
Bocca kam Seegang. Die Sonne lag rot und riesig auf
Anacapri. Der Monte Solaro stand wie in Flammen.
Darunter mußte der Hafen sein. Wir nahmen Kurs auf
die Marina Grande. Von dort schnürte das Fließband
der Abendfähren in Richtung Neapel: Vierzigtausend
Tagesgäste. Macht achtzigtausend Liter Abwasser,
sagte Nico. Aber wir wollten es nicht wissen. Denn
wenn bei Capri die rote Sonne im Meer versinkt, steigt
aus dem Nebel der Gefühle unser aller Südtraum.
Capri, Insel der seligen Sprachgemälde, Insel Munthes
und Micheles, bleicher Kalkfels, antiker Sarkophag.
Da lag es, kantig, klassisch und hatte nichts vom barocken Ischia, Pozzuoli, Baia, nichts Vulkanisches.
Hier war der Rest der alten Thyrrhenis. Hier fand
Odysseus die Mammutschädel mit den Stirnhöhlenlö-
chern, hier und in den Höhlen Maltas und Siziliens.
Hier war Polyphem. Hier herrschte Telegonos über
das Volk der Thyrrhener, gezeugt von Kirke und
Odysseus.
Hör auf, sagte Mutter, du solltest lieber auf die Ein-
fahrt achten. Die hatte es nämlich in sich. An der
Westmole lagen die Fährdampfer, innen die Fischer
und Menschenfischer der Blauen Grotte. Vor der
Ostmole sahen wir einige Riesen-Yachten. Der Yacht-
hafen war noch im Bau, man konnte aber schon hinein.
Die Einfahrt lag westlich. Fast hätten wir die Kette
übersehen, die sie verschloß. Wir drehten Kreise im

Schwell der Fährdampfer, bis der Hafenmeister kam und mit knittrigem Gesicht die Kette absenkte. Dreitausend Lire pro Nacht, bei Abfahrt zahlen. Wir zahlten gleich. Zweitausend und tausend für ihn. Er war zufrieden, und so kamen wir ins Gespräch. Er war nicht der Boß, das merkten wir. Er mußte abgeben. Zahlen die Italiener auch soviel? Eher mehr. Aber die Deutschen lassen mal eine Flasche stehen. Ihr seid klein, habt nicht viel, sagte er oben von der Mole. Eigentlich braucht ihr nur tausend zu zahlen. Aber dafür könnt ihr euer Schiff auflassen und nach San Michele rauf, ich passe auf, auch nachts, und morgen kriegt ihr frisches Brot. Es stimmte. Am letzten Tag mußten wir sogar hinter ihm herlaufen, um zu zahlen, vielleicht, weil der Boß gekommen war. Als wir unserem Mann hinter der Mole das Geld gaben, machte der Boß lange Augen. Uli, der sich als letzter über die Mole schwang, sah noch, wie er unserem Ormeggiatore in den Hintern trat und das Geld nahm. Dann schwang er sich über die Mole und begleitete uns zum Schiff. Als er es sah, blieb er stehen und steckte sich eine Zigarette an. Wir waren tatsächlich zu klein. Er ließ uns ungeschoren. Er lächelte Mona zu und sagte zu Uli: Gib deiner Schwester einen Kuß von mir und ging. Bella figura. Wir ließen eine Flasche stehen. Man sollte sich nicht vor Mafia und Camorra fürchten, wenn man zu klein dafür ist.

Am Abend, als es dunkel wurde, fuhren wir mit der Seilbahn nach Capri hinauf. Sie endete vor der Piazza: Die magische Kulisse eines morgenländischen Platzes. Dort tauchten wir unter im Gewimmel ausländischer Eitelkeiten. Die nach Süden führenden Gassen bringen einen früher oder später zum Hotel Quisisana. Ein Hotel wie ein Luxusdampfer auf Kreuzfahrt. Hier soll man gesunden, sagt der Name. Der Mammutbau versperrte den Blick aufs südliche Meer. Unter lauter Lichtern lachten, logen und langweilten sich laute Leute. Kreuze blitzen in ihren Ausschnitten, große Scheine wurden in kleine gewechselt: Touristen, Adel auf Zeit. Im feudalen Restaurant ließen sie springen vom Abend- bis zum Morgenland. Morgen zu Hause sind sie wieder die alten Arbeitstiere. Wollen wir hinein? Die Meinungen sind geteilt. Uli möchte auch mal Adel sein. Nico widert es an; Mutter findet, daß wir nach Hafen riechen. Vater will rein, weil Opa drin war, und Mona, weil im Pichler steht, daß unter dem Hotel Mammut- und Rhinozeros-Skelette liegen. Abgelagerte Geschichte. Schließlich einigten wir uns, wenigstens zum Essen hineinzugehen.

Im Restaurant suchten wir lange einen Tisch. Unsere Zimmer-Nummer? Keine? Wir wurden zur Rezeption gebeten. Gott sei Dank, meinte Nico, der Laden ist voll, ich gehe an Bord. Wir wurden auf deutsch begrüßt. Der Herr freute sich, daß wir gut angekommen waren. Hatten Sie Wind? Wußte er? Mutter hatte wohl recht, wir rochen nach Hafen. Vater sah auf dem Tresen eine Zeitung ›Il Mattino‹. »Holland oder Deutschland – wer gewinnt?« stand auf der ersten Seite. Es wird schwierig, sagte der Herr, und sah lange in seine Zimmerbelegung. Das macht ja nichts, sagte Nico. Aber der Herr sagte: Wir machen es natürlich möglich. Ich gehe an Bord, sagte Nico, wer kommt mit? Der Herr wandte sich an Mutter und seufzte: Es ist um diese Zeit – wie sagt man? – ein Kreuz. Alles besetzt in

Capri. Wir halten gewöhnlich ein Appartement bereit für Gäste, die spät eingeflogen werden, wie gestern Baron Sachs. Man erwartet das von uns. Er sah durch die Glastüren nach draußen in den Himmel und sagte: Es ist schon dunkel. Sie haben wahrscheinlich Glück. Vater schaltete sich ein: Wenn, dann dachte ich an eins ihrer alten Zimmer, aus bestimmten Gründen. Der Herr überhörte das und sagte zu Mutter: Allora! Ich gebe das Appartement frei für Sie. Zweihundertundzwanzig Zimmer und Appartements wollen vermietet sein, Nacht für Nacht. Der Herr strahlte und schenkte Uli ein Plastik-Mammut. Mutter machte noch einen Versuch und sagte: Aber wir brauchen kein Appartement, wir brauchen nur zwei Zimmer. Nico war schon nach draußen gegangen. Der Herr der Rezeption verbeugte sich: Sie brauchen nur eins, das Appartement hat drei Zimmer, sogar das Bad hat Südblick auf das Nachtmeer. Luigi! bringe die Herrschaften nach oben. Luigi suchte vergeblich nach unserem Fluggepäck. So kam es, daß wir in dieser Verwirrung vergaßen, nach dem Preis zu fragen. Wir fanden ihn in der Schranktür, als wir allein waren in unserem Luxus-Appartement. Allora! sagte Vater, einer wird hier gesund, fragt sich nur wer. Daß Capri Capri ist, läßt es sich bezahlen.

Im Restaurant bekamen wir jetzt einen Tisch. In unserem Segelzeug fielen wir gar nicht auf. Wer hier auffallen will, muß sich unauffällig anziehen. Die Schickeria um uns entpuppte sich als Mafia der Spießer, die auf Capri findet, was sie schon hat: Langeweile. Die paar Leute, die aus ihrer Lebensweise eine Ideologie machten, konnte man leicht übersehen. Die anderen spielten wie wir Adel auf Zeit. Mancher Windhund hier, meinte Vater, ist zu Hause nur ein Dackel. Uli sagte artig: Grazie! als der Kellner ihm Mineralwasser einschenkte statt Wein. Vater lobte sich dagegen die Nekkermänner. Die sind wie sie sind, bleiben es und leiden nicht darunter. Die würden aufstehen und das Restaurant verlassen, wie zu Opas Zeiten, als Oscar Wilde, der Zuchthäusler, hier eintrat.

Nico hatte überhaupt keinen Hunger, ließ sich aber von dem besorgten Ober zu Spaghetti alla vongole mit kleinen Muscheln überreden. Vater trank eiskalten Capriwein, knusperte frisches Weißbrot und hatte Laune. Leute, sagte er, ich lade euch zur Feier des Tages zu einer Freßoper ein und bestellte vorweg Schinken und Melone. Morgen ist unser letzter Tag auf Capri. Das stieß zwar auf Überraschung, entbehrte aber nicht der finanziellen Logik.

Mutter begann das Festmahl mit einer Austern-Ouvertüre, Ostriche fritte und gemischtem Salat. Der Oberkellner wurde auf uns aufmerksam und empfahl Rombo und Salmon. Als wir uns für Steinbutt gekocht und Langusten entschlossen, unter die Kiemen sahen und sie für gut befanden, blieben wir den ganzen Abend in seiner Gunst und Obhut. Er unterrichtete uns unaufgefordert über unsere Nachbarn. Gegenüber saßen aufrecht und würdig zwei Araber in schwarzen Gewändern. Saudis, flüsterte der Oberkellner; sie haben das andere Appartement, und fügte hinzu: Pro-Kopf-Einkommen fünftausend Dollar. Fast wie bei uns, sagte Mutter. Etwas mehr, hauchte der Oberkellner und schenkte Wein nach. Neben uns speiste ein Ehepaar mit zwei Kindern und einer schwarzen Schönen. Sie kommen jedes Jahr aus Abessinien, erklärte er aus dem Mundwinkel. Die Schöne war schlank wie eine Zypresse und hatte eine Adlernase unter dem Kraushaar. Koloniales Schwarz fällt noch auf. Sie wechselt jährlich, sagte der Oberkellner, beugte sich vor und schnitt für Vater Gorgonzola. Die Schöne sah gerade zu uns herüber. Nico bestellte sich Eis. Am Ende ließ Vater Scheine liegen.

Wir wechselten in die Bar und beteiligten uns an synkopierten Gehtänzen, bis uns das Bedürfnis nach unserem Appartement überkam. Auf dem Weg dahin sahen wir in der Halle einen alten Schrank. Er war verschlossen. Durch das Glas entdeckte Vater ›Dorian Gray‹ von Oscar Wilde, ›Winnetou‹ von Karl May und fünf Bände Gregorovius ›Wanderjahre in Italien‹. Er ließ sich den Capri-Band heraussuchen und auf das Zimmer bringen. Uli bestellte sich Winnetou. Oben öffneten wir die Balkontüren und sahen nach Süden hinunter in den weiten mondbeschienenen Golf von Salerno. Die Zikaden sangen hoch und betäubend. Wir duschten abwechselnd, bis auf Uli, und sprangen wie wir waren in die feudalen Federn.

An der Wand hing eine alte Lithographie: Kaiser Tiberius in der Blauen Grotte nach Sueton. Mona dachte an einen Pottwal, umspielt von Delphinen. Aber bei näherem Zusehen hatte der Pottwal zwei Beine, listige Augen und war nackt und die Delphine, die ihn umspielten, waren Knaben und Mädchen, von denen eins am Eingang der Höhle von Legionären versohlt wurde. Wahrscheinlich hatte es den Opa gespritzt, meinte Uli und klappte den Winnetou zu. Er war englisch. Nur auf der ersten Seite hatte jemand auf deutsch geschrieben: Karl May, gestorben 1912.

Vater blätterte andächtig im Gregorovius. Er fand die Stelle mit der Blauen Grotte: »Ja, ich glaube wohl«, las er, »daß Tiberius hier badete und unter den schönen Mädchen seines Harems herumschwamm, wie Sueton erzählt. In dieser wollüstig strömenden Phosphorflut glühten die Mädchenleiber, und nicht hat hier Sirenengesang und Flötenspiel gefehlt, um solches Bad zu einem unsagbaren Wollustspiel zu machen. Als ich in die Grotte einfuhr, war es mir, als wäre ich in eins jener Märchen zurückgekehrt, die man als Kind gehört.«

Uli schlief schon. Die anderen sahen vom Bett aus auf das südliche Nachtmeer hinunter. In der Ferne erschien manchmal ein fahles Licht. War es das Leuchtfeuer von Licosa oder das vulkanische Feuer des Stromboli? »Südwärts endloses Meer«, las Vater. »Die Golfe von Amalfi und Salerno, die bleichen Berge Kalabriens, der Ufersaum von Paestum und Kap Licosa. Von solcher Höhe fühlt man die Sonnenweiten menschlicher Existenz. Denn fürchterlich eng ist das Menschenleben, ein ewiger Kampf um größeren Horizont. Ich dachte an Humboldt und auch an Plinius, den Humboldt der Römer, und an Aristoteles, den Ordner menschlichen Wissens.«

Alle schliefen, nur Vater und Gregorovius nicht. Vater suchte nach Opas Traum vor sechzig Jahren. Ob es diese Stelle war?: »Die Mädchen von Capri sind kurzstirnig mit Augen von glühendem Schwarz oder schwülem Grau. Ich sah Gesichter von wilder Schönheit, die Haare verwirrt, orientalisch. Weil sie arm sind, erwerben sie sich als Lastträger kümmerlichen Lohn. Die Mädchen in Capri sind die eigentlichen

Lastträger der Insel. Man sieht die lieblichsten Kinder von 14 bis 20 Jahren, deren Köpfe draußen in England, in Frankreich und Deutschland auf Gemälden bewundert werden, vom Meeresstrand aufwärts Lasten, kaum für Männerstärke bezwingbar, auf eben diesen Köpfen tragen. Es kam vor vierzehn Tagen ein neapolitanisches Schiff und lud auf der Marina Tuffsteine aus. Diese Steine wurden in fünf Tagen auf Mädchenköpfen nach oben befördert. Der Weg ist so steil, daß ich ihn täglich verwünsche, wenn ich frisch vom Bade zurückkehre. Fünf Tage hindurch schleppten etwa dreißig Mädchen die Steine diesen Weg hinauf. Sie trugen zwei übereinander, die schwächeren nur einen. Mich von dem Gewicht zu überzeugen, hob ich einen dieser Steine. Mit aller Kraft beider Arme gelang es mir, ihn so hoch zu erheben, daß ich einen dieser reizenden Köpfe belasten konnte. Täglich stiegen sie in der Hitze des August sechzehnmal also belastet den Berg empor. Nahmen sie die Steine an der Marina auf, so stand ein Schreiber dabei und notierte, und hier oben stand wieder einer, der schrieb es ernsthaft in sein Buch: Gabriella hat zwei mal zehn Steine, die schöne Constanziella aber ach! nur zehn. Ihr Lohn war zehn Groschen für den Tag. In ihrer Einfalt hatten die Kinder mit dem Unternehmer nicht einmal Kontrakt gemacht. In jenen Tagen gewährte also das Eiland einen seltsam schönen Anblick, und die Maler versäumten nicht, diese Gestalten zu zeichnen. Sie glichen Töchtern Ägyptens, welche Steine zum Pyramidenbau tragen. Und wahrlich, ich konnte sie nie ohne Bewunderung und ohne Rührung betrachten. Sie scherzten noch unter ihrer Last und waren heiter und graziös wie immer. Mich dünkt, nie ein schöneres Bild menschlicher Armut gesehen zu haben.«

Die Kinder schliefen. Nur Mutter saß im Bett und hatte zugehört. Mir ist ganz schlecht von dieser Rührung, sagte sie leise, ich möchte raus an die Luft. Wir gingen durch stille Gassen zur Piazza. Es war Mitternacht. Der Mond schien auf die Mauern. Die Steine sah man nicht, sie waren verputzt. Balkons hingen über uns, wie aus dem weißen Putz geknetet, heiter und graziös, Marzipanarchitektur. Wir konnten es nicht ohne Bewunderung betrachten.

Von der Piazza stiegen wir die Stufen der kuppelreichen Kathedrale hinauf und sahen in die allabendliche Cocktailparty dieses offenen Festsaals. Ein Platz wie nach Musik von Vivaldi. Noch waren die Tische besetzt, die Kellner zwängten sich durch die Reihen, ein Schnellmaler war am Werk, die Töchter der Insel standen in ihren Boutiquen und boten, was ihr wollt. Wer zählte noch die Steine unter dem Putz?

»Das Bürgertum hat alle idyllischen Verhältnisse zerstört, hat kein anderes Band zwischen Mensch und Mensch übrig gelassen als die gefühllose bare Zahlung, hat die persönliche Würde in den Tauschwert aufgelöst. Sein Untergang und der Sieg des Proletariats sind unvermeidlich.« Als Gregorovius die lächelnden Lasttiere sah, schrieb Marx dies im Kommunistischen Manifest. Als Opa Gregorovius las, schrieb ein Dissident auf Capri: »Niemals werden sich Frauen dieser unterdrückten Klasse auf ihre schändliche Rolle bescheiden; sie werden vielmehr ihren Söhnen sagen: Du wirst bald groß sein, man wird dir ein Gewehr geben. Nimm es.« Der Dissident hieß Lenin. Giuseppe Spadaro, sein

Freund, der es vom Fischer zum Touristik-Unternehmer brachte, ging oft mit ihm fischen. Aber er hatte keine Geduld, erzählte er, immer zog er die Angel zu früh heraus.

Es war zwei Stunden nach Mitternacht, der Platz fast leer. Die Töchter der Insel hatten ihre Boutiquen geschlossen. Ein Glück, daß sie noch immer lächeln.

Der Weg durch das schlafende Capri, durch Oleanderdüfte und kühlenden Nachtwind zurück zum Mammut Quisisana, ist ein Weg aus der Zeit. Nachtschwalben segeln durch die Gassen, Fledermäuse hängen an Feigenbäumen, weiß scheint der Mond auf die Häuser-Herde. Capra, die lateinische Ziege, heißt griechisch Kapros, Wildschwein. Da kommt der Urahn um die Ecke, das Mammut aus dem Höhlenspalt, Echsen huschen über Korallenbänke am Meeresgrund. Sueton sagte von Augustus: »Er liebte, was durch sein Alter groß war, und nicht Statuen stellte er in seinem Haus in Capri auf, sondern die übergroßen Knochen gewaltiger Bestien, die man für Knochen der Giganten hält.« Er gab den Neapolitanern das vulkanische Ischia zurück und nahm sich das klassische Capri, Insel der Ägäis vor den barocken Küsten des Vesuvs.

Das Quisisana war dunkel, im Osten über dem Monte Tiberio wurde es hell. Noch schliefen zehntausend Capreser und fünfzigtausend Touristen. Noch sind die idyllischen Verhältnisse nicht gestört. Aber bald werden sie erwachen, man wird ihnen ihr Frühstück geben und ihre blauen Grotten. Wir lagen in unseren Mammutbetten, konnten nicht schlafen, hörten es rauschen wie Rilke es hörte vor sechzig Jahren:

Capri,
Uraltes Wehn vom Meer,
Meerwind bei Nacht:
Wenn einer wacht,
So muß er sehn, wie er
Dich übersteht:
Uraltes Wehn vom Meer.

Gegen Morgen schliefen wir ein, und als wir endlich
erwachten, waren wir wieder angepflockt an Tag und
Zeit, bekamen ein Mammut-Frühstück auf dem Balkon serviert und hörten von den Kindern, was sich bei
unseren Nachbarn, den Saudis, tat. Auf unserem Balkon stand ein Topf wilder Fenchel, mit mannshohen
Stengeln und Dolden voller gelber Blüten, ein herrli-
cher Schirmblütler, der Mutter begeisterte. Sie zer-
pflückte einen abgebrochenen Stengel. Trockenes
Mark bröckelte heraus, ein Riesenstreichholz für die
Morgenzigarette. Als Prometheus den Menschen das
Feuer brachte, gab er ihnen den wilden Fenchel zur
Lunte, sagten die Griechen. Die rüden Römer benutzten ihn als Rohrstock, wie wir auf dem Tiberiusbild
entdeckten. Vater probierte es, aber er zerbrach, bevor
es schmerzte. Ein Glück für das verhaune Mädchen,
fanden wir. Immer schön human bleiben, sagte Vater
und zog sich einen Rohrstocksplitter aus dem Finger.
Beim Zahlen an der Rezeption begann der Kapitalismus. Aber hatten wir nicht gelebt wie die Fürsten? Na
also! Gebt dem Kaiser, was des Kaisers ist. Vater stellte
den Gregorovius zurück in den alten Schrank. Er hatte
ein Eselsohr in die Seite mit den Lasttieren Capris geknickt. Wer weiß, wer es in sechzig Jahren findet.

Mutter fragte nach der Villa Krupp. Der Herr der Rezeption zeigte den Weg auf einer Karte, ging dann mit uns vor die Glastür, winkte eine kapriziöse Signorina herbei und sagte: Gabriella wird sie führen. Das tat Gabriella gern. Sie sprach deutsch, war Studentin und hatte Augen von glühender Schwärze.

Auf dem Weg zur Via Krupp kamen wir an einem Keramikgeschäft vorbei, in dem Capreser Kacheln, farbfrohe Majolika und gebrannte Tiere ausgestellt waren. Als Firmenzeichen begrüßte uns der berühmte zähnefletschende Hund aus dem Haus des Glaukus in Pompeji, den man in Capri vor jeder dritten Tür sieht. Vater kaufte eine solche Kachel, Gabriella zu Gefallen. Mutter begeisterte sich an einem Keramik-Mammut, das auf einer Seite hohl war. In der Höhlung war die Grotta delle Folci nachgebildet mit Eiszeitmenschen, Höhlenbären, Tigern und Wildschweinen, das Ganze rot beleuchtet. Die Batterie steckte im Rüssel des Urviechs und ließ auf der anderen Seite noch sein Auge blitzen. Gabriella verhandelte schon für uns. Nach der Mammutrechnung des Quisisana aber winkte Vater ab. Schade, Mutter hätte es gerne gehabt. Es ist so kitschig, daß es schon wieder schön ist, fand sie. Gabriella erklärte uns, daß Capri nicht nur aus erdmittelalterlichem Kalk besteht, sondern auch aus dem Lehm der Eiszeit, ja davon lebt, von Fliesen und Saurierknochen. Jawohl, Gabriella wollte Uli einen beschaffen. Und als Vater abwinkte, beruhigte sie ihn und sagte, er sei von einem Zwergelefanten. Sie hatte ihn bei sich. Er war billig und Uli war selig. Vater tippte auf Kaninchen.

Nach diesem charmanten Knochen führte sie uns in

den Augustus-Park, hoch über der Marina Piccola. Wir sahen durch große Kakteen hinunter ins Meer. In die Blätter hatten Gino + Francesca sich eingeritzt und Takeo aus Yokohama und ein Nazi mit Datum. In haarigen Serpentinen führte eine Straße den Abhang hinunter, die Via Krupp. Gabriella zeigte auf eine Villa, die darüber wie ein Adlerhorst im Felsen hing: Villa Krupp. Sie erzählte vom Krupp-Skandal 1902 und zeigte nach unten, zog ihre kurze Stirn kraus und sagte: Da unten am Ende in der Grotta Fra Felice. Männer haben gemacht Orgien in weißen Kutten wie Kaiser Timberio. Edoardo Scarfoglio aus Napoli von ›Il Mattino‹ hat alles gesehen. Krupp nix gezahlt, Il Mattino schreiben: Krupp, Il Capitone, das ist neapolitanisch Aal, homosexuell. Scarfoglio verkauft das an Zeitungen, Avanti, Vorwärts: macht Krupp tot. Sie griff sich an den Hals und streckte die Zunge heraus. Selbstmord.

Wir gingen die Via Krupp hinunter bis zu einem Spielplatz. Gut für Il Mattino, sagte Gabriella, nicht gut für Capri, kein Krupp, kein Geld. Gabriella setzte sich auf eine Schaukel, und so wie wir es verstanden, wollte sie irgendwelche Leute in irgendwelchen Tintenfässern ersäufen. Wir brachten sie davon ab und kamen auf den Weg zurück. Mona und Mutter wollten zu Axel Munthes San Michele, Uli auf den Monte Solaro und Vater und Nico zur anderen Seite, zum Monte Tiberio, wozu auch Gabriella riet. Das war nicht unter einen Hut zu bringen. Also trennten wir uns. Gabriella wunderte sich, daß wir uns erst abends im Hafen treffen wollten. Sie gab zu bedenken, daß heute nachmittag die Fußball-Weltmeisterschaft Deutschland/Hol-

land im Fernsehen übertragen würde. Den Munthe-
Fans riet sie, unten an der Marina Piccola ein Taxi nach
San Michele zu nehmen. Sie sollten nach Francesco
Spadaro fragen. Der würde dafür sorgen, daß sie das
Spiel nicht verpaßten. Die drei machten sich auf den
Weg.

Vater dankte Gabriella und wollte zahlen. Gabriella
übersah das und zeigte uns eine Tafel, auf der stand,
daß dieser Spielplatz für die Kinder der Insel von der
Kommunistischen Partei Capris gestiftet wurde. Sie
übersetzte die Inschrift. Von unten winkten aus einer
der haarsträubenden Kurven der Via Krupp Mutter,
Mona und Uli. Sie zeigten auf Gabriella, lachten und
drohten Vater und Nico mit dem Finger. Die winkten
zurück und machten sich auch auf den Weg zu Kaiser
Tiberius. Gabriella empfahl, die Villa Malapartes zu
besichtigen, die Grotta di Matromania und den Palast
des Tiberius. Ohne sie kämen wir nicht hinein. Ob wir
Suetons Bericht über Tiberius' Orgien kannten? Wir
wurden sie nicht los. Wir dachten an Flucht. Aber wo
sollten wir hin auf dieser Insel? Gabriella kannte jeden.
Alle grüßten sie und Gabriella zeigte mit glühenden
Augen auf ihre Kunden, lächelte, und die anderen lächelten zurück. Und so lächelten wir endlich auch.

Sie führte uns sicheren Schrittes an den Ostabhang der
Insel und warf ihre Jeansjacke von einer Schulter auf
die andere. Vor der Grotta di Matromania holte sie aus
ihrer Jeansjacke eine Postkarte, sah sie an und steckte
sie wieder ein. Sie führte uns an einen Steilhang. Dort
unten lag die Grotte. Sie ging voran und winkte uns lä-
chelnd herunter. Wir folgten ihr. Kaiser Tiberius hatte
hier seine Manien, erklärte Gabriella, als wir in der

Höhle standen. Vater vermutete eine Amazonen-Höhle der Steinzeit. Hier, sagte sie, und pochte auf römisches Mauerwerk. Ein Kultplatz, sagte sie, ein Nymphäum, die Leute hier sagen Grotta di Matrimonia, Hochzeitshöhle. Wir stellten uns in die Mitte und sahen nach Osten hinaus über die Bocca Piccola in den Golf von Salerno. Die Höhle war wie ein Tempel. Dreißig Meter tief, das Ende lag im Dunkel.

Wir ließen uns am Eingang nieder. Gabriella griff wieder in ihre Tasche und zog die Postkarte heraus. Sie reichte sie Vater: Haben Sie Mut? fragte sie. Aber Vater wollte keinen Mut haben, sondern den Anflug von Unsicherheit auskosten, den er endlich bei Gabriella sah. Es kostete sie ein Lächeln, als sie von Tiberius' Lastern zu erzählen begann:

»Nachdem der Kaiser seine beiden Söhne verloren hatte, begab er sich nach der Insel Capri, die ihm deshalb ganz besonders gefiel, weil man sie nur von einer einzigen schmalen Landungsstelle aus betreten kann. Auf der Insel kümmerte er sich überhaupt nicht mehr um die Staatsgeschäfte, sondern ließ seinen Lastern freien Lauf.« Gabriella suchte nach einem Taschentuch und fragte: Soll ich?

Bitte schön, sagte Vater unschuldig. Nico starrte aus der Höhle. Gabriella putzte sich die Nase und schlüpfte aus ihrer Jeansjacke. Vater lächelte. »Wegen seiner Trunksucht«, sagte Gabriella, »nannten sie ihn Tiberius Biberius, Trinker, und bei der Tafel wurde er von nackten Mädchen bedient.« Vater schüttelte den Kopf und Gabriella schlug ein Bein über das andere. Dann fuhr sie mutig fort:

»In seiner Zurückgezogenheit auf Capri erdachte Tiberius sich einen mit Polsterbänken ausgestatteten Ort für geheime Ausschweifungen. An diesem mußten Scharen von überallher zusammengesuchten Mädchen und Lustknaben in Dreiergruppen miteinander...« Gabriella putzte sich die Nase. »Er schaute dabei zu. Deshalb nannte ihn alle Welt mit einem Wortspiel ›Caprineus‹, was heißt ›Mann von Capri‹, aber auch ›Alter Bock‹.«

Hier endete Gabriella, strich sich das Haar aus der Stirn und zeigte Vater die Bildseite der Pornokarte. Vater fragte: Das war hier in dieser Höhle? Gabriella schluckte und sagte: Ja. Vater streckte die Hand aus, und Gabriella gab ihm weitere Karten. Nico war aufgestanden, um die Höhle zu untersuchen. Es roch aus der Tiefe allzu menschlich. Vater schnalzte mit der Zunge, als er die Bilder sah. Für wen ist das, für uns? fragte er und setzte sich neben Gabriella und dachte, wie alt wird sie sein? Ein paar Jahre älter als Mona. Er suchte ihre Augen. Gabriella! sagte Vater. Sie tippte auf die Karten und sagte: Kostet ganz billig! Und da Vater nicht anbiß, versuchte sie es noch einmal mit Sueton, von dem sie auswendig konnte, was dieser alte Bock sechzig Jahre nach Tiberius zusammengeschrieben hatte: »Aber man sagte dem Kaiser noch größere Schändlichkeiten nach, so daß man es kaum zu berichten, geschweige denn zu glauben wagt«, hauchte sie. »Er habe sich nämlich noch ganz junge Buben, die er seine Fischlein zu nennen pflegte, abgerichtet, die ihm beim Baden zwischen den Beinen durchschwimmen, dort spielen und ihn lecken und beißen mußten. Auch habe er von noch nicht entwöhnten Kindern an seinem Glied wie an der Mutterbrust saugen lassen.«

261

Vater nahm ihr rasch die Pornokarte ab. Sie hatte sich einen zu schweren Stein aufgeladen. Nico sagte: Hier kann es nicht gewesen sein und sah nach unten, wo in der Tiefe die Brandung rauschte, und Vater dachte: Da erzählen sie für ein paar Mark den Touristen Geschichten, bis ihnen das Lächeln vergeht. Haben wir alle idyllischen Verhältnisse zerstört? Haben wir unsere Würde in den Tauschwert aufgelöst?

Gabriella stand auf, warf sich mit einem Ruck die Haare aus dem Gesicht, hielt Vater die Tiberius-Karten hin und sagte: Zehntausend! Vater lächelte und sagte: Va bene. Nimm sie nicht, sagte Nico, er war gar nicht hier. Gabriella sortierte die Postkarten. Es waren englische, französische, deutsche. Sie schien noch eine Zugabe zu suchen. Endlich hatte sie die richtige Gefunden. Darauf war ein Grabstein mit griechischer Inschrift über Hypatos, den Lustknaben. Hier gefunden, sagte sie. Vater nahm die Karte. Auf der Rückseite genoß Kaiser Tiberius die Hinrichtung des Hypatos. Unter dem Bild stand:

Nicht das Schicksal, Herrschergewalt brachte schuldlos mir den Tod.
Eben noch überschüttete mich der Kaiser mit Geschenken;
Nun vernichtet er mich und den Eltern die Hoffnung.
Fünfzehn Jahre bin ich und schaue das Licht nicht mehr.
Hypatos heiße ich. Dich ruf ich, mein Bruder, euch Eltern: Weint nicht, ihr Armen.

Hier in dieser Höhle? fragte Nico und sah sich um. Ja, sagte Gabriella, da hinten. Tatsächlich, da war eine Nische. Der Grabstein steht heute bei den Oratorianern in Neapel, sagte Gabriella. Vater zahlte und ließ sich noch eine Widmung unter das Grabgedicht schreiben. »Gabriella von Capri«, schrieb sie auf die Karte, nahm das Geld und verschwand. Unser idyllisches Verhältnis ließ uns vor der Nische des Hypatos allein. Vater studierte den Text. Den Namen Kaiser fand er nicht. Statt dessen stand dort »Despotos«. Das konnte Kaiser heißen, aber auch Gott.

Auch wir strebten langsam aus der Höhle. Die Antike war dort nicht mehr gegenwärtig. An den Wänden säuerte Stuhlgang von gestern.

Mit Gabriella von Capris Karten in den Taschen wanderten wir weiter zum Palast des Tiberius. Es war Mittagszeit, und niemand außer uns ging hier oben. Nach einer Stunde kamen wir zu den Mauerresten des antiken Leuchtturms. Von hier kamen die Lichtsignale mit Tiberius' Befehlen über Misenum nach Rom. Nico fing die Sonne in einem zerbrochenen Taschenspiegel. Er blinkte nach Westen herüber, hinauf zum Monte Solaro, nach der Karte vier Kilometer Luftlinie. Vielleicht waren die drei inzwischen oben. Wir merkten uns die Zeit: vierzehn Uhr.

Hier in der Nähe fanden wir auch Opas Salto di Tiberio und warfen unseren Blick in die saugende Tiefe. Dreihundert Meter sahen wir zwischen Zwergpalmen hindurch und wunderten uns, daß Matrosen unten den Opfern mit Stangen den Rest geben mußten. Da gab es für Unteroffizier Schmidt nichts mehr zu tun, meinte Vater. Selbst die sprungstärksten Kadetten wären hier nicht bis ins Meer gekommen, sondern an den schrägen Felsen zerschellt. Wir probierten es mit Steinen.

Dies kann die Stelle nicht sein, meinte Nico. Wer irrt hier? Sueton oder Opa? Wir überließen die Klärung späteren Generationen. Es war uns zu heiß.

Durch den Palast des Tiberius, einer gewaltigen Ruine auf der Spitze des Berges, wehte kühlender Wind. Über den Trümmern thront die Kirche S. Maria del Soccorso. Wir waren allein und zogen uns in den Schatten eines kaiserlichen Gemaches zurück. Über Golf und Vesuv hinweg sahen wir in die ferne Campagna. Fast zweitausend Meter höher war der Vesuv, als Kaiser Tiberius hier saß, fünfzig Jahre vor dem Ausbruch. Vater schlief ein, Nico studierte die Bildkarten über Tiberius. Auf einer Karte fand er Tiberius' Geburtsjahr. Er stieß Vater an: Weißt du, wie alt Tiberius war, als er hier pornographierte? Vater kam aus meerestiefem Schlaf. Ein Opa im achten Lebensjahrzehnt, sagte Nico. Sie hat es sich aus den Fingern gesogen! Er tippte sich an die Stirn. Vater stand auf und schüttelte sich die Käfer aus der Hose. Da lebt unsere Gabriella noch heute von den Lastern der Kaiser, die aus Suetons Tintenfässern krochen. Und warum? Weil wir alle ein bißchen neidisch sind auf diesen Tiberius und sein Capri. Wenn alle ein Capri hätten, brauchte keiner neidisch zu sein. Gut, fand Nico, jedem sein Capri. Aber bis es auf Erden soweit ist, schubsen wir uns und schreien: Nun laßt mich mal nach Capri. Gleichheit ist gar nicht so einfach, meinte Vater. Schon bei der Geburt diese Ungleichheit, einer wird Mädchen, einer reich, einer schwarz. Beim Sport ist es besser, meinte Nico, alle sind gleich beim Start. Vater hatte Bedenken: Sieh dir an, wie sie ins Ziel kommen. Jeder nach seinem Training, sagte Nico. Aber mancher kommt gar nicht ins Ziel, sagte Vater, er legt sich neben den Start in die Sonne, weil er das Ziel nicht mag. Ich bin gespannt, wie das Spiel heute ausgeht gegen Holland, sagte Nico. Zu wem die Italiener wohl halten? Zum Sieger, meinte Vater. Wie die Römer wohl spielten? Sie hätten natürlich gesiegt gegen uns. Es muß schwer sein für die Italiener, nach den Römern zu leben, sagte Nico.

Die Italiener spielen alle gleich gut, das bringt nichts. Denen fehlt ein guter Boß. Die müßten Helmut Schön haben. Was kriege ich, wenn Holland gewinnt? fragte Nico und verscheuchte eine Eidechse. Ich ernenne dich zum Boß der FC KLEINE LIEBE, sagte Vater. Nico warf mit einem Geißblatt. Nee, sagte er, nicht mein Fall. Ich bin für Mitbestimmung.

Nico kaute auf einem Akanthusstengel. Man muß ein schlagkräftiges Team haben, sagte er. Wer soll Mittelstürmer werden? fragte Vater. Du oder ich? Jedenfalls muß Mutter ins Tor, sagte Nico und schlug nach einer Buschschrecke, aber die war schneller. Du machst Rechtsaußen, sagte er. Laß mich aus dem Spiel, meinte Vater, ich mach den Manager. Nix! sagte Nico, du bleibst schön auf dem Rasen. Dafür sind wir nicht Leute genug. Wir waren zwischen die Zeiten geraten. Übrigens, sagte Vater, Tiberius und seine Leute: das war eine schlagkräftige Sippschaft! Der Club der Claudier: Cäsar Schön, Augustus Beckenbauer, Nero Müller, Agrippina Mayer, Tiberius Breitner und so weiter. Sie spielten alle an die Wand, nachdem sie sich mit den Juliern zusammengetan hatten. Lokomotive Spartacus und der FC Cicero gingen vor die Hunde. Im Familienclub der Claudier mußten alle mitmachen, ob sie wollten oder nicht. Für Tiberius war das ganz schön hart. Er mußte seine Frau Vipsania aus Ciceros Familie verlassen, als sie ein Kind erwartete und Augustus' schlimme Tochter Julia heiraten. Sueton, der noch nicht lebte, sah ihn weinen: Rom oder Vipsania. Aber Tiberius zeigte Clubgeist, nahm Rom. Dafür schickte er Julia später auf die Insel Ventotene. Die Claudier stellten Rom achtundvierzug Konsuln und fünf Diktatoren. Mit Nero starben sie aus. Sie waren eine harte, selbstbewußte Sippschaft. Ein Musterbuch aus Anekdoten hielt sie über die Jahrhunderte zusammen. Claudier sind: stark, erfolgreich, aufbrausend, taktlos, tatkräftig, bissig, lautete die Claudierideologie. Weder Eigenschaften noch Umwelt haben diese Familie groß gemacht, sondern die Auslese durch diese Ideologie. Das machte sie Cicero so verhaßt, für den der Staat das Gleichgewicht der großen Familien war, der Pares, Pairs, Peers.

Tiberius war kein Mann der Tat wie Cäsar. Es fiel ihm schwer, ein Claudier zu sein. Er ertrug das claudische Erbe. Aber er wußte: Was ich darstelle, bin ich nicht. Sein schmaler Diplomatenmund verbarg solche Gedanken. Er merkte auch, daß mit dem grünen Weideglück der julisch-claudischen Welt etwas nicht stimmte. Aber als die Leute ihm zuriefen: Cäsar, du hast sie vertrieben, die goldene Zeit, antwortete er echt claudisch: Sollen sie mich hassen, wenn sie mich nur fürchten. Und als beim Vorbeigehen eines Leichenzuges ein Spaßvogel der Leiche zurief, sie solle Augustus im Himmel ausrichten, Tiberius sei ein kleinkarierter Geizkragen, gab er dem Mann einen Sack Geld, trug ihm auf, Augustus schleunigst die Wahrheit zu sagen und ließ ihn hinrichten. Scharf, fand Nico. Er stand auf und schüttelte sich den Staub der Antike aus den Schuhen. Laß uns zum Hafen gehen, sagte er. Es gehört natürlich zu den Aufgaben des Trainers, sagte Vater, daß er bestimmt, was die anderen machen, sonst hätte ich vorgeschlagen: Eis essen und Weltmeisterschaft. Alter Despotos! sagte Nico, aber er machte natürlich mit, ob er wollte oder nicht.

CAPRI,
letzter Hund von Axel Munthe

Die Marina war voll jubelnder Menschen. Weltmeister! riefen sie und geleiteten Vater und Nico zur KLEINEN LIEBE. Im Nu war die KLEINE LIEBE voller Menschen. Vater bestellte Wein. Aber den wollte niemand. Birra si, vino no. Der Hafenmeister brachte eine Kiste Bier. Hände wurden geschüttelt und das Spiel in allen Einzelheiten noch einmal gespielt. Beckenbauer, Müller, alle waren gut. Wir sollten sie grüßen aus Capri. Der Spuk war bald vorbei, als eine deutsche Reisegesellschaft singend durch den Hafen marschierte. Sie waren schon bei »Schwarzbraun ist die Haselnuß« und zogen einen bierdosenschwenkenden italienischen Troß hinter sich her. Im Nu war die KLEINE LIEBE leer.
Am Kai blieben nur drei zurück, die hatten einen Hund am Strick und sahen aus wie die begossenen Pudel, vor allem der Hund. Es war die bessere Hälfte der KLEINEN LIEBE, die da stand. Sie kam von Axel Munthe, sichtlich auf den Hund gekommen. Der hustete, und dabei fiel er jedesmal um. Uli stellte ihn dann wieder auf die Beine, die vorne steif waren und hinten vol-

ler Wasser. Wenn man mit dem Finger hineindrückte, blieb eine Delle stehen. Das Fell war – sagen wir – aschfarben, an einzelnen Stellen spielte es ins Hellgrau, eine Stelle hinter dem rechten Ohr zeigte noch ein freundliches Braun. An dieser Stelle konnte man ihn kraulen, die anderen taten ihm weh. Vom Fell abgesehen, erinnerte der Hund an einen Spitz. Das Ziegenartige kam vom Gesäuge. Das hing am Boden infolge eines Bruches. Sie hieß Axel.

Axel veränderte natürlich das Leben auf der Kleinen Liebe. Sie roch stark. Der Taxifahrer wollte sie nicht mit in den Wagen lassen, sie mußte in den Kofferraum, erzählte Mona. Wir verholten das Heck dicht an die Spundwand. Die drei kamen an Bord. Axel hatte Angst. Wir lockten sie mit einem Stück Wurst, aber sie rührte sich nicht. Vater beugte sich herüber und sah ihr in die Augen. Sie hat den Altersstar, sagte er, das macht sie unsicher. Er legte ihr das Stück Wurst in die Schnauze. Das schien sie zu merken. Wir sahen, wie ihr Schwanz einmal hin- und herschwankte. Vater versuchte, sie zu greifen, aber da kriegte sie Husten und fiel um. Uli mußte an Land, um sie wieder hinzustellen. Er hat den richtigen Griff, sagte Mutter, wenn Uli sie aufstellt, tut es ihr nicht weh. Uli reichte uns Axel herüber. Wir legten sie auf einen Feudel vorne an Deck und gaben ihr zu trinken. Sie hat so arme Augen, sagte Mutter.

Wir setzten uns ins Cockpit und schlugen das Sonnensegel auf der Ostseite hoch. Es mag ja vielleicht nicht naheliegen zu fragen, sagte Vater und verteilte Saft, aber woher habt ihr diesen Hund? Das wußte ich, daß ihr so fragen würdet, sagte Mutter enttäuscht. Vater und Nico verstanden nicht. Wenn du schon sagst: Diesen Hund, sagte Mutter, da liegt alles drin, nicht Mona? Du weißt noch nichts von diesem Hund, sagte Mona, und verurteilst ihn schon! Das verwirrte Vater. Nico, fragte er, habe ich den Hund verurteilt? Ja, ja, sagte Uli, wenn ich Nicos Gesicht schon sehe! Das wird ja heiter, sagte Vater, ich habe nur gesagt, Axel hat Altersstar, und dann habe ich höflich gefragt, woher ihr sie habt. Das wird ja wohl noch erlaubt sein.

Nun kramte Mutter aus ihrer Tasche ein kleines Brett hervor mit einer Platikschnur. Darauf war handgemalt in drei Sprachen zu lesen: Der letzte Hund von Axel Munthe. Die anderen Sprachen waren Englisch und Schwedisch.

Das änderte natürlich alles. Sie hatte es um den Hals hängen, erzählte Mutter. Der alte Mann saß mit ihr auf der Straße vor San Michele und hatte auch ein Schild um. Seinen Hut hatte er vor sich liegen. Vor Axel stand ein Blechtöpfchen. Uli sagte: Mein Hundertlirestück für Axel hat der Mann gleich eingesteckt. Solange wir dastanden, hat nie jemand was in seinen Hut getan, obwohl sein Schild viel größer war als das von Axel. Was stand auf seinem Schild? fragte Nico. »Blind wie Axel Munthe«, sagte Mona, in weißer Schrift auf schwarzem Kunststoff. Dann habt ihr diesem blinden Mann ja seinen einzigen Verdienst genommen, sagte Vater.

Er hat ihn uns aufgedrängt, erklärte Mona. Er sah ja, daß er bald totgehen würde. Ich denke, er war blind? fragte Nico. Ein Blinder fühlt das, sagte Mona. Er war auch nicht billig, sagte Mutter.

Inzwischen war eine englische Yacht hereingekommen und machte Wellen, bis sie neben uns festlag. Wir merkten die Wellen natürlich nicht, aber als Mona nach vorne sah, war Axel aufgestanden und versuchte, sich auf dem Feudel zu halten. Sie klemmte mit dem Hinterteil an der Seereling. Es ging ihr nicht gut, das sahen wir. Ein Schritt zurück, und sie konnte außenbords fallen. Wir hielten uns ganz ruhig, um wenig Bewegung ins Schiff zu bringen und redeten Axel gut zu. Sie machte auch einen Schritt zur richtigen Seite, aber nun stand sie mit dem linken Hinterbein im Anker.

Zum Glück blieb es im Hafen ruhig. Wir wagten nicht, nach vorne zu gehen und Axel nicht nach hinten. Endlich knickte sie wie eine Kuh mit den Vorderbeinen ein und lag halb. Wir redeten auf sie ein, aber immer, wenn sie sich hinten zu legen versuchte, kam ihr Gesäuge in den Anker. Und der war so heiß von der Sonne. Schließlich ließ sie ihr Hinterteil zur Seite fallen, diesmal aber zur falschen.

Nun ging alles sehr schnell. Sie rutschte zwischen Bordwand und Seereling unaufhaltsam außenbords. Vater sprang nach vorne, aber bei dem Versuch, sie zu packen, blieben ihm nur ein paar braune Haare in der Hand und große Augen mit grauem Star im Gedächtnis. Sie tauchte bald wieder auf. Die Engländer steckten rasch ihren Bootshaken ins Wasser, mit dem sie die Leinen aufgenommen hatten und versuchten, Axel am Halsband zu halten. Aber sie hatte natürlich keines. Mutter warf ihr den Rettungsring über den Kopf, und obwohl Nico das einen besseren Witz nannte, biß Axel hinein und hielt sich solange über Wasser, bis Uli und

Mutter sie herausziehen konnte. Sie hatte das wohl früher bei den Fischern gelernt.

Die Jammergestalt, die da jetzt herauskam, hielt die Engländer einige Zeit an der Reling fest. Sie hatten sicher schon leistungsstärkere Bordhunde gesehen. Wir bedankten uns, und ehe Vater es verhindern konnte, zeigte Uli Axels Schild in drei Sprachen herüber. Die Engländer sahen auf das Schild, kratzten sich die Köpfe und nickten. Sie hatten nun verstanden.

Wir legten Axel zu uns ins Cockpit. Wann ist Axel Munthe eigentlich gestorben? fragte Nico. Mutter wußte es nicht genau und holte das Buch von San Michels. Da stand nur drin, daß er 1857 geboren wurde. Aber in dem Bilderheft, das sie oben in San Michele gekauft hatte, war eine Gedenktafel abgebildet:

Axel Munthe
1857–1949
Arzt – Schriftsteller – Humanist – Beschützer der Tiere

Dann ist Axel also fünfundzwanzig Jahre, stellte Nico fest. Ob du es glaubst oder nicht, sagte Uli, es gibt so alte Hunde, das siehst du schon an seinem Star. Nico blätterte weiter in dem Bilderheft und zeigte auf eine Seite, wo stand: der blinde Axel Munthe verließ 1943 Capri für immer. Euer Axel ist mindestens dreißig Jahre alt, stellte er fest, mal sieben macht zweihundertundzehn Menschenjahre! So sieht sie auch aus, sagte Uli.

Axel wollte jetzt aufstehen. Sie mußte Wasser lassen. Macht nichts, die KLEINE LIEBE hatte ein selbstlenzendes Cockpit. Es lief und lief, wir spülten nach. Das kommt vom Überbordfallen, sie hat sich die Blase erkältet, erklärte Mutter. Sie hörte gar nicht auf. Schließlich stellten wir fest, daß das Gesäuge nicht mehr so tief herunterhing. Vater ging ein Licht auf: Die Blase liegt im Bruch. Axel wurde interessant. Mutter machte sich nun doch ernsthafte Sorgen um Axels Zukunft als Bordhund. Ich werde ihr einen Katheder legen, sagte Vater. Jetzt war Mutter für Gnadentod. Nico atmete auf. Mona und Uli waren dagegen. Was hat sie euch denn getan? fragte Uli.

Sie soll es noch einmal gut bei uns haben, bestimmte Vater, und morgen sehen wir weiter. Aber Mona protestierte. Das mache ich nicht mit, dann bringe ich sie zurück nach San Michele! Gut, Vater war einverstanden. Wir gingen in die Kajüte und zur Beruhigung der Gemüter las Mutter aus dem Buch von San Michele die Geschichte von Axel Munthes Eule vor, um Vaters schwarze Gedanken zu verscheuchen:

»Das Eßzimmer ging auf einen kleinen Hof, aus dem ich eine Art Hospital für meine viele Tiere gemacht hatte; unter ihnen war eine bezaubernde kleine Eule, sicher in direkter Linie von Minervas Eule abstammend. Ich hatte sie mit gebrochenem Flügel und halb verhungert in der Campagna gefunden. Nachdem der Flügel geheilt war, war ich nun schon zweimal mit ihr an der Stelle gewesen, wo ich sie gefunden hatte, um sie dort freizulassen. Zweimal flog sie meinem Wagen nach und setzte sich mir auf die Schulter, sie wollte von einer Trennung nichts wissen. Seitdem saß die kleine Eule auf ihrer Stange in der Ecke meines Eßzimmers und sah mich liebevoll mit ihren goldenen Augen an. Sie gab es sogar auf, bei Tag zu schlafen, um mich nicht aus den Augen zu lassen. Wenn ich ihren weichen kleinen Körper streichelte, pflegte sie vor Wonne die Augen halb zu schließen und mit ihrem scharfen kleinen Schnabel ganz zart an meinen Lippen zu knappern, so nahe an einem Kuß, wie es einer Eule möglich ist.«

Mutter unterbrach. Axel wollte jetzt fressen. Nach dem Wasserlassen war sie viel mobiler geworden. Sie fraß eine ganze Dose Ölsardinen. Geht die Geschichte noch weiter? fragte Uli, der sich in seine Koje gelegt hatte. Mutter las weiter, während Vater Ravioli kochte.

»Unter den Patienten, die ins Eßzimmer geführt wurden, war auch eine junge, sehr erregbare Russin, die mir viel zu schaffen machte. So unglaublich es klingt, diese Russin wurde so eifersüchtig auf die Eule, daß sie den Vogel mit wilden Blicken anstierte. Eines Tages wurde mir gemeldet, die russische Dame sei eben dagewesen, um eine tote Maus zu bringen, die in Papier eingewickelt war. Sie hatte sie in ihrem Zimmer gefangen und sei überzeugt, die Eule würde sie gerne zum Frühstück verzehren. Die Eule wußte das besser; als sie ihr nach Eulenart den Kopf abgebissen hatte, weigerte sie sich, sie zu fressen. Ich brachte die Maus zum englischen Apotheker. Sie enthielt genügend Arsenik, um eine Katze zu töten.«

Uli war empört, und Vater verteilte die Ravioli. Jeder bekam einen Teller in seiner Koje serviert, dazu ein Stück Brot. Kein Vergleich mit dem Quisisana, sagte Nico. Zum Nachtisch gab es Apfelsinen aus Anacapri, aber da schlief Uli schon. Axel sah von draußen rein. Sie hatte den Kopf auf das Schott am Niedergang gelegt und schnupperte. Mutter gab ihr die letzten Ravioli

274

und sagte: Sie hat so arme Augen. Wir löschten unsere Petroleumlampe und streckten uns in die Kojen. Vater fielen die berühmten Verse ein:

In den Augen meines Hundes
liegt mein ganzes Glück,
All mein Innres, Krankes, Wundes
heilt in seinem Blick.

Ist Arsenik eigentlich rezeptfrei? fragte Nico und gähnte.

Am nächsten Morgen war es furchtbar heiß in der Kajüte. Jemand hatte die Schotten zugemacht. Wer war das? fragte Mutter. Axel roch so, sagte Vater. Mutter überlegte: Wir müssen einen Karton suchen, sie muß in einen flachen Karton vorne an Deck. Und was wird, wenn Seegang kommt? fragte Nico. Es war ein Jammer. Axels Gesäuge hing wieder voll durch. Vater schlug vor, an Land zu frühstücken, als der Hafenmeister Milch und Brot brachte. Soll ich es wegmachen? fragte er und zeigte auf Axel. Uli kamen die Tränen.

Beim Frühstück sagte Vater: Wir wollen heute raus, der Wind ist gut, aber wir können Axel nicht mitnehmen. Ich werde mal mit ihr in die Stadt rauffahren. Wenn du das tust, sagte Mona, gehe ich mit. Das mache ich lieber alleine, sagte Vater und fügte hinzu: Es wird hier doch wohl ein Tierheim geben. Mutter nannte Vater naiv und schlug vor, Axel nach San Michele zurückzubringen. Der Vorschlag wurde mit drei zu zwei angenommen. Selbst Nico fand, da könne Axel noch nützlich sein. Danach wollten wir dann zur Blauen Grotte auslaufen und weiter um die Insel segeln. Alle waren einverstanden. Das Stimmungstief war überwunden, und die Sonne schien wieder. Vielleicht kommen wir sogar noch auf den Monte Solaro, sagte Mutter, gestern haben wir es wegen Axel nicht geschafft.

Vater und Nico hatten also vergeblich zum Monte Solaro geblinkt. Aber jetzt kamen sie wenigstens dazu, vom Monte Tiberio zu erzählen. Was ich überhaupt noch fragen wollte, sagte Mutter, wie seid ihr denn mit Gabriella fertig geworden? Vater und Nico ergingen sich in Andeutungen von einer Höhle, nackten Mädchen und einem Grabstein. Wart ihr allein in der Höhle? wollte Mona wissen. Natürlich nicht, machte Nico klar, wir hatten Gabriella dabei. Nun mal los, drängte Uli, was war denn in der Höhle? Nico winkte ab: Das erzähle ich dir später mal. Er holte aus der Kajüte die Pornokarten und hielt sie Uli unter die Nase. Der las staunend: Gabriella von Capri. Na, na, sagte Mutter, wir hätten euch nicht allein lassen dürfen, das arme Mädchen. So arm ist sie nicht mehr, sagte Vater, sie hat uns immerhin zehntausend Lire gekostet. Mutter schüttelte ungläubig den Kopf.

Da rief Uli: Axel läßt Wasser! Wir zogen rasch unsere Füße aus dem Cockpit und lobten Axel. Gott sei Dank, sagte Vater, nun brauche ich sie nicht zu katheterisieren.

Wir sagten zu dem Taxifahrer: Nach San Michele, und er sagte: Aber ohne Hund. Axel mußte wieder in den Kofferraum. Ein Glück, daß sie Wasser gelassen hatte. Die Strecke nach Anacapri hinauf ist steil und kurvenreich. Vater sah in das Bilderheft von San Michele. Nico zeigte ihm die Büste von Tiberius, aber Vater hatte ein anderes Bild im Auge: Vor einem offenen Fenster mit gotischer Säule lag ein Kopf auf einem Tisch, wie abgeschlagen. Kitsch oder Kunst – es war Aphrodite, römische Kopie eines griechischen Originals.

Sind viele Deutsche hier? fragte Mutter den Fahrer. Si, si, sagte er und erzählte, eben habe er eine Gruppe zur Roten Villa Lenins gefahren. Hatte der eine von ihnen eine Brille? Ja, sagte der Fahrer, soll ich sie auch hinfahren? Die sind noch da. Wir dankten. – Nach der letzten Kurve sagte der Fahrer: Ich habe ihn noch gekannt, er hat immer viel gelacht, aber Trinkgeld gab er nicht. Lenin? fragte Vater. Si, si! sagte der Fahrer, der wenig älter als Vater war. Sie meinen, Ihr Vater hat ihn gekannt, sagte Mutter. Si, si, mio padre, sagte der Taxifahrer und hielt auf dem Platz vor der Seilbahn zum Monte Solare. Leider hatten wir vergessen, mit ihm den Preis für Axel vorher auszuhandeln.

Vor der Villa von San Michele waren noch nicht viele Besucher. Auch der blinde Opa von Axel war noch nicht da. Gestern war hier ein Gewimmel! sagte Mona. Warte, meinte Vater, bis die ersten Aliscafi aus Neapel ankommen! Nico und Vater gingen in die Villa, die anderen wollten solange mit Axel draußen warten, um den Opa nicht zu verpassen. Am Eingang traten wir auf einen Hund in einem Mosaik. Es war das bekannte Cave Canem, darüber Grabsteine und Grabskulpturen aus Tiberius' Zeit, mit wirrem Weinlaub bewachsen. Das Bilderheft von San Michele erklärt: Tiberius-Klamotten nannte Axel Munthe dergleichen liebevoll. Nico zog es zur Tiberiusbüste. Muß mir doch mal diesen Lustmolch ansehen, meinte er. Die Villa war größer und weißer als wir erwartet hatten. Antike Reste waren in die Mauern gedrückt wie in Kuchenteig. Griechisches, Römisches, Arabisches, Gotisches mischte sich zu einer süßen Marzipanarchitektur. Ein Muntheland, eine Sehenswürdigkeit, die aus ihrer Bekanntheit besteht. Nico nahm das Vater nicht ab: Wie ich dich kenne, sagte er, sitzt du am Ende auch in so einem Pralinenkasten. Nico ging zu Tiberius. Vater wollte zu Aphrodite.

Dort war es so wie auf dem Foto. Ein heller Morgen lachte durchs gotische Fenster, die Zweige draußen winkten grün herein. Und da ruhte auf dunklem Renaissance-Tisch der weiße Marmormädchenkopf, wie lauschend auf dem rechten Ohr. Der Mund geöffnet, zu Herzen gehend. Wer hier nicht bald sein Herz verliert, hat keins. Der schöne Kopf, man könnte ihn vom Tischchen nehmen. Am Hals der Marmor stumpf, wie abgeschlagen. Gekonnt gemacht. Gegenüber an der Wand ein mächtiges Medusenhaupt. Der Blick versteinert. Munthes Götterdämmerung.

Nico draußen in der Loggia trieb es mit Tiberius. Vergleich' ihn mal mit dem Bild hier in dem Munthe-Heft, sagte er, glaubt man nicht, daß das dieselben sind! Tatsächlich: das Foto zeigte den Kopf von unten. So wirkte der Kaiser idealisch groß und sah versonnen über uns hinweg. Motto: Das Land der Griechen mit der Seele suchend. Steht man ihm wirklich gegenüber, sieht er einen ruhig an, streng die Augen, bissig der Mund. Echt claudisch. Ihr könnt mich hassen, wenn ihr mich nur fürchtet. Man sieht: das hat er gesagt, nicht Sueton. Ein Herr neben uns blätterte. Wie alt ist er wohl hier? überlegte Nico. Vater meinte: Vielleicht

Ende zwanzig, als er Augustus' Tochter Julia heiraten mußte. Der Herr zeigte auf eine Stelle und las: »Tiberius' Körperbau war stark, mittelgroß, bis hinunter zu den Füßen gut proportioniert, mit der linken Hand war er geschickter. Seine Haut war weiß, sein Haar im Nacken dicht, wie bei allen Claudiern. Sein Gesicht war allerdings oft durch Pickel entstellt, meistens ernst, fast immer schweigend.« Der Herr trat dicht an den Kaiser heran und strich ihm über das Kinn. Dann sah er wieder in sein Buch und sagte: Er hatte große Augen, mit denen er nachts besser als am Tage sah.

Vater erinnerte sich, daß einer von Tiberius' Vorfahren blind war. Er sah ihm in die Augen und tippte auf erbliche Maculadegeneration. Übrigens fand er Tiberius etwas tantenhaft: Er könnte auch eine Frau um vierzig sein.

Wir gingen von Tiberius' Loggia in den Säulengang unter der Kapelle, der an der Steilküste endet. Wenn man genau hinsah, konnte man im Hafen die KLEINE LIEBE sehen, links darüber den Monte Tiberio mit dem Palast. Neben uns schaute eine ägyptische Sphinx nach Osten in die gleiche Richtung.

Plötzlich war ein Schwarm von Besuchern um uns herum. Einer erklärte dem anderen, wie schön alles sei. Viele entblößten das Ding vor ihrem Bauch und stießen es in die Landschaft. Der Schließmuskel öffnete sich, die Welt war drin. Es klickte, schnappte und surrte, und als der Schwarm fort war, blieb nur eine leere Photo-Hülse zurück. Der Schwarm flog eine Treppe hoch, von der im Bilderheft stand: »Wir steigen die enge, steinerne Treppe zur Kapelle hinauf, wo der Sage nach Tiberius, der Herr der Welt ruhelos seine Sandalen abwetzte in jener Nacht, in der Christus gekreuzigt wurde…Munthe liebte es, hier zu singen…Er hatte eine Baritonstimme von schöner Klangfarbe.«

Wir gingen zurück und kamen durch des Meisters Schlafzimmer. Ein Eisenbett, sizilianische Renaissance, eine griechische Statue, Barockgestühl und dazu die Unterschrift: Spartanisch einfach bei aller Erlesenheit der Gegenstände war die Einrichtung, mit der er auskam. Nico pfiff durch die Zähne. Vater machte keinen Versuch, es zu beschönigen.

Draußen vor der Tür von San Michele stand Axel und um ihn herum Uli, Mona und Mutter mit ernsten Gesichtern. Ist der Opa noch nicht da, fragten wir. Sie zeigten stumm unter eine Zypresse. Dort saß am Straßenrand unser Opa mit dem Schild: Blind wie Axel Munthe. Vor ihm lag der Hut, er war noch leer. Neben ihm an einem Strick lag ein alter schwarzer Hund und hechelte. Auf einem Schild um seinen Hals stand in drei Sprachen: Der letzte Hund von Axel Munthe.

Wir gingen stumm mit unserem Axel fort. Das Wasser in den Beinen machte ihr zu schaffen. Opas neuer Hund knurrte, als wir an seinem Blechnapf vorbeikamen. Axel hustete, und Uli hob sie wieder auf. Der alte Mann sah es nicht. Sie hatten alle bessere Tage gesehen, die Axels. Sie stammen alle von dem letzten Hund von Axel Munthe, sagte Mutter. Seine Tochter und sein Schwiegersohn haben es uns gesagt. Was wollten die denn hier? fragte Nico. Sie haben Opa hergebracht, erklärte Mona. Sie legen ihn aus wie einen Angelhaken, dachte Vater. Er sah sich noch einmal um: San Michele, Munthes Oper, ein Gesamtkunstwerk.

Wir gingen zurück zum Taxistand. Da keiner etwas

sagte, sagte es Vater: Ihr fahrt mit dem Sessellift hinauf zum Monte Solaro, ich fahre mit der Taxe runter nach Capri und nehme Axel mit. Jetzt ist es elf, ich bin gegen eins auf dem Monte Solaro bei euch. Wir gingen zum Taxi. Axel hustete und Uli stellte sie wieder auf die Beine. Wir zahlten doppelt für Axel und sie durfte neben Vater im Fond sitzen. Niemand sagte etwas, als das Taxi abfuhr, nur Uli winkte, bis es fort war.

Vater und Axel stiegen bei der Piazza aus und suchten eine Apotheke. Eine Frau in engen Hosen fand Vater und Axel »buffo!«. Sonst fielen sie nicht weiter auf. Der Apotheker wunderte sich, als Vater eine Zwanzig-Kubikspritze kaufte und dann ein Rezept über eine größere Menge Morphium aufschrieb. Er drehte das Rezept in der Hand herum und sah Vater an. Dann schüttelte er den Kopf. Verdammt, dachte Vater, der hält dich für einen Morphinisten. Er zeigte auf Axel. Aber das glaubte der Apotheker nicht. Vater zeigte auf das Gesäuge, die Beine, den grauen Star und nannte die lateinischen Namen. Der Apotheker nickte erleichtert und legte ausschwemmende Tabletten auf den Tresen. Vater legte seinen Kopf in die Hand und schloß die Augen. Der Apotheker legte noch Schlaftabletten dazu. Da gab Vater auf. Er zog Axel hinter sich her aus der Apotheke. In der Tür hustete Axel und Vater mußte sie nach draußen tragen.

Vater setzte sich in einen Hauseingang und überlegte. Da tippte ihn jemand auf die Schulter. Es war der Apotheker. Er hatte beim Hinausgehen gesehen, worum es sich handelte. Er bat Vater zurückzukommen in die Apotheke. Ich weiß Bescheid, sagte der Apotheker. Ich habe hier die richtige Ampulle. Sie brauchen auch nur eine Zweikubikspritze. Vater dankte ihm bewegt. Sie können es hinten in meinem Büro machen. Aber bitte: den Hund müssen Sie wieder mitnehmen.

Vater ging mit Axel ins Büro. Der Apotheker brachte Packpapier und suchte nach einer Plastiktüte. Axel hustete sich um, das war günstig. In den Hinterbeinen ist zuviel Wasser, überlegte Vater. Am besten ins Gesäuge. Er sah Axel an. Axel sah ihn an. Er sieht es nicht, sagte Vater, bei dem Star, reiß dich zusammen. Doch dann ging er nochmal nach vorne in den Laden, wo der Apotheker die passende Tüte suchte.

Haben Sie vielleicht etwas Äther, fragte Vater. Der Apotheker glaubte nicht, daß Äther nötig sei. Es wirkt sehr schnell, sagte er. Nein, Vater wollte die Haut desinfizieren zum Spritzen. Allora! sagte der Apotheker und gab ihm Watte und Äther. Vater ging wieder ins Büro.

Er suchte in seinen Taschen nach etwas Eßbarem. Ich werde ihn ablenken, sagte er zu sich. In den Taschen war nichts, aber in einer Schale auf dem Schreibtisch lagen Kekse. Er schloß die Tür, legte Axel einen Keks ins Maul, und als der Apotheker mit der Tüte wieder hereinkam, war alles zu Ende.

Sie steckten Axel in die Tüte. Dabei fiel ihr der Keks aus dem Maul. Der Apotheker sammelte ihn auf. Es war sehr schnell gegangen. Sie verschlossen die Tüte mit Pflaster und wickelten Axel in Packpapier. Sie können ruhig mehr nehmen, sagte der Apotheker. Er hatte aus dem nahen Keramikgeschäft noch eine Tragetasche holen lassen. Dann verschnürten sie das Paket. Sie können sich hier frisch machen, sagte der Apotheker und öffnete die Tür zur Toilette.

Anschließend setzte Vater sich einen Augenblick. Der Apotheker brachte ihm einen Fernet Branca. Sie haben Ähnlichkeit mit Beckenbauer, sagte er, haben Sie das Spiel gesehen? Vater schüttelte den Kopf und zog die Brieftasche heraus. Geld wollte der Apotheker nicht nehmen. Vater drückte ihm die Hand und bat um seine Visitenkarte. Dann verließ er mit dem verschnürten Axel die Apotheke.

Es war wesentlich schwieriger, als er dachte, Axel irgendwo zu deponieren. Hier unten in Capri gab es keine ungenutzte Stelle mehr. Als er Axel gerade in eine Baugrube fallen ließ, kam jemand vorbei und half ihm, das Paket wieder herauszuholen. Auf der Tragetasche stand das Firmenzeichen des Keramikgeschäfts, es war eine Cave-Canem-Kachel. Hoffentlich ist nichts zerbrochen, sagte der Passant. Inzwischen war es halb eins geworden. Vater nahm das Paket und stieg in ein Taxi. In Anacapri stieg er um in den Sessellift und schwebte schweigend über Weinberge, blühende Hänge, zuletzt über Felsen hinauf zum Monte Solaro. Vor ihm schwebte einer und hinter ihm auch. Axel blieb auf Vaters Schoß. Die Mannschaft oben begrüßte Vater freudig. Der Anblick der Welt von hier oben hatte seinen Kummer verscheucht. Die Küsten unter dem Vesuv im Osten, das Thyrrhenische Meer im Westen, die Golfe von Salerno und Neapel im Süden und Norden, davor Ischia im Dunst:

Es war eine Lust, dies zu sehen. Was hast du uns mitgebracht? fragte Uli. Ich weiß es, sagte Mutter, ich kann es mir denken: Unser Vater hat uns zum Trost das Mammut mitgebracht, das ich so schön fand, wißt ihr, das aus dem Keramikgeschäft. Und leise fragte sie:

Wie ging es? und Vater antwortete leise: Gut, ich fand eine Apotheke.

Ja, seufzte Vater laut und stellte das Paket vorsichtig in eine Ecke, es ist eine Überraschung, aber ihr nehmt mir ja den Spaß, wenn ihr immer alles gleich erratet. Hoffentlich geht uns das Ding an Bord nicht kaputt, meinte Nico. Vater sagte: Nun will ich erstmal die Gegend genießen und streckte seine Arme in die Luft und atmete tief ein. Es war wahrhaftig ein schöner Blick.

Wir setzten uns unter eine große Brutus-Statue in den Schatten und aßen Brot und Apfelsinen. Wo kommen die her? fragte Vater. Von den Arabern, sagte Mutter, übrigens, die Ölbäume gab es hier auch nicht, sie stammen von den Griechen. Vater spuckte Brutus die Kerne vor die Füße. Gleißend schien die Sonne auf die Faraglioni-Felsen unter uns, das ertrunkene Tor zum Golf von Salerno. In einiger Entfernung arbeiteten junge Astrophysiker in einem Bergobservatorium. Schüler von Professor Kiepenheuer, hatte Nico erfahren. Sie betrieben Sonnenforschung.

Vater wurde aufgeklärt: Du sitzt auf einem englischen Fort und das steht auf einem römischen Palast. Nelson, der einäugige Elefant, verteidigte hier Neapels Porzellanladen mit einem Regiment aus Malta. Dieses aber war Napoleons Murat nicht gewachsen, der mit Leitern die Westküste erstieg. Wer hätte das gedacht, die Engländer jedenfalls nicht. Und so wurde für sieben magere Jahre Joachim Murat König von Neapel statt unseres Ferdinand und seiner Karoline. Aber keine Angst, die kamen wieder. Mutter hatte sich am Sessellift einen Capri-Führer gekauft, einen englischen, und da stand drin, daß Sir Hudson Lowe, der hier oben kapitulierte, später Kommandant von St. Helena war, wo er Napoleon für den Rest seiner Tage bewachte.

Siehst du das Kastell da links? Mutter zeigte auf das Castello Barbarossa am Rande von Anacapri. Gleich daneben liegt Munthes San Michele. Capri und wir haben übrigens den gleichen Schutzpatron, steht im englischen Führer: Michel, Michele. Vielleicht hängt das mit Kaiser Barbarossa zusammen, vermutete Vater. Aber er wurde belehrt, daß dieser Barbarossa ein arabischer Seeräuber war, der vor vierhundert Jahren die Küsten unter dem Vesuv plünderte. Den Leuten hier, dachte Vater, war es vermutlich egal, welcher Barbarossa ihnen seinen Stempel aufdrückte. Mona zeigte südwärts, wo in blauer Ferne Berge schwebten. In Agropoli dahinten, rechts neben Paestum, sagte sie, saßen schon seit Jahrhunderten Sarazenen. Da wollen wir hin! sagte Uli. Sarazenen? fragte Vater. Die schnappten sich hier ihre Sklaven, belehrte ihn Uli. Vater fehlten zweieinhalb Stunden, das merkte man.

Die Mannschaft ließ Vater die Zahl der Verschleppten raten. Tausend? O Gottogott, sagte Mutter: Allein zwanzigtausend Christensklaven wurden 1535 in Nordafrika befreit. Sechsmal kam dieser arabische Rotbart hierher. Aber was er eigentlich jagte: Julia Gonzaga, Italiens schönste Frau, hat er nicht bekommen.

Vater nahm den englischen Reiseführer. Dann tat er die Apfelsinenschalen in die Tragetasche und stellte sie hinter den Brutus. Laßt uns ein bißchen in die Macchia gehen, schlug Mutter vor, sie riecht so schön. Wir gingen durch struppiges Buschfeld über grauverwittertem

Kalkstein. Vater hatte die Tragetasche doch lieber mitgenommen. Noch blühte der gelbe Ginster. Mutter zeigte uns Wacholder mit glänzenden rostroten Beeren, weißblühende Myrte und Zistrosensträucher. Sie fand auch Wolfsmilch, aber die war schon trockenstarr und hatte ihre Blätter abgeworfen wie bei uns im Winter. Die Menschen fingen früher mit ihren Zweigen Fische, sagte sie, denn sie enthalten eine betäubende Milch, latte circeo genannt.

Wir gingen in Richtung auf das Barbarossa-Kastell. Es war heiß. Bald wurde der Boden weicher und gelblicher. Wilde Erdbeeren fanden wir, aber sie schmeckten nicht. Am Boden wuchs viel struppige Heide. Manche Zweige waren faustdick verwachsen, aus denen werden die teuren Bruyère-Pfeifen gemacht. Pause! sagte Uli, und wir ließen uns an einem Felsstück nieder, an dem vorne der Boden gehäuft lag, so daß man sich anlehnen konnte. Dahinter stand ein wilder Ölbaum und gab Schatten. Uli hatte das Bordmesser mit und schnitzte Bruyère-Pfeifen. Wir anderen sahen durch die Buschheide über den Golf zum Vesuv.

Vater versuchte, die verfilzte Heide mit dem Fuß zu ordnen. Wenn du von ganz unten durchsiehst, fand Mona, fühlst du dich wie im Urwald. Wir legten uns flach. Macchia ist ein degenerierter Wald, sagte Mutter, seit den Römern gibt es hier nur noch diese Zwergenwildnis. Uli verfolgte einen Rosenkäfer, der sich in der Wildnis abmühte. Wir fühlten uns wie Gulliver im Liliputanerwald. Vater ordnete immer noch die struppige Wildnis, er sah nicht ein, daß drei Zweige an der gleichen Stelle nach oben wollten. Sie verknoten sich, und keiner kommt weiter, sagte er. Du wirst diese

Heidegesellschaft nicht ändern, meinte Mutter, laß ihnen ihre Konflikte, Heide gibt's genug.

Vor uns wuchsen einige schöne Akanthusstauden an freien Stellen aus der Buschheide. Mona brach jedem einen Zweig ab, und wir suchten in den Blättern das korinthische Kapitell zu erkennen. Eigentlich müßte man umgekehrt an den Abbildern dies Urbild erkennen, meinte Vater. Mona legte ihr Blatt in den englischen Reiseführer. Nico zupfte seine Blätter ab, warf sie fort und sagte: Pflanzen sind doof. Warum? wollten wir wissen. Sie stehen so herum, fand er. Uli überlegte: Deine Sterne, die sind auch doof. Am doofsten sind Römer, sagte Nico. Wir waren uns einig. Es war zu heiß.

Das Holz ist zu hart, sagte Uli. Sein Pfeifenkopf sah aus wie Kaugummi von Zyklopen. Pack doch mal das Mammut aus, schlug Uli vor. Vater öffnete langsam die Augen. Er verfolgte eine schwarzblaue Dolchwespe, die zwischen den Büschen herumstrich. Dann sagte er: Axel oder das Mammut – wir wollen das Paket hier begraben.

Da wurde es still. Alle sahen über den Golf. Ich fand nirgends einen Platz für Axel, sagte Vater leise. Ach so, sagte Mutter. Seht ihr auch dahinten den Monte Cicero? fragte Vater. Dies vulkanische Ischia sieht eigentlich männlich aus, fand er und sah herab auf das ruhig liegende Capri. Sagt mal, wir wollten doch heute weg? Ja! sagte Nico, man kommt ja nicht los von diesem verdammten Capri.

Wir machten ein Loch in das gelbrote Erdreich vor unserem Felsen. Unten holte Mona einen Bimsstein heraus. Wir sahen zum Vesuv. Herübergeweht, Vater nahm die Tragetasche und legte sie in das Loch. Uli fragte: Ist da denn wirklich nicht das Mammut drin? Wir schoben mit den Schuhen die Erde ins Loch, bis Axel verschwand und das Cave-Canem-Bild auf der Tragetasche auch. Mona band das Brettchen mit drei Sprachen an den Ölbaum. Wer es findet, möge es dort lassen.

Axel Munthes letzter Hund hatte uns einen ganzen Tag gekostet. Es war jener Tag, der uns am Ende fehlte, als wir Ischia mit Capri verwechselten und uns in Ventotene wiederfanden.

Unten am Hafen gingen die letzten Tagestouristen auf die Dampfer. Der Hafenmeister begrüßte uns. Wir zahlten für den Tag und er brachte uns kleine Fische, in Öl zu backen als frutta di mare. Als wir bei der Kleinen Liebe angekommen waren, gab es eine Überraschung: Da stand Gabriella.

Gabriella! rief Vater freudig und wollte auf sie zugehen. Aber da waren noch zwei schwarze Kerle neben ihr, und deren schwarze Augen blitzten gefährlich. Gabriella hob den Arm und zeigte auf Vater und Nico: Die waren es! sagte sie finster. Die beiden Kerle schoben sich an uns heran. Mutter zog rasch das Schiff an die Spundwand und ließ Mona und Uli an Bord springen. Dann ging sie auf Gabriella zu und fragte: Was ist denn? Gabriella rief: In der Grotta di Matromania war es! Sie haben mich ausgenutzt! Alle beide!

Vater sah sich nach dem Hafenmeister um. Mona und Nico legten die Leinen auf Slipp. Uli pumpte Benzin in den Motor. Die beiden Camorrista stellten sich neben Vater. Einer sagte leise: Geld, oder du hast ein Loch im Schiff. Da packte Mutter Gabriella und schrie auf deutsch: Du Canaille! Scher dich weg! Das und ein durchdringender Pfiff des Hafenmeisters wirkten Wunder. Die drei machten plötzlich kehrt, sprangen über die Brüstung des Hafens und liefen weg. Giovanni Desolati, der Hafenmeister, kam im Laufschritt mit zwei Helfern. Die kommen nicht wieder, sagte er, klopfte Vater auf die Schulter und zeigte bewundernd mit dem Daumen auf Mutter: Mamma forza maggiore! Was heißen soll: Mutter von der höheren Gewalt. Wir ließen für Giovanni eine Flasche stehen.

»Mamma forza maggiore« kam unter Nr. 180 in unser italienisches Bordwörterbuch. Mutter sagte erleichtert zu Vater: So, jetzt sind wir quitt: Ihr seid Axel los und wir Gabriella. Eins zu eins. Vater hatte genug: Es wird Zeit, hier zu verschwinden. Du mußt das verstehn, sagte Mutter, solange wir mehr haben als sie, werden sie uns zur Kasse bitten. Sie ertragen Ungleichheit nicht.

Die Engländer, die noch neben uns lagen, erkundigten sich besorgt. Vater verteilte erstmal Doornkaat und dann erzählte er die Geschichte von Bord zu Bord, während Mamma forza unten frutta di mare briet. Die Engländer, Caprikenner, aßen gerade und saßen auf dem Kajütdach. Sie reichten uns Lammkoteletts herüber. Wir dankten mit frutta di mare und ließen den Doornkaat kreisen. Einer machte ein Foto: Mamma forza inmitten ihrer Mannschaft.

Die Engländer erkundigten sich nach Axel. Nachdem wir auch seine Geschichte erzählt hatten, baten sie uns zum Wein herüber. Ihr Schiff war zweimal die KLEINE LIEBE, und so hatten wir alle unter Deck Platz. Einer der Engländer hatte Erfahrung mit Tierschutz auf

Capri. Er war hier ansässig. Traurig steht es um die Vögel, seitdem Munthe und Mussolini tot sind, sagte er. Die Zugvögel werden mit Draht gefangen, flatternde Bündel, an den Füßen verknotet. Sie gehen in die Pfanne, und was zu klein ist vor die Hunde und Katzen. Mit Flinten holen sie den Rest aus der Luft. Sie müssen sich mal den Zaun ansehen, den Axel Munthe in seinem Testament für den Monte Barbarossa gestiftet hat: So weit wie die Touristen gehen, steht er, danach feiert er krank. Sie schießen auch Eidechsen, verdammt, damit die Hühner ihren Spaß haben. Die Leute fressen die Hühner, die Hühner fressen die Eidechsen, die Eidechsen fressen die Schädlinge, und die fressen hoffentlich bald die Leute, sagte der Anglo-Caprese.

Haben Sie mal die berühmte blaue Faraglioni-Eidechse gesehen? fragte er. Kriegen Sie auch nicht zu sehen, außer in meinem Terrarium. Sie haben blitzeblaue Bäuche und leben auf den Faraglioni-Felsen. Die Spadaros belieferten ein halbes Jahrhundert halb Europa damit. Keiner weiß, warum diese Wundertiere der Wissenschaft blau sind. Alle anderen, auch die Kollegen auf Capri, haben weiße Bäuche, kriegen nur vor der Paarung blaue Flecken drauf. Er entschuldigte sich bei Mona. Waren die Eidechsen auf Capri oder die Blauechsen auf den Faraglioni die ersten? Das ist die Frage.

Ich habe von oben gesehen, sagte Vater, wie schattenlos hell diese Faraglioni-Klippen sind. Vielleicht entwickeln die Blaubäuchigen einfach mehr Hautschutzpigmente, wie die Neger in Afrika. Der Anglo-Caprese sagte: Es könnte auch die thyrrhenische Ureidechse sein, denn Capri ist ein Rest der versunkenen Thyrrhenis. Tatsächlich sind die auf dem äußersten Faraglioni blauer als die auf dem inneren. Der äußere Fels brach am Ende der letzten Eiszeit von Capri ab, die anderen viel später. Die blauen Eidechsen sind vielleicht die letzten lebenden Mammutgenossen. Zwanzigtausend Jahre husche sie schon mit dem Rätsel ihrer Herkunft über die Faraglioni, sagte der Engländer. Heute muß man sich beeilen, um die letzten zu sehen. Wir tranken unsere Gläser leer. Die Engländer wollten morgen zur Blauen Grotte. Sie hatten Taucherausrüstungen dabei. Wir verabredeten, zusammen auszulaufen, um gegen vier mit dem ersten Licht in der Blauen Grotte zu sein. Später ist alles voller Capri-Fischer, die Massen von Touristen bringen, sagten sie. Vorher ist es noch immer ein Wunder. Wir verabschiedeten uns und gingen früh in unsere Kojen. – Nach der Blauen Grotte wollten wir um die Insel segeln zu den Faraglioni und den Urechsen.

CAPRI,
blaubäuchige Urechse

Die Engländer weckten uns, indem sie auf das Kajütdach klopften. Mutter kam als erste heraus. Mamma
forza, hallo! sagte der Anglo-Caprese und grinste. Er
putzte sich gerade die Zähne. Die anderen drei tranken
schon dampfenden Tee. Der Morgen war kühl, das
Licht fahl. Die Stunde der Liebhaber Capris. Wer die
Insel genießen will, segelt drum herum.
Vater machte die Leinen los und ließ für Giovanni Desolati eine Flasche stehen. Mutter stand an der Pinne.
Wir moterten hinter den Engländern her aus dem
Yachthafen. Wir sollten ihn so nicht wiedersehn. Ge-
röll aus der Felswand über der Mole zerstörte ihn.
Die Kinder schliefen noch. Mutter stellte Betrachtun-
gen an über die Hosen der Engländer. Du kannst sie
sofort von den Italienern unterscheiden mit ihren mo-
disch engen Hosen. Engländer haben immer Hosen
mit Hängehintern. Vater sah nach vorne. Tatsächlich.
Wir sollten dies noch als entscheidenden Unterschied
zu Italienern kennenlernen, als wir nach Malta kamen.
Beim besten Willen für die Malteser Ritter: an ihre
Hängehosen konnten wir uns nicht gewöhnen. Dabei

sind sie so praktisch. Mona mit ihren engen Hosen hätte davon ein Lied singen können, je weiter wir nach Süden kamen. Aber sie sang nicht, sie litt stumm. Denn enge Hosen machen und sind begehrt. Vater allein pfiff schließlich darauf, ging nach der englischen Mode und lief sich nicht mehr wund in der Hitze. Gabriellas bissen seitdem nicht mehr an bei ihm.

Die Marina Grande lag still und schlief, der Wind auch. Hinter der großen Mole zeigten die Engländer ins Wasser. Hier war der Hafen der Römer. Molenreste mit Seegrasbärten waren zwischen Sand und Kieseln zu erkennen. Dann kamen die Bagni di Tiberio in Sicht, mit antiken Kaimauern und Badebecken, dazwischen bunte Umkleidehäuschen mit klapprigen Stegen und Treppchen von heute. Davor schaukelten zwei Wasserski-Brummer an ihren Ankerleinen. Es roch nach dem Sonnenöl von gestern. Die Engländer zeigten nach oben: Munthes San Michele schaute über die Steilwand. Gähnend erschien Mona im Niedergang. Uli kam hinterher und hatte es eilig, ans Heck zu kommen. Unser Kraft protzt, sagte er, denn Nico saß auf dem Bord-WC, da hatte er keine Chance. Dann wurde es wieder ruhig. Plötzlich aber jubelte Uli, der noch auf der Badeleiter hockte und zeigte nach oben: Bei Axel Munthe war die Sonne aufgegangen! Es war vier Uhr. Kerls, wollt ihr denn ewig thronen, rief Mutter. Nun erschien auch Nico. Unser He ringt, sagte er, als er Uli am Heck sitzen sah. Die Engländer drehten auf, und so kamen wir zusammen mit der Sonne vor der Blauen Grotte an.

Wir warfen den Anker und wunderten uns über die kleine Einfahrt zur Grotte. Sie hat nicht einmal Stehhöhe. Ein paar Möwen fischten in unserer Nähe. Es waren die ersten, die wir sahen. Die Engländer machten ihr Beiboot klar und kamen zu uns. Auch wir pumpten unser Schlauchboot auf. Sie hatten schon ihre Taucheranzüge an und schwammen neben dem Beiboot, in dem eine Unterwasser-Kamera lag. Einer tauchte unter unseren Kiel. Wir sahen ihn durch die Huböffnung von der Kajüte aus mit seiner gelben Sauerstofflasche. Er sah nach oben zu uns und ließ Luft aus seinem Mundstück. Die klickerte knisternd unter unser Schiff. Er tauchte nach seinem Tiefenmesser am Arm drei Meter ab und gab uns ein Zeichen, als er unter unserem Echolot war. Es zeigte zwei Meter fünfzig an.

Dann schwammen wir alle zur Blauen Grotte. Das Wasser steht im Eingang einen Meter hoch, man kann dort noch sitzen und hat einen Meter über und neben sich. Die vier Engländer tauchten vor der Grotte ab. Wir von der KLEINEN LIEBE saßen im Eingang, sahen nach draußen und warteten. Plötzlich hörten wir sie hinter uns in die Höhle auftauchen. Sie lachten, und wir wunderten uns, bis wir unsere Masken und Schnorchel übergezogen hatten und dahinter kamen: Unter dem Eingangsloch war ein zweites, riesiges untermeerisches Fenster. Zwanzig Meter tief ist es, erklärten die Engländer, es reicht bis zum Boden der Blauen Grotte. Ihre Worte hallten von den Grottenwänden wider. Uli versuchte es auch und rief in den Blauen Dom hinein. Grollend tönte es aus dem Dunkel der Höhle zurück. Wir schwammen sechzig Meter in die Grotte und konnten uns nicht sattsehen an dem berühmten Blau. Nur Eidechsen sind schöner, rief der

Anglo-Caprese und sein »beautiful« zerbrach an den Wänden. Alles Blau kam aus dem unteren Fenster. Sobald man den Arm aus dem Wasser hob, tropfte es silberdick ab.

Die Engländer tauchten, und wir sahen sie durch unsere Brillen unten schwimmen. Kleine Fischschwärme kamen durch das untermeerische Fenster herein und zogen ruhig über die Taucher hin. Hinten in der Grotte lag der Boden zehn Meter unter dem Wasserspiegel, zehn Meter darüber die Decke. Wir schwammen an den Wänden entlang. Mona hatte es im Pichler gelesen: Die Blaue Grotte ist eine alte Karsthöhle, die später ertrank. Die ganze Insel ruht auf Gewölben und Hohlräumen, manche sind kathedralengroß, manche blau, manche grün, einige zugänglich, die meisten im Inneren eingeschlossen. In der letzten Eiszeit ist das große Fenster durch Brandung entstanden. Da seitdem der Weltmeerspiegel steigt, während Capri samt der Blauen Grotte nach Norden sinkt, sind im Süden die Faraglioni abgesplittert.

Die Engländer zeigten uns in Höhe des Wasserspiegels römische Bauteile. Hier hingen überall Statuen, erklärten sie. Die Capreser gingen deshalb nie hinein. Es hieß: Die Höhle spukt. Uli konnte sich das gut vorstellen mit den Statuen an den dunklen Wänden vor dem blauen Licht. Aber als vor hundertfünfzig Jahren euer August Kopisch die Blaue Grotte wiederentdeckte, fand er keine Statuen und keinen Spuk, sagte der Anglo-Caprese. War Tiberius hier? Bis wir 1964..., sagte einer der Taucher und glitt nach unten.

Er zeigte auf eine Stelle am Grund und dann noch auf eine zweite und tauchte wieder auf. Im Juni 1964 wurde hier ein kniender Knabe herausgeholt, von Muscheln und Mollusken durchlöchert und kurz darauf ein überlebensgroßer bärtiger Gott. Es war Poseidon. Wir haben die Stellen gefunden, erklärte einer der Engländer, in denen die Haken saßen, mit denen sie hier an der Höhlenwand aufgehängt waren. Zu Kopisch' Zeiten waren sie längst heruntergefallen.

Wir froren. Uns kam die Höhle vor wie der Eingang zur Unterwelt. Wenn man hier immer tiefer bohrt durch die Erde, fragte Uli, wo kommt man dann raus? Bei der Osterinsel, sagte der Anglo-Caprese. Uli drängte nach draußen. Bei Seegang kommen wir aus dem engen Eingang nicht mehr heraus, befürchtete er. Wir schwammen aus dem blauen Bauch Capris zurück ins Licht. Die Engländer unter uns tauchten wieder durchs große Fenster.

An Bord tranken wir allen zusammen heißen Tee und unterhielten uns über die Geologie der Blauen Grotte. Es war sechs Uhr. Wir sahen den Mann mit den Eintrittskarten die Felsentreppe zur Blauen Grotte hinuntergehen. Darüber thronte Tiberius' Villa von Damecuta, die Theodor Däubler fand. Bald würden die Schiffe kommen, das Band, von dem die Besucher fließen. Tausende sind es täglich, erzählten die Engländer. Wir sehen uns das manchmal von unten an.

Die Geologen behaupten, die Blaue Grotte sei abgesunken, obwohl die Archäologen vor neun Jahren bewiesen, daß Tiberius genauso durch den oberen Eingang schwamm wie wir. Die Archäologen machen den Fehler, archäologische und geologische Zeit zu verwechseln. Sie sehen die archäologische Butter auf dem geologischen Brötchen: Hängt man an Tiberius eine

Null, dann ist man erst bei der Eiszeit. Was sind schon zweitausend Jahre? Vielleicht zwei Zentimeter.

Haben Sie das Medusenhaupt in Axel Munthes Studierzimmer gesehen? fragte der Freund der Urechse. Munthe, der auch hier tauchte, behauptete, daß er es beim Tiberiusbad aus dem Meer geholt hätte. Aber er kannte die Blaue Grotte! Nico wollte wissen, was Raubtaucher schon alles aus der Blauen Grotte holten. Die Engländer lachten. Ich war immer überzeugt davon, sagte der Anglo-Caprese, daß er den Kopf der Medusa hier herausholte, wo wir den Poseidon fanden. Sie war die große Mutter der Steinzeit. Die Griechen schlugen ihr den Kopf ab. Eine neue Zeit begann, in der Männer herrschten. Nur Poseidon, der Meergott, liebte die Medusa. Sie gehören zusammmen. Griechen und Römern blieb das groteske Haupt der Medusa drohend im Unterbewußtsein. Sie träumten von ihrer Dämonfratze. Für Munthe war sie kein Alptraum mehr. Er hat ihr den Sinn und den Geliebten geraubt und hängte sie über seinem Schreibtisch auf.

Nach dem Frühstück verabschiedeten wir uns von den Engländern und da frischer Wind gekommen war, setzten wir Segel und hielten auf die Nordwestspitze Capris. Mona nahm die Pinne, Vater legte sich mit Tacitus an Deck und las, was der über Tiberius schrieb. Mutter hatte Freiwache, Nico studierte Sueton, und Uli saß in der Kajüte und schnitt aus schwarzem Tesaband den Namen Axel aus. Dies klebte er auf unsere Kachel unter den Hund, so daß da nun: Cave Canem Axel stand. Er zeigte die Kachel herum. Tacitus lag schon auf Vaters Gesicht. Mutter sagte: seid leise, Vater römert. Uli brachte die Kachel über seiner Koje an.

An der schroff abgestuften Westküste Capris waren Sarazenentürme und Reste englischer Befestigungsanlagen zu sehen. Oben schaute immer noch Tiberius aus seiner Villa. Tief wie ein Fjord schnitt die Cala del Rio ein. Am steilen Nordufer beim Fort Orico waren Napoleons Truppen mit Leitern hundert Meter hochgeklettert. Vater wurde unter dem Tacitus hervorgeholt. Er sollte sich das ansehen. Ihm wurde ganz schwindlig, als er hinaufsah. Man gab ihm die Pinne in die Hand. Wachwechsel. Die anderen gingen in die Kojen.

An der nächsten Ecke von Capri, im Südwesten, kam das Punta-Carena-Funkfeuer in Sicht, das wir schon oft vergebens gepeilt hatten. Hinter der hohen Nordküste von Capri ist es stumm. Vater drehte am Funkpeiler, seinem liebsten Spielzeug, und bekam sogar das Seefunkfeuer Punta Licosa bei Agropoli mit der Kennung NP. Er hatte seinen Spaß. Nützlicher war schon der Seewetterbericht auf Grenzwelle, der vor Tormenta in Medio Tirreno warnte. Vater grübelte, wie ernst er Gewitterböen nehmen sollte. Soviel stand fest: Hier an der Südküste Capris wurde der Wind langsam weniger, und so setzte er den Spinnaker. Nico kam an Deck und fand die KLEINE LIEBE schön, wie sie so dahinrauschte mit rotem Spinnaker unter dem blauen Himmel, vorbei an Capri. Er bestimmte unseren Abstand von den kalkweißen, sonnenhellen Steinwänden und machte Panoramaaufnahmen für seine Sammlung. Bald waren wir unter dem Monte Solaro, sahen die Via Krupp und voraus die Faraglioni-Felsen.

Wo seid ihr? rief Mutter aus der Kajüte. Gleich bei den Urechsen, sagte Vater, haben die Faraglionis in Pei-

298

lung. Mutter kam aus der Kajüte. Sie hatte in Opas Tagebuch gelesen. Wißt ihr, wer auch hier war? fragte sie. Goethe. Ach du lieber Gott, sagte Vater. Er kam mit einem Frachtsegler gerade aus Sizilien und geriet hier in Seenot. Wer sagt das? wollte Vater wissen. Opa! Es soll an der Punta Carena gewesen sein, da sind wir doch gerade vorbeigesegelt. Sie zeigte uns das Tagebuch. Opa bezweifelt das, hört mal zu: ›Heute Inselrundfahrt. Hatte meine ›Italienische Reise‹ mit und gab Goethes Schiffbruch zu besten. Das soll an der Punta Carena gewesen sein. Aber Goethe schreibt: Wir befinden uns schon in der Strömung, die sich um die Insel bewegt und nach den schroffen Felsen hinzieht.‹ Unterscheidet Insel und Felsen. Das paßt für die Faraglione-Felsen. Werde zu Hause Meldung machen.«

Nico sah nach links, nach rechts und übers Meer. Stimmt, sagte er, Mona stieg aus der Koje. Was stimmt? fragte sie. Goethe. Ach der, sagte sie, der stimmt doch immer. Sie sah über Mutters Schulter. Im Tagebuch lag ein handgeschriebenes Blatt. Opa hatte darauf die Schiffbruch-Stelle aus der Italienischen Reise abgeschrieben:

»Den Übergang vom Abend zur Nacht verfolgten wir mit begierigen Augen. Capri lag nun ganz finster vor uns, und zu unserem Erstaunen entzündete sich die vesuvische Wolke. Über diese uns so willkommenen Szenen hatten wir unbemerkt gelassen, daß uns ein großes Unheil bedrohe; doch ließ uns die Bewegung unter den Passagieren nicht lange in Ungewißheit. Wir erkundigten uns nach der Ursache dieser Unruhe, indem wir nicht begriffen, daß bei völliger Windstille irgendein Unheil zu befürchten sei. Wir befinden uns, sagten sie, schon in der Strömung, die sich um die Insel bewegt und nach dem schroffen Felsen hinzieht.« Nun kam auch Uli aus der Kajüte.

»Aufmerksam durch diese Reden, betrachteten wir nun unser Schicksal mit Grauen; denn obgleich die Nacht die zunehmende Gefahr nicht unterscheiden ließ, so bemerkten wir doch, daß sich das Schiff schwankend und schwippend den Felsen näherte, die immer finsterer vor uns standen. Die Menge ward immer lauter und wilder. Nicht etwa betend knieten die Weiber mit ihren Kindern auf dem Verdeck, sondern tobten gegen den Kapitän. Mir aber, dem von Jugend auf Anarchie verdrießlicher gewesen als der Tod selbst, war es unmöglich, länger zu schweigen; ich trat vor sie hin und redete.«

Lies den Satz noch einmal, bat Vater. Aber Mutter ließ sich nicht unterbrechen: »Meine Worte taten die beste Wirkung. Die Besatzung setzte ein Boot aus und versuchte, das Schiff an Tauen gegen den Strom zu rudern. Aber auch diese Hoffnung ward aufgegeben! Gebet und Klagen wechselten ab, und der Zustand wuchs um so schauerlicher, da nun oben auf den Felsen die Ziegenhirten, deren Feuer man schon längst gesehen hatte, hohl aufschrien, als freuten sie sich auf Beute. Die Mannschaft griff zu großen Stangen, um das Fahrzeug, wenn es zum Äußersten käme, damit von den Felsen abzuhalten. Immer stärker schwankte das Schiff, die Brandung schien sich zu vermehren, und meine durch alles dieses widerkehrende Seekrankheit drängte mir den Entschluß auf, hinunter in die Kajüte zu steigen. Ich legte mich halb betäubt auf meine Matratze, doch auch mit einer gewissen angenehmen

Empfindung, die sich vom See Tiberias herzuschreiben schien.«

Die Geschichte, fanden wir, hat Ähnlichkeit mit der von Señor Blum, Psalm 127: Den Seinen gibts der Herr im Schlaf.

»Wielange ich so im halben Schlaf gelegen, wüßte ich nicht zu sagen. Nach einer kleinen Weile sprang Kniep herunter und kündigte mir an, daß man gerettet sei, ein Windhauch habe sich erhoben, in dem Augenblick sei man bemüht gewesen, die Segel aufzuziehen. Man entferne sich schon sichtbar vom Felsen. Vom Verdeck sah ich mit Vergnügen die Insel Capri in ziemlicher Entfernung. Ich befand mich frisch und gesund.«

Wir hatten gerade die Faraglioni-Felsen erreicht. Trotz des geringen Windes stand hier etwas Brandung, so daß wir Abstand hielten. Wir segelten hinter die Felsen in die Bocca Piccola hinein und sahen das Ostufer Capris. Dort war die Brandung geringer. Auf jeden Fall müssen sie hier durch die Bocca Piccola gekommen sein, meinte Mutter. Wie steht denn hier der Strom?

Wir ließen uns treiben. Der Strom versetzte uns nach Süden. Goethe kam von Sizilien, stellte Mutter fest, wohin soll er getrieben sein als zurück auf die Faraglioni-Felsen? Der Wind, der sie gerettet hat, meinte Vater, kam erst, als sie aus der Abdeckung der Felsen heraus waren.

Mona hatte inzwischen im Seehandbuch nachgeschlagen: Im Sommer geht bei vorwiegend nördlichen Winden in der Bocca Piccola eine südliche Strömung. Sie erreicht zuweilen Geschwindigkeiten von zwei Seemeilen. In welcher Jahreszeit war er denn hier? fragte Mona. Montag, den 14. Mai 1787, sagte Mutter.

Wir nahmen wieder Kurs zurück auf die Felsen. Vater schüttelte den Kopf: Legt sich bei Anarchie in die Kajüte! Uli hatte dafür Verständnis: Mir ist auch schon mal vor Angst schlecht geworden. Wir hatten neulich Goethe in der Schule, erinnerte sich Mona, als wir die Räuber hatten. Da hat dieser Schiller gesagt: »Der Goethe reist in Italien und zu Hause müssen die Schmidts für ihn schwitzen.« Die Schmidts? fragte Uli. Die nicht, sagte Mutter. Vater meinte, die Schmidts hätten sich ja ganz schön hochgeschwitzt. Opa hatte auch noch etwas zu sagen: In dieser Nacht entschloß sich Goethe, den Tasso zu vollenden, – stand im Tagebuch. Sieh mal an, sagte Vater.

Vater sah hinauf zur Grotta di Matromania und winkte. Vielleicht war Gabriella wieder da. Daß du dieser Canaille noch zuwinkst, wunderte sich Mutter. Ich weiß wohl, daß die Gabriellas berechnend sind, sagte Vater und holte den Kieker, aber was sie liebenswert macht, ist ihr Unvermögen, das lange durchzuhalten. Immer kommt ihnen ihr Herz dazwischen. Mir kommen die Tränen, sagte Mutter, diese Ziege! Vater hörte es nicht. Herz, sagte er, das ist ihre offene Flanke. Mona und Mutter sahen sich an. Wir hätten Axel behalten sollen, sagte Mutter und nahm Vater das Fernglas weg. Sie faßte die Faraglioni ins Auge und suchte nach blauen Eidechsen. Aber das Schiff schwankte zu sehr. Uli nahm das Glas und schimpfte auch: Die verdammten Wellen. Nico fragte: Wird dir schlecht? Wir segelten dichter heran. Aber nun waren sie zu hoch, um etwas zu erkennen, der äußere über hundert Meter. Wir fanden keine blauen Eidechsen. Der kleinere Fels hatte ein Tor, durch das man zur anderen Seite durchsehen konnte. Dahinter begann der Golf von Salerno. Wollen wir durchfahren? schlug Uli vor. Nico nahm den Oktanten. Gut dreizehn Meter Höhe hatte das Loch. Kommen wir dicke durch, meinte Nico, selbst wenn ein Meter Welle drin steht, haben wir immer noch zwei Meter über dem Mast. Mutter war dagegen: Wenn plötzlich das Wetter umschlägt? Wenn uns eine Wellen gegen die Felswand schlägt, sagte Mona, sind wir hin. Nico meinte: Mit Motor und Vollgas müßte es gehen. Und Fendern an beiden Seiten, sagte Uli. Wie breit ist denn die Durchfahrt, wollte Vater wissen. Jedenfalls breiter als wir lang sind, meinte Nico.

Vater steuerte die KLEINE LIEBE erstmal dicht an das Faraglioni-Loch heran. Er gab Nico recht. Es ist möglich. Mutter legte ihr Veto ein: Ich mache das nicht mit, protestierte sie, und Mona schloß sich ihr an. Nico verlangte eine Abstimmung. Bitten und Klagen wechselten sich ab. Oben auf dem Felsen schrien ein paar Möwen hohl auf, als freuten sie sich auf Beute. Die Abstimmung ergab drei zu zwei für die Durchfahrt. Ihr spielt mit dem Tod! behauptete Mutter, und um der Anarchie ein Ende zu bereiten, entschied sie: Mona und ich verlassen das Schiff, wir gehen solange ins Schlauchboot. Gut, sagte Nico, dann nehmt den Fotoapparat mit und macht ein paar Aufnahmen. Wir pumpten das Schlauchboot auf, und Mona und Mutter stiegen mit Pässen und Wertsachen hinein. Die Herren auf der KLEINEN LIEBE legten Schwimmwesten an, drehten den Kiel hoch und nahmen noch einmal Maß. Hinter dem Faraglioni-Tor lockte der Golf von Salerno. Dann steuerten sie mit Vollgas auf das Felsloch zu. Uli und Nico standen mit Fendern an der Bordwand.

Im letzten Moment vor dem Felsentor rief Uli: Und wenn es einbricht? Er sprang in die Kajüte. Da war die KLEINE LIEBE auch schon im nächsten Golf.

Unsere Frauen erwarteten uns dort bereits. Sie hatten das Felsentor umrudert. Als wir sie auffischten, stand Uli am Bug und rief: Scharfe Sache! Habt ihr mich fotografiert? Ja, ja, sagte Mutter: Haarscharf. Nach der Wiedervereinigung gingen die Herren in die Kajüte. Nico machte eine Suppe, Uli den Nachtisch, und Vater studierte die Schilder auf den Dosen mit Nudelgerichten. Mutter und Mona entschieden sich für Bratkartoffeln, und so mußten die Herren Kartoffeln schälen.

Als alles fertig war, wurde das Ruder festgebunden. Wir setzten uns um den Kajüttisch. Und da geschah etwas, das man eher in Büchern von San Michele vermuten würde als bei unsereinem. Klack! machte es auf Mutters Teller: Vom Kajütdach fiel eine Eidechse. Sie rannte, ehe wir sie recht gesehen hatten, klappernd über die Teller und sprang hinter die Bücher der Bordbibliothek. Bei den Versuchen, sie zu fangen, wurde Nicos Suppe kalt, und Vaters Kartoffeln verbrannten. Am Ende hatten wir die Bücher auf den Tellern und die KLEINE LIEBE auf Gegenkurs. Die Eidechse hatten wir nicht. Später, in Agropoli, lief sie nachts über Vaters Koje. Er konnte im Mondlicht ihren blauen Bauch erkennen. Sie ist dann wohl zu den Sarazenen gegangen. Wenn die Diskussion über die blaubäuchige Echse auch nie endete, so blieb die männliche Besatzung überzeugt, daß sie bei der Durchfahrt durch das Faraglioni-Tor an Bord fiel. Die anderen hielten sie für einen Bordkameraden, der schon seit Baia auf der KLEINEN LIEBE spukte. Ihr könnt es gar nicht beurteilen,

sagte Uli, ihr wart bei der Durchfahrt ja nicht dabei.
Mona fragte: Und wo warst du?
Nach diesen Ereignissen nahmen wir nun Kurs auf
Amalfi. Die Faraglioni lagen hinter uns, Vater griff
noch einmal zum Fernglas. Aber statt der Eidechsen
sah er an den Felsen nur den allgegenwärtigen Ölstrei-
fen, jenen braunen Jahresring unseres Jahrhunderts.
Dann schlief der Wind plötzlich ein. Der rote Spinnaker fiel zusammen. Vater sah auf die Uhr. Gewöhnlich
schlief er um vier ein. Es war zwei. Voraus lagen die
Galli-Inseln, Odysseus' Sirenen-Felsen. Nico holte
den Bradford. Circe hatte gewarnt: Odysseus, binde
dich an den Mast, wenn die Sirenen dir dort ihre All-
wissenheit singen. Fahre südwärts vorbei, bis du
Skylla und Charybdis siehst. Wir verfolgten es auf der
Karte. Dabei ging der Kurs von Ischia über die Galli-
Inseln vorbei an Skylla und Charybdis in die Straße
von Messina. Wir staunten. Im Homer steckt ein Se-
gelhandbuch. Voraus sahen wir diese kleinen Galli-Inseln und überlegten noch, ob Circe nicht doch die großen Faraglioni-Felsen meinte, da hörten wir hinter uns
ein Rauschen. Wir sahen uns um. Hinter Capri stand
eine Wolke aufgetürmt wie ein Atompilz. Wir hatten
sie nicht entstehen sehen, sie war plötzlich da, quoll
hoch und höher, bis sie gegen kalte Höhenluft stieß
und sich abplattete. Dann schwärzte sie sich unten und
verscheuchte die Sonne. Eine Zeitlang war ihr Rand
wie geschmolzenes Gold. Bleigrau blähte sie sich auf,
es roch von Capri her mit einem Mal nach Myrte und
Macchia, und schon kam mit schauerlicher Schnellig-
keit der Wind und sang wie aus Orgeln.
Wir hakten die Lifeleinen an und nahmen die Segel

weg. An Reffen war nicht zu denken. Mutter setzte die Schotten ein und Nico warf den Motor an. Nur weg von der Küste. Wir steuerten nach Süden, damit das Gewitter uns nicht auf die Galli-Inseln drückte. Es pfiff in den Wanten, die KLEINE LIEBE legte sich nach Lee, und wir hielten uns fest. Im Nu entstand Seegang. Gischt sprühte über uns, und wir zerrten die automatische Rettungsinsel heraus. Aber dann blieb alles so, sieben Windstärken, mehr kam nicht. Dazu goß es. Demoralisierend war der Donner und vor allem die Blitze. Wir hatten Angst, daß sie in den Mast schlugen. Wir flogen dahin vor dem Wind nach Südost. Ein Stück Segel hatte sich am Mast aus einem Zeisig gelöst. Es genügte, uns zusammen mit dem Motor an den Sirenen vorbeizubringen. Manchmal heulte der Motor auf, wenn hinter einem Wellenkamm die Schraube herauskam. Es war schwierig, etwas zu sehen. Jeder von uns wäre jetzt gerne woanders gewesen. Plötzlich ließ der Winddruck nach, und es wurde heller. Zehn Minuten später schien wieder die Sonne. Das Ganze hatte nicht mehr als eine halbe Stunde gedauert. Wir beobachteten, wie das Gewitter vor uns nach Osten flog, in Richtung Salerno, in einer Breite von vielleicht drei Seemeilen. Wir sahen ihm nach und schüttelten uns, als ob wir eine Ohrfeige bekommen hätten. Die Wellen um uns verloren ihre Schaumkronen.

Mutter nahm die Pinne, wir anderen setzten wieder die Segel. Uli klarte in der Kajüte auf, wo alles durcheinanderlag, auch Axel war von der Wand gefallen. Wir segeln zum nächsten Küstendorf, entschied Mutter. Das war Positano. Respekt, sagte Vater, die Sirenen haben es in sich. Wir blickten zurück zu den Galli-Inseln. Auf so ein Gewitter hatte Vater schon länger gewartet, behauptete er, und Mutter fand: Das war auch fällig! Nochmal durch die Faraglioni? fragte sie spitz. Was sollten wir sagen? Sie hatte recht. Jedenfalls sind die Sirenen keine Windbeutel und Klooksnakker gewesen eher beutelockende Ziegenhirten.

Wir zogen das triefende Zeug aus. Eigentlich war es ganz erfrischend gewesen. Alles war naß, und so blieb nichts, was wir hatten, an. Auch die KLEINE LIEBE blitzte. Sie war ihre Salzkruste los. Uli brachte die Angeln aus. Jetzt beißen die Fische, behauptete er. Eben hätten sie dich fast gebissen, bemerkte Nico. So geht es im Leben, meinte Vater, und Uli fing den zweiten Fisch unserer Reise. Die Angel bog sich, und eine Meeräsche fiel auf unsere nackten Füße. Zwei Minuten später noch eine. Massen von Schwärmen! jubelte Uli. Aber es blieb bei diesen beiden.

Wir näherten uns Positano und erfreuten uns am Würfelspiel seiner Häuser, die sich in einem Felsentrichter den Berg hinauf drängeln. Kirchendächer blitzten grün und gelb in der Abendsonne, die Fischerhäuser dazwischen und die Kissen ihrer Kuppeln behaupteten sich noch gegen den Wildwuchs des Hotel-Tourismus. Da wir keinen Hafen fanden, blieb uns diese Illusion.

Kein Badebetrieb nach dem Gewitter, die Strände waren fast leer. Wir legten uns an einen Felsvorsprung und hielten Rat. Hier konnten wir nicht bleiben, die Dünung war zu stark und das Seehandbuch verzeichnete keinen Liegeplatz. Es empfahl Amalfi und lobte seinen schönen Hafen.

Als wir den Anker hoben, tuckerte ein kleines Fischerboot auf uns zu. Es war voller Touristen. Der Mann am Ruder – graues Haar, Bronzegesicht, Faltenhals – stellte seinen Motor ab und sagte auf Deutsch: Sehen andere Seite, Signori. Er trieb dicht an uns heran. Wir dachten, wir sollten zur Seite fahren und zeigten auf unseren Anker, der gerade aus dem Wasser kam. Aber er meinte uns gar nicht. Er sah auf einen Felsen und zeigte dann auf seine Backe, Nase, Mund, Augen. Dann zeigte er wieder auf den Fels. Wirklich, der Felsen hatte ein Gesicht mit dicken Backenknochen. Rocca di Adenauer! sagte er, und die Leute lachten. Viva Adenauer! rief das Bronzegesicht, und die Leute klatschten.

Ein Tourist fragte: Was macht ihr, wenn Breschnjew kommt? Der Fischer sagte: Nehmen Hammer und machen Rocca di Breschnjew. Wieder hatte er die Lacher auf seiner Seite. Er warf seinen Motor an, zeigte hinter sich und sagte: Trent'anni precedenti: Testa del Duce! Und jetzt mußte er selber lachen.

In Amalfi waren keine Deutschen, und es war dunkel, als wir ankamen. Das Felsennest hatte seine Lichter an. Hoch über dem Hafen hing ein Kloster. Das Seehandbuch wies darauf hin. Alle Fenster waren erleuchtet, es wird jetzt ein Hotel sein. Der Ormeggiatore war ein drahtiger, alter Mann. Liebenswürdig, aber bestimmt wies er uns ein. Mutter traute sich kaum, ihm einen Schein zu geben. Als wir ins Gespräch kamen, stellte sich heraus, daß er ein alter U-Boot-Fahrer war und die Torpedos gewartet hatte, damit Rommels Nachschub klappte. Jetzt hielt er die Mole von Amalfi in Schuß.

Die nach Südwesten zeigende Kaimauer endete in einem ungewöhnlich hohen Wind- und Wellenbrecher, auf dem man spazieren konnte. Dort war die Mole so hoch wie das Wasser davor tief war, fünf Meter. Wir setzten uns hier oben, und der Blick hinüber auf das abendliche Amalfi, den milde erleuchteten Dom und die schwarzen Bergkegel dahinter machte uns stumm. So saßen wir lange unter einem Kandelaber, unter uns die KLEINE LIEBE, über uns die ersten Sterne.

Der alte Hafenmeister sah sich unten unsere Festmacher an und prüfte die Knoten. Dann kam er herauf und setzte sich zu uns. Mutter und er rauchten deutsche Zigaretten. Er sah auf seine Flagge in unserem Mast. Amalfi steckt darin, erklärte er, wissen sie das? Die italienische Flagge hat die vier alten Seerepubliken im Wappen, oben links Venedig mit dem Löwen, oben rechts Genua, links unten Amalfi mit dem Johanniterkreuz, unten rechts Pisa. Die Flagge der Republik Amalfi, erzählte unser Freund, hat auf blauem Meeresgrund einen Kompaß und das achtzüngige Kreuz der Johanniter, denn die kamen aus Amalfi. Sie gingen vor tausend Jahren von hier ins Heilige Land, dann nach Rhodos, später nach Malta, wo sie den Türken die Zähne zeigten. Von uns stammt nicht nur der Kompaß, sondern auch das Seerecht, sagte er. Fünfzigtausend Menschen lebten hier vor tausend Jahren.

Wir sahen uns um. Fünfzigtausend? Er zeigte aufs Wasser. Halb Amalfi ist versunken, sagte er: Stürme, Erbeben. Jetzt wurde uns klar, daß der Hafen so sicher nicht sein konnte, wie das Handbuch behauptet. Bei Schirokko und wenn die Tramontana von den Bergen fällt, ist er sicher gefährlich. Wieviel Menschen wohnen noch in Amalfi? fragten wir, und der alte Mann meinte: siebentausend und eine Marineschule. Wir baten ihn um eine Flagge der Republik Amalfi, und er versprach sie uns. Er bot uns auch Frischwasser und Benzin an, das er von der Mole mit Schläuchen verteilen konnte. Gibt es in Amalfi noch viele wie Sie? fragte Mutter. Er sah uns an. Jeder zehnte, sagte er, steht in Italien noch zur Fahne.

Wir luden ihn ein auf die KLEINE LIEBE. Er sah sich Opas Tagebuch an, mit den alten Fotografien von Kriegsschiffen. Vater schenkte Wein ein. Lange betrachtete er Opas Kadettengesicht. Dann nahm er Parmenides, den alten Griechen. Er blätterte darin, aber fand keine Bilder. Schließlich sah er durch das Kajütfenster nach draußen. Der Glockenturm des Doms mit seinem Majolikagesicht blickte über die Dächer. Das Kloster, sagte er, haben eure Imperatori suevi gebaut, nachdem sie die Republik kaputtgemacht hatten. Er stand auf, und wir halfen ihm auf die Kaimauer. Er gab uns die Hand. Trotzdem seid ihr gut, sagte er und lachte.

Sollten wir noch in die Stadt gehen? Wir waren müde und wollten morgen über den Golf nach Agropoli, der Sarazenen wegen. Laßt uns hierbleiben, sagte Mutter: Mehr als den Hafenmeister der Republik Amalfi werden wir dort auch nicht erleben.

ELEA, VELIA,
Sein und Schein

Am Morgen war die Sonne über dem Kap d'Orso aufgegangen und schien warm auf die hohe Mole von
Amalfi. Uli blinzelte aus der Kajüte. Freundlicher
Sonnentag, meldete er. Bevor wir ablegten, tauschten
wir mit dem alten Hafenmeister die Flaggen. Sie waren
ähnlich, blau und rot, die Farben unserer Heimat.
Unterwegs beim Frühstück meinte Vater: Wir können
auch nach dem alten Elea, der Heimat des Parmenides,
segeln, es heißt heute Velia und liegt ein paar Meilen
hinter Agropoli. Uli mochte keinen Parmenides. Aber
Vater meint keinen Käse, sondern den alten Philosophen, fünfhundert vor Christus. Na ja, sagte er. Elea
wird wohl auch keinen Hafen mehr haben. Außerdem
wollten wir ja in Agropoli die Sarazenen suchen, erinnerte Uli. Wenn schon, sagte Nico, sehen wir uns die
griechischen Tempel in Paestum an, Sarazenen gibt's
nicht mehr. Uli war enttäuscht. Ich gehe die Sarazenen
suchen, sagte er, geht ihr doch zu eurem Parmesan.
Mutter versuchte zu vermitteln:
Ich suche mit Uli die Sarazenen, Nico die Griechen
und Vater Parmenides.

Vater war es recht: Der Geist weht überall. Er ging in die Kajüte.

Kaum war er fort, kam ein Schrei von unten mit Poltern und Fluchen. Das paßte gar nicht zu Meeresstille und Sonnenmorgen. Vater tauchte aus der Kajüte auf, hatte in der einen Hand ein Buch und in der anderen Blut. Die Eidechse saß hinter Parmenides, rief er. Der Schaden wurde herumgezeigt. Respekt vor dem Urviech!

Vater ärgerte sich, daß er die blaue Echse nicht erwischt hatte. Er legte sich mit Parmenides in den Schatten der Fock. Mutter tat das gleiche mit Odysseus. Die Kinder übernahmen das Schiff. Kühl und leise wehte der Tramontana. Die KLEINE LIEBE segelte ins Land der Griechen.

Mona saß am Steuer und suchte den Kurs. Denkt lieber darüber nach, sagte sie, welchen Kurs ich steuern soll. Aber das interessierte Vater nicht, er hatte Kurs auf Parmenides. Frag nach bei Circe, riet er. Gut, sagte Mutter, wir nehmen Odysseus' Kurs und sie suchte im Seehandbuch der alten Griechen Circes Segelanweisung für Odysseus im Zwölften Gesang. Gar nicht so leicht, sagte sie endlich und las den Kurs vor.

»Der Circe blieb es nicht verborgen, daß wir aus dem Hades gekommen waren. Sie trat in unsere Mitte und sagte: Ich will euch den Weg weisen und will euch alles Einzelne nennen. Sie nahm mich bei der Hand, ließ mich abseits von meinen Gefährten niedersitzen, legte sich zu mir und sprach:

Zuerst wirst du zu den Sirenen gelangen, die alle Menschen bezaubern mit ihrem Zukunftsgesang. Um sie her ist von Knochen ein großer Haufen, von Männern, die verfaulen, es schrumpft rings an ihnen die Haut. Du aber steuere vorbei und streiche über die Ohren der Gefährten Wachs, selbst magst du hören, wenn du willst, doch sollen sie dich mit Händen und Füßen aufrecht an den Mast binden. Wenn die Gefährten nun an dieser Gefahr vorbei sind, dann werde ich dir nicht mehr weiter der Reihe nach sagen, welcher der beiden Wege der deine sein wird, der rechte oder der andere, sondern selber mußt du ihn bedenken. Doch will ich von beiden die Richtung dir geben:

Zuerst sind Felsen, gegen die brandet groß die Woge, Felsen des Scheiterns. Da kommt nicht einmal das, was da fliegt, vorbei. Da ist noch kein Schiff entronnen der Salzflut und des Feuers Wirbel. Auf dem weiteren Wege sind zwei Klippen, die eine reicht mit ihrem spitzen Haupt zum breiten Himmel. Auch könnte kein Sterblicher hinaufsteigen, denn der Fels ist glatt und mitten in der Klippe ist eine dunstige Höhle, da wo ihr das Schiff vorbeilenken sollt, Odysseus. Dort drinnen wohnt Skylla, die schrecklich bellende. Ja, und zwölf Füße hat sie, unförmige, und sechs Hälse, überlange, und auf jedem ein greuliches Haupt, darinnen drei Reihen Zähne. Bis zur Mitte steckt sie in der hohlen Grotte, hält aber die Köpfe heraus und fischt rings um die Klippe Delphine und Hundsfische und holt sich mit jedem Kopf einen Mann.

Die andere Klippe wirst du flacher erblicken, Odysseus – nahe sind sie beieinander, du könntest mit dem Pfeil hinüberschießen – auf dieser ist ein Feigenbaum. Unter diesem schlürft die göttliche Charybdis das schwarze Wasser ein. Denn dreimal sendet sie es empor am Tage und dreimal schlürft sie es ein: Mögest du nicht gerade dort sein, wenn sie schlürft! Sondern halte dich ganz nahe an der Klippe der Skylla und treibe dort schnell dein Schiff vorbei, es ist besser, sechs Gefährten einzubüßen als alle.

So sprach sie – Ich aber antwortete: Auf! künde, Göttin, ob ich wohl irgendwie mich erwehren könnte, wenn sie mir die Gefährten rauben will. Und sie erwiderte: Schrecklicher! Denkst du denn wieder auf kriegerische Werke? Skylla ist nicht sterblich, sondern ein unsterbliches Übel, unbekämpfbar, da ist keine Abwehr, zu fliehen das Beste.« – Mutter erinnerte die Geschichte an Kolumbus, den die moderne Göttin der Wissenschaft nach Indien lockte. Es genügt nicht, daß wahr ist, was Göttinnen sagen, sondern daß jemand es wahrmacht. Hätten wir sonst Amerika entdeckt?

Mona verfolgte in der Karte Odysseus' Weg von Circes Ischia zu den Sirenen-Inseln und weiter nach Süden an der feuerspeienden Vulkaninsel Stromboli vorbei zur Straße von Messina, die zwischen Italien und Sizilien nach Griechenland führt. Vor Stromboli liegt im Osten der Fels Strombolicchio als Wegweiser. Auch heute fahren Schiffe, die zur Straße von Messina wollen, östlich an Stromboli vorbei. Im Westen des Vulkans ist die gefährliche Scala del Fuoco, die Feuerleiter, auf der heute noch die glühende Lava mehrmals am Tag ins Meer springt. Hier stand Odysseus am Scheideweg. Der Kurs östlich vorbei ist sein Weg, westlich der Nicht-Weg. Und wieder ist in der Straße von Messina im Westen die schlürfende Charybdis der Nicht-Weg, wo bis heute gefährliche Stromwirbel über Sandbänken kreisen. Damals war die Straße sehr eng. Vier Erdspalten brechen Italien und Sizilien hier

314

auseinander. Der richtige Weg geht östlich an den Klippen der Skylla vorbei. Auch wieder ein Scheideweg zwischen Sein und Nicht-Sein: »Klug ist, wer rasch vorbeisegelt, dumm, wer um die Verunglückten kämpft. Nur dem Wissenden öffnet sich das Tor zur Heimat.«

Vater hatte Parmenides beiseite gelegt. Er traute seinen Ohren nicht. Auch er hatte einen Reiseführer vor sich, und der enthielt dreihundert Jahre nach Homers Odyssee die ersten Worte der europäischen Philosophie. Wie Odysseus reiste Parmenides aus der Welt des Scheins durch das enge Tor der Erkenntnis in die Welt des Seins. Auch ihn leitete eine Göttin, nur nicht nach Ithaka, sondern zur Wahrheit.

Mona hielt Südkurs, bis wir westlich von Punta Licosa die Küste von Paestum, Agropoli und Velia übersahen zwischen Sele und Alento bis Kap Palinuro. Wir mußten uns entscheiden, wohin wir wollten. Steuerten wir weiter Südkurs, würden wir über Stromboli zur Straße von Messina kommen. Wir waren uns einig: Nächstes Jahr nach Sizilien!

Unter uns stieg der Schelf von 146 auf 55 Meter steil an. Wir bestimmten unseren Schiffsort auf der Schnittlinie von Punta Licosa und Kap Palinuro, und waren jetzt neun Seemeilen vor Punta Licosa, hatten noch siebzehn bis Agropoli im Norden und Acciaroli im Süden und von dort weitere acht bis Velia. Wir entschieden uns für Velia. Auf der Karte war kein Hafen eingetragen. Nördlich lag Casal Velino, eine Marina im Bau. Sie soll in den achtziger Jahren fertig sein. Südlich von Elea lag Marina di Ascea. »Tragflügelboote aus Neapel«, stand im Handbuch.

Vater sah mit dem Fernglas nach Velia hinüber. Die Luft ist so verdächtig klar, fand Mutter und schnupperte nach Luv, wo eine weiße Sonne stand. Wir änderten den Kurs. Der Wind war eingeschlafen, und es wurde heiß. Aber zum Baden fehlte uns der Mut, weil Nico Dreiecksflossen gesehen hatte. Haie? Delphine? Sie fischten wohl an der hohen Schelfkante. Vater sah immer noch nach Velia, wo inmitten des fruchtbaren Tales auf einem Hügel am Meer die Akropolis stand. Was siehst du da? fragte Uli. Parmenides, sagte Vater.

Uli sah auf dem Hügel nur eine Fliege. Wie weit sieht man eine Fliege? fragte er. Bis vierzig Meter, meinte Vater, ohne Glas. Wenn dies vierzig Kilometer sind, rechnete Nico, dann ist deine Fliege dahinten zwanzig Meter groß. Kommt hin, bestätigte Vater, ich sehe einen Turm zwischen Ruinen. Vater legte das Glas beiseite und sagte: Bei Parmenides fing es an, das Denken gegen den Augenschein.

Mutter hatte das Ruder übernommen. Sag uns lieber, ob es in Elea einen Hafen gibt, verlangte sie. Vater schlug Parmenides Kursbuch auf und suchte. Ziemlich schwierig, meinte er. Übrigens, er hatte weibliche Steuerleute und soviel PS wie wir: Vater war nicht mehr zu halten: »Die Pferde zogen mich auf den Weg der Göttin«, las er. »Sie brachten mich durch die Welt, soweit der Gedanke trägt. Sie rissen mich fort, Mädchen lenkten, stießen vom Kopf den Schleier, und immer eiliger ging es aus der Nacht zum Licht. Die Achsen der Räder glühten und sangen.«

Ich bin gespannt, ob es in Elea einen Hafen gibt, beharrte Mutter. Aber Vater Parmenidas sagte:

»Dort ist das Tor, an dem sich zwei Wege gabeln, die
Wege von Tag und Nacht. Ein Türsturz liegt darüber,
eine steinerne Schwelle darunter und seitlich riesige
Flügel. Den Schlüssel hatte die Göttin in Händen, und
sie öffnete das mit Bolzen verriegelte Tor. Die erz-
beschlagenen Stifte drehten sich schwer in den Pfan-
nen.«

Da kam Wind auf aus Westen, und wir rauschten Velia
entgegen. Nico ging nach vorne, setzte den Spinnaker
und kam zurück. Wir hatten Acciaroli querab. Dort
war ein Hafen im Bau. Eine Kette verschloß die Einfahrt. Vater Parmenides sagte:

»Freundlich empfing mich die Göttin und sprach das
Folgende: Freue dich, Jüngling, der du zu unserem
Haus gelangt bist auf einem Weg, der wahrlich abseits
vom Wandel der Menschen liegt. Du sollst alles erfahren, die Wahrheit und auch die Meinung der Menschen. Höre! Zwei Wege gibt es. Der eine lautet: Sein
ist. Dies ist der Weg der Wahrheit. Der andere lautet:
Nicht-Sein ist. Dies ist ein undenkbarer Weg. Denn
dasselbe ist Denken und Sein. Erkenne den Scheideweg. Sein ist ohne Anfang, ohne Ende, ohne Werden,
ohne Vergehen, vollendet, einer Kugel gleich. Hier
endet meine Rede über die Wahrheit. Hier ist Dein
Ziel.«

Sind das Menschengedanken über Gott? fragte Mutter.
Hinter uns im Westen schob sich schnellfliegendes
Gewölk unter die Sonne, darüber blinkte der Abendstern. Im Norden war noch der Felsblock Capri zu
sehen. Dazwischen blitze es. Vielleicht sind es Gottes-
gedanken über den Menschen, überlegte Vater.

Wir sahen zurück. Jetzt hörten wir Donnergrollen.

Aber diesmal zog das Wetter im Norden vorbei. Zeus fiel uns ein, der Donnerer. Wir sahen ihn auf den Wolken, er zog sein blitzendes Schwert aus der Nacht und der Westen zitterte.

So sah es Parmenides auch. Auch er sah die Wolken nördlich durch den Golf von Salerno ziehen. Auch Parmenides glaubte nicht mehr an Zeus und an Homers Geschichte von der goldenen Kette, die man den Kindern erzählte: Der Göttervater hängte sie vom Himmel herab über die Köpfe der Menschen und forderte sie auf, ihn daran herunterzuziehen. Alle, sagt Homer, hätten es versucht, aber am Ende hätte Zeus sie alle zusammen mit Meer und Erde zu sich in die Höhe gezogen. Wer war schon Zeus für den Mann aus Elea! Für Parmenides war er einer von vielen Göttern draußen vor dem Tor. Sie waren nicht ewig. Sie waren machbar, wie Staaten und Gesetze. Wenn Ochsen Hände hätten, so sagte er, auch sie würden sich Götter nach ihrem Bilde machen. Parmenides zog diese Welt in Zweifel wie nie ein Mensch zuvor.

Seht an den Himmel, sagte er, wieviel Wolken es gibt: Keine gleicht der anderen. In Wirklichkeit gibt es nur eine: die, die ihr denkt, wenn ihr »Wolke« sagt. Diese Wirklichkeit habt ihr nicht vor Augen. Auch Zeus kann sie nicht denken ohne den Begriff. Zeus ist nichts als eine Wolke am Himmel. In Wirklichkeit gibt es nur den Begriff Gott. Parmenides verwarf unsere Skylla-Welt mit ihren tausend Köpfen. Er brachte die Welt auf den Begriff.

Die mathematische Form jedes Teilchens in dieser Welt gehört nicht zur Wirklichkeit dieser Welt nicht einmal zu unseren Gedanken über diese Wirklichkeit,

sondern zur Wirklichkeit selber. Vor zweitausendfünfhundert Jahren erreichte das Denken der Menschen diesen Hafen. Seitdem muß es durch dieses Na-
delöhr. Niemand kommt zur Wahrheit an Parmenides
vorbei. In Elea wurde Denkstoff zu Sprengstoff.
Odysseus wußte zwar schon, daß der Mond nicht
scheint, sondern die Sonne, aber er lebte lieber vom
Augenschein und ließ den Göttern die Wahrheit. Parmenides unterwarf sie der Logik. Sein Kurs war nicht
von dieser Welt. Vater klappte das Buch zu.
Nico suchte mit dem Glas die Küste ab. Nein, in Velia
gab es wirklich keinen Hafen. Es dunkelte schon. Auf
Capri lag eine blasse Sonne. Uns fror. Das Barometer
wollte nicht wieder steigen. Wir beschlossen, wieder
zurückzusegeln und nahmen Kurs auf Agropoli.
Wir wendeten unter dem Burgberg von Elea, über dem
schon der Mond stand. Im Norden sahen wir ein Segel
am Horizont. Von dort kamen schwarze Wolken und
löschten die letzten Strahlen der Sonne. Noch war hier
kein Wind, aber wir sahen ihn schon kommen. Wir saßen an Deck und warteten. Immer klarer öffnete sich
über uns der Sternenhimmel. Die Unermeßlichkeit
dieser Welt machte uns betroffen. Lange starrten wir
nach oben und gegen die Überfülle dort erhob sich bei
uns ein Gefühl von Trotz: Das Weltall um uns ist doch
nur in unserer Vorstellung und durch diese! Unsere
Abhängigkeit von der Welt ist auch ihre von uns. Und
einen Augenblick hatten wir über dem alten Elea die
Welt gebändigt als Wille und Vorstellung.
Mutter fand zuerst zurück nach Velia. Unter dem
Burgberg fuhr ein Zug nach Süden. Der Schein seiner
Lichter versetzte uns wieder in die Skylla-Welt. Es

wurde auch Zeit. Der Wind kam und nahm rasch zu. Wir verkleinerten die Segel, denn das Barometer war weiter gefallen. Weiß Gott, sagte Mutter, Vater nimmt jetzt das Ruder in die Hand und sieht zu, daß wir so schnell wie möglich nach Agropoli kommen! Ich habe keine Lust, schon wieder im Sturm zu segeln, Sein hin, Schein her, ich will in den nächsten Hafen, hier und jetzt!

Sie hatte natürlich recht. Der Segler stand Backbord voraus und steckte bereits in einer westlichen Windbahn. Soweit man noch sehen konnte, hatte er das Großsegel gerefft und tanzte auf den Wellen. Durch das Glas konnten wir beobachten, daß es ein Katamaran war, sein Doppelrumpf hatte zwei Bugwellen. Er mochte fünf Seemeilen nördlich von uns querab von der sandigen Sele-Mündung stehen. Wir hatten den Monte Tresino umfahren. Hinter seinen dreihundertundfünfzig Metern Höhe wurde es ruhig. Der Wind kam ähnlich wie gestern hinter uns her. Inzwischen war es finster. Lange rätselten wir um das Leuchtfeuer von Agropoli. Wir setzten die Sturmfock und warfen den Motor an. Jetzt standen wir ein bis zwei Seemeilen vor Agropoli, der Katamaran vielleicht sechs. Wir sahen ihn in der Dunkelheit nicht mehr. Er mußte quer zur Küste segeln, und der Wind stand auflandig für ihn.

Als wir um Mitternacht den westlichen Molenkopf von Agropoli rundeten, fing es draußen an zu pfeifen. Das Wetter stand mitten im Golf von Salerno. Mutter atmete auf. Die Mole war durch einen hohen Wind- und Wellenbrecher geschützt. Zwei verwegene Kerle standen dort im Licht der Molenlampen und warteten auf unsere Leinen. Sarazenen! sagte Uli. Wir nahmen die Segel weg.

Beim Anlegen ging alles schief. Mona war auf die Mole gesprungen und hatte dabei die Leine verloren. Uli hatte den Motor zu früh abgestellt, und Nico war zum Abhalten auf ein Fischerboot gestiegen, gerade als der Wind die KLEINE LIEBE davon abtrieb. Uli versuchte vergeblich, den Motor wieder anzureißen, und Mutter lief nach vorne, weil Vater laut über seine Tochter schimpfte. Sie schwang sich mit einem Bein über die Seereling und reichte Mona die Hand. Die Sarazenen hielten Mona fest. Da bekam Uli den Motor in Gang, aber mit Rückwärtsgang. Mutter ging in den Spagat und Mona und die Sarazenen rissen sie herüber auf die Mole. Als Uli sah, was er angerichtet hatte, verkroch er sich in die Kajüte. Die ersten Regenschauer prasselten. Beschwörend hielt die übrige Besatzung dem entschwindenden Vater die Leinen entgegen.

Der zog es vor, bis in die Hafenmitte zurückzulaufen, bis Mole samt Besatzung und Sarazenen klein, ganz klein geworden waren. Und erst, als die Dunkelheit ihn unsichtbar gemacht hatte, stellte er den Motor ab, zog die Rollfock aus und segelte, segelte! mit halbem Wind an eine andere Stelle. Über die Mole pfiff es, und die Lichtkegel der Molenbeleuchtung tanzten. Vater warf den Anker, winkte der zueilenden Besatzung verächtlich ab, rollte die Fock wieder ein, sprang selber mit der Leine an Land und bewies sich, was alle längst wußten: er konnte es, er brauchte keine Hilfe, er wollte es ihnen mal zeigen.

Mutter und Mona machten ein fürstliches Nachtmahl und stellten damit den Bordfrieden wieder her. Die

Wolken rissen auf und bald schien der Mond auf den Burgberg über dem Hafen. Der Wind blieb. Wir fanden Agropoli schön. Wußtest du schon, fragte Nico seinen Bruder, daß der Mond nicht nur kleiner ist als die Erde, sondern auch weiter entfernt? Uli drehte die Augen gen Himmel und Mona sagte: Heiliger Parmenides! Er verwechselt noch Schein und Sein, unser kleiner Odysseus. Mutter stellte fest, daß der Katamaran nicht hereingekommen war.

In der Nacht träumte Uli von der männermordenden Skylla und der bösen Charybdis, und Vater führte einen zermürbenden Kampf mit Elementarteilchen, die ihm auf der Nase tanzten. Darum war er froh, als Uli im Traum Axels Gedenkkachel herunterschlug und Mutter Licht machte. Wir tauschten unsere Träume aus. Kaum waren alle wieder eingeschlafen, geriet Vater in die Klemme zwischen Skylla-Einstein und die schlürfende Däniken-Charybdis.

Paestums Agropoli

Die Sonne war schon aufgegangen über dem Burgberg, als wir aus der Kajüte sahen. Außer uns und den
Fischern lag niemand im Hafen. Auf der Mole standen
die beiden Sarazenen und reichten uns einen Wasser-
schlauch. So kamen wir zu Süßwasser und einer Mor-
gendusche für die KLEINE LIEBE und ihre Besatzung,
Haarewaschen eingeschlossen. Die Agropoli-Saraze-
nen saßen auf der Mole und freuten sich. Der eine war
groß, der andere klein, Nasen hatten sie wie Säbel. Sie
grinsten, und dabei zog der Große den Mund herunter, der Kleine herauf. Dem Kleinen hatte es Mutter
angetan, der Große sah immer zu Mona. Als der
Kleine schrubbende Bewegungen in Richtung Mutter
machte, bekam er den Ellenbogen des Großen zu spüren. Der Kleine hat Frau und fünf Kinder zu Hause,
sagte Vater, sieh dich vor! Paesto? fragte der Große
und zeigte über die Schulter nach links. Wir sagten: Si.
Er schickte den Kleinen weg.
Wir luden den Großen ein, zum Frühstück herüberzukommen, aber er wollte nicht. Unseren Tee mochte
er auch nicht, aber eine Cola nahm er. Uli hatte sich die

Akropolis von Agropoli mit mehr Säulen vorgestellt und es wunderte ihn, daß da vernünftige Häuser draufstanden. Er sog seinen The freddo durch den Strohhalm und betrachtete den Burgberg. Hinter der Mole hörten wir die Brandung. Schwell stand in den Hafen hinein, und manchmal ruckte die KLEINE LIEBE zwischen Ankerkette und Mole. Der Wind hatte die Nacht über durchgeweht. Er kam noch aus Westen. Es war kühler geworden. Der Molenkopf, den wir heute nacht rundeten, war noch im Bau. Steinblöcke sahen spitz aus dem Wasser.

Von der Stadt herunter näherte sich ein Auto und fuhr auf die Mole. Es war ein roter Opel und Niccolo, der kleine Sarazene, stieg winkend aus. A Paesto, sagte Gennario, der Große, und zeigte auf das Taxi. Das Programm lief. Wir wurden uns einig, zwar außerhalb der Marktwirtschaft, denn Konkurrenzangebote waren nicht einzuholen, aber es schloß Duschen und Bewachen mit ein. Wir wurden mit allen Wassern gewaschen. Die andere Seite setzte ihren Preis fest nach Schiffsgröße plus Augenschein mal zwei. Wir boten die Hälfte, und so kamen alle gut weg und konnten Freunde bleiben. Ein Glück, daß wir keine Padroni-Yacht hatten.

In Paestum, das wir nach zehn Kilometern erreichten, gab es eine Überraschung. Der Tempelbezirk, die Ausgrabungen, sogar das Museum, waren geschlossen: Sciòpero, Streik. Vier oder fünf Touristenbusse standen vor den Toren. Die Fahrer verhandelten. Wie lange Streik? Einen Tag, vielleicht zwei. Aber morgen sind die Herrschaften schon über alle Berge! sagten die Fahrer. Eben, und wir bleiben hier, sagte der Streikposten, für fünfhundert Lire die Stunde. Sie verdienen das Hundertfache, ist das gerecht? Alle Menschen sind gleich! Einer aus einem Bus mit lustigen Leuten aus Louisiana machte eine Sammlung. Ein Wochenlohn für vier Wärter kam zusammen. Ein zähes Ringen begann zwischen dem Geld in der Hand und der höheren Weisung aus Salerno. Stimmt doch ab, meinte der Texaner, aber es stellte sich heraus, daß die richtigen Wärter gar nicht da waren. Sie waren bei Mamma geblieben. Hier stand nur ein Funktionär aus Salerno, die anderen waren arbeitslos, sie boten sich an, den Fremden für ein paar Lire das andere Paestum zu zeigen, aber die winkten ab. Die Deutschen stiegen in ihre Busse und sagten: Wir fahren wieder nach Jugoslawien. Die Texaner lachten. Einer sagte, wenn ihr meint, daß alle gleich sind, dann helft euch selber. Die Busse fuhren mit ihrer Ware weiter. Der Mann aus Salerno steckte sich eine Camel aus Texas an.

Wir sahen durch die Gitter auf die drei mächtigen griechischen Tempel. Vater wunderte sich, daß kein Burgberg in der Mitte stand. Tatsächlich ist Paestum die einzige Griechenstadt ohne Akropolis. Uli fiel etwas auf: Griechen hier in Italien? Du wunderst dich doch auch nicht, sagte Nico, daß Römer bei uns waren und erinnerte Uli an Asterix. Cäsar war bei Asterix, Tiberius bei den Ostfriesen. Aber früher, als die Griechen hier wohnten, lange vor Cäsar, waren die Römer für sie wie Asterix und die Ostfriesen, sagte Vater. Die Römer sind unsere Großväter, die Griechen unsere Urgroßväter.

Was sollen wir tun? fragten wir Niccolo und sahen durch die Gitter auf unsere Urgroßväter. Niccolo dachte nach, und Mutter rauchte eine Zigarette mit ihm. Dann empfahl er uns eine Caféteria und ging die Lage peilen. Vater kaufte den neuen Paestum-Führer von Mario Napoli und ein Heft mit Kupferstichen Piranesis, die er 1777 nach der Wiederentdeckung der Tempel machte. Sie gehen immer, wenn Streik ist, sagte der Verkäufer. Nun sahen wir die Tempel doch wenigstens durch die Brille Piranesis. Endlich kam Niccolo wieder und sagte: Dieser Bel Tipo aus Salerno ist nicht alleine. Vor den beiden anderen Toren stehen auch welche. Er schlug vor, erstmal einen Freund von ihm aus Agropoli im Museum zu besuchen und später baden zu gehen. Am späten Nachmittag würden wir dann weitersehen.

Es gab einen »Verein der Freunde Paestums« unter der Leitung von Nunzio Daniele, einem deutschsprechenden Archäologen. Nico hatte ein Hinweisschild gesehen. Aber wir gehörten ja jetzt Niccolo und nicht Nunzio. Niccolos Freund gab es wirklich. Er gehörte zu den Bauarbeitern des neuen Museums. Die Eingangshalle war noch nicht fertig. Wir umgingen die verschlossenen Tore. Die Bauarbeiter streikten nicht. Es kostete uns eine Lohnrunde, und schon waren wir drin. Wir hatten selten ein schöneres Museum gesehen. Mitten im letzten Krieg fand Prinzessin Paola Zancani an der Sele-Mündung, die so weit nördlich von Paestum liegt wie Agropoli südlich davon, den versunkenen Tempel der Göttin Hera. Zwölf Jahre später entdeckte sie die sechsunddreißig berühmten Metopen, meist Szenen nach Homer, die den Tempel wie eine Bilderschrift umgaben, vor denen wir nun standen. Sie waren aus Sandstein und hatten durch die Vesuvasche von 79 gelitten, aber Odysseus konnten wir gut erkennen, wie er in Paestum auf einer Wasserschildkröte durch die Brandung an Land schwamm.

Uli fand das Bild von Herkules am besten, der an einer Stange zwei an den Füßen aufgehängte Kerle trug, die ihm unter sein Löwenfell sehen konnten. Alle drei lächelten archaisch. Es war keine Folterszene, wie Nico vermutete, es waren Herkules und die Kerkopen, die ihn als Fliegen verfolgten, und die er jetzt als Kobolde gefesselt trug. Soeben hatten sie seinen dreckigen Hintern unter dem imponierenden Löwenfell entdeckt. Als ihr Lachen kein Ende nahm, ließ er sie frei. Natürlich werden sie ihn morgen wieder ärgern, denn sie sind die Strafe der Götter für seinen Frevel am Orakel von Delphi: Er hatte der Sybille zwei Metopen vorher den Dreifuß geklaut. So geht es den Herkulessen mit dem Proletenvolk der Kerkopen. Sie werden es schon ertragen müssen, jedenfalls bei den Griechen.

Niccolos Freund kam herauf mit Maurerkelle und Papiermütze und führte uns zu den Gräbern, kleine verputzte Häuser, mit Fresken bemalt. Wir entdeckten darin den Kopfsprung eines nackten Jünglings in die Unterwelt und einen Wagen, von schnellen Pferden gezogen. Ein Mann stand darin. Parmenides, sagte Uli. Unser Freund wollte zur Erinnerung ein Photo. Er nahm den Paestum-Führer, stellte sich vor den Kopfspringer mit gelehrter Miene und mußte sich das Lachen verbeißen. Uli nahm seine Maurerkelle und seine Papiermütze. Auf der stand: l'Unita. Mona knipste. Mutter schrieb seine Adresse auf.

Er brachte uns noch in einen Raum mit sechs Bronzegefäßen und drei Amphoren und erzählte davon eine unglaubliche Geschichte. Aber sie stand auch im Paestum-Führer: 1954 fanden die Ausgräber in Paestum ein verschlossenes Gebäude und stiegen durch das Dach ein. Sie sahen in der Mitte ein leeres Bett, mit den Resten eines wollenen Tuches bedeckt und daneben diese Gefäße, sonst nichts. Das Haus war seit zweitausendfünfhundert Jahren zugemauert. In den Gefäßen war Honig, noch eßbar, und in den Amphoren Wein: Nektar und Ambrosia, die Götternahrung, zweitausendfünfhundert Jahre alt. Es war das Kulthaus der Göttin Hera, der alle Tempel in Paestum geweiht sind. Beklommen verließen wir das Museum.

Niccolo führte uns auf Schleichwegen zu seinem roten Opel. Wir grüßten den Herrn aus Salerno, als wir am Tor vorbeifuhren und sahen durch die Gitter die drei Tempel von Paestum in der Mittagssonne. Niccolo brachte uns in eine Trattoria, und wir aßen mit ihm. Er schien hier jeden zu kennen, kein Wunder, heute wohnen hier nur ein paar hundert Menschen. Vor zweitausend Jahren waren es dreißigtausend, in Parmenides' Elea sogar vierzigtausend. Jetzt leben in Velia keine vierhundert.

Nach dem Essen fuhren wir nördlich an Paestum vorbei zum Strand. Auf dem Wege zeigte uns Niccolo einige ausgeräumte Gräber in einer jungen Kalkschicht. Bei der Invasion 1944 brach hier ein amerikanischer Bulldozer beim Bau eines Feldflugplatzes ein. So wurde das erste Grab entdeckt.

Niccolo fuhr uns weiter zum nahen Meer und hielt vor einem breiten Sandstrand, auf den die Brandung rollte. Wie zu Hause, stellten wir fest. Der Strand war kilometerlang und leer. Wir hatten unser Badezeug an

Bord und baten Niccolo aufzupassen. Er stellte den roten Opel quer in die Zufahrt. Ich werde ein paar Freunde besuchen, während ihr badet, sagte er. Wir warfen uns in die Brandung wie unsere Urgroßväter. Nachher legten wir uns in den Sand, wo die Wellen ihn beleckten, und blinzelten in die Ferne. Mutter sah nach Norden zur Sele-Mündung, wo einst die Kerkopen über Herkules lachten, und nach Süden, wo Agropoli lag. Paestum hatte keine Akropolis? fragte sie. Da liegt sie doch und heißt noch so: Agropoli! Wir dachten darüber nach. Es leuchtete uns ein: Paestums erster Hera-Tempel im Norden ist so weit von hier entfernt wie Agropoli im Süden: Paestum, eine riesige Bühne.

Am Horizont waren die Aufbauten eines Dampfers zu sehen, der nach Norden zog. Was hat sich Parmenides wohl gedacht? fragte Vater, als er hier lag und am Horizont Odysseus auftauchte? Opa, hat er gedacht, kommst du endlich heim? meinte Mutter. Vater dachte es sich anders: Weil er zuerst nur das Segel und dann das Schiff sah, liebe Sybille, hat er gesagt: Alles ist Schein, aber dahinter steckt das Sein. Die Welt ist krumm, aber meine Gedanken sind gerade. Komm mir ja nicht nochmal mit deinen Elementarteilchen, sagte Mutter, dann schläfst du wieder nicht. Vater ging baden, die anderen dösten auf dem warmen Sand, und von Zeit zu Zeit kitzelten sie die Wellen.

Über dem Strand kreisten ein paar Seeschwalben. Das Wasser, sagte Vater, als er herauskam, ist auch nur Schein, es besteht in Wirklichkeit aus den gleichen Teilchen wie die Wolke, die dahinten aufsteigt. Ihre Teilchen fliegen wie die Seeschwalben in weitem Abstand, im Wasser aber dicht wie ein Mückenschwarm. Dich sticht wieder das Sein, sagte Mutter, geh nochmal baden. Da kam es zu einer Teilchen-Schlacht und Parmenides ging unter in H2O.

Der Dampfer war nicht mehr zu sehen, als Mona fragte: Wenn Niccolo nicht wiederkommt? Wir schickten Uli zum Nachsehen. Er machte sich eine Hose aus Sand und meldete: Sein Wagen steht noch da. Und wo ist er? wollte Mutter wissen. Er liegt hinter dem Wacholder, sagte Uli, mit seinen Freunden. Mutter griff nach ihren Kleidern. Er hat uns verkauft, sagte sie. Quatsch! sagte Uli, sie sehen alle zu den Seeschwalben.

Wir zogen uns an und gingen am Strand entlang und suchten Schalen vom Nautilus und Argonauten-Muscheln. Dahinten liegt ein Schiff, sagte Mona. Tatsächlich, ein paar hundert Meter weiter lag ein entmasteter Segler in der Brandung. Wir liefen um die Wette hin. Die Wellen hatten das Schiff hoch hinaufgetragen auf den Strand, immer noch spülten einzelne über das Deck. Es war in zwei Teile zerbrochen. Leer! rief Uli, der schon da war.

Betroffen standen wir vor dem Wrack: Es war der Katamaran von gestern. Es gelang uns, an Deck zu kommen. Er lag ruhig und festgesogen im Sand, die Rümpfe aufgeschlagen, die Takelage hing über Deck. Die Kajüte war ausgeräumt, voll Wasser und Sand. Eine italienische Yacht, es war die erste, die wir sahen. Später hörten wir von Niccolo, daß die Segler sich retten konnten. Der Sturm letzte Nacht drückte sie vor Paestum in die Brandung. So hatten sie Agropoli nicht mehr erreicht.

Wir gingen zum Strand zurück. Das Wrack drehte sich langsam gegen die Uhr in dem Sand. Manchmal ruckte und zitterte es in der Brandung. Morgen schon wird es nicht mehr zu heben sein. Wir sahen neben der Sonne den Abendstern und schwiegen. Die Uhr schlägt, alle. Schiffe vergehen, auch die KLEINE LIEBE wird vergehen. Nur der Abendstern vergeht nicht, weil er der Morgenstern ist, dachte Mutter, auch wenn es unlogisch ist. Aber sie sagte lieber nichts.

Niccolo winkte, und wir machten uns auf den Weg. Ihr könnt zu den Tempeln, sagte er, als wir bei seinem Opel angekommen waren. Ich habe einen Freund, der wohnt bei der Porta Marina auf dieser Seite hinter den Tempeln. Er wird euch hineinlassen. Ich rechne mit ihm ab, ich habe gehandelt für euch: Einen Tageslohn für drei Wärter habe ich herausgeholt. Er wollte einen Monatslohn, der Halsabschneider, wegen der Streikposten aus Salerno. Aber die Kerle sind abgefahren. Ihr dürft euch nur nicht von der Straße aus sehen lassen. Heute nacht scheint der Mond, dann könnt ihr genug sehen. Ihr werdet alleine sein. Francesco gibt euch Felle mit. Bevor die Sonne aufgeht, hole ich euch wieder ab.

Wir freuten uns und waren mit allem einverstanden: Hatten wir ein Glück! Die Nacht mit Larry und den Kirschkernen ging uns durch den Kopf. Mit Nächten hatten wir ja Erfahrung. Weißt du noch, in Caserta, sagte Mutter, als wir die Nacht beim König waren?

Von der Porta Marina in Paestum war es ungefähr gleichweit nach Osten zu den Tempeln und nach Westen zum Meer. Hier begann die alte Stadt. Wir sahen die gewachsene quergeriefte Kalksteinplatte, auf der sie erdbebensicher stand. Über der Platte beginnen die Quader der alten Stadtmauer. Sie ist immer noch zwei, drei Meter hoch und fünf Kilometer lang, mehr als doppelt so lang wie die von Pompeji, und darin stehen die drei Griechentempel aufrecht inmitten römischer Ruinen.

Fünfhundert Jahre existierte Paestum zuerst unter Griechen, dann unter den Lukanern und Römern. Gleich zu Beginn wurden die Tempel gebaut. Zweitausend Jahre waren sie im Sumpf unter wucherndem Buschwerk verborgen, bis Straßenbauer sie vor zweihundert Jahren aus ihrem Dornröschenschlaf weckten. Der Paestum-Führer behauptet, durch Küstensenkung sei Paestum gesunken wie Baia. Am Ende jedenfalls saßen die Sarazenen in Agropoli, die Malaria in Paestum und die Normannen in Salerno und Amalfi und alle holten sich Säulen von hier.

Auf den Weiden vor der Porta Marina, wo früher das Meer war, grast heute braunschwarzes gehörntes Vieh. Bufalo, sagte Francesco, und zeigte mit dem Kinn in die Richtung. Wir hatten sie schon auf Piranesis Kupferstichen gesehen. Francesco war ein kleiner Bauer, der seinen verwinkelten Hof an der Porta Marina hatte. Er bat uns hinein. Außer Francesco, seiner Familie und den Büffeln war hier niemand. Ist es hier immer so ruhig? fragte Mutter und dachte an das Touristengewimmel auf der anderen Seite. Francesco zuckte die Achseln. Seine Frau und die Kinder machten Platz, ob wir es wollten oder nicht. Wir mußten uns setzen und bekamen Mozzarella, Büffelkäse, Brot und Wein. Die Nacht ist lang, sagte er, ich gebe euch Felle mit und sperre die Hunde ein. Wir fragten nach der Toilette.

Gabinetto in Campagna, erklärte er und zeigte mit dem Kinn nach draußen. Wenn die Ragazzi Angst kriegen, klopft ans Fenster. Er meint dich, sagte Uli zu Nico. Die Bäuerin steckte Uli eine Apfelsine zu und dann verabschiedeten wir uns von Francesco und Niccolo. Wir sahen Niccolo, nachdem Mutter mit ihm abgerechnet hatte, noch seinerseits mit dem Bauern Francesco abrechnen.

Wir schlichen gebückt zu den Tempeln und suchten Deckung an den Büschen auf der rechten Seite der Vorfelder bis wir zu den ersten Ruinen kamen und Pause machten. Wir wunderten uns, wie wenig ausgegraben war. Ein Bruchteil, verglichen mit Pompeji, Arbeit für Generationen. Wo nicht ausgegraben war, lag eine Kalkschicht über den Ruinen. Es war kein gewachsener Kalk, er mußte vom Bergwasser stammen. Wir bezweifelten die Küstensenkung. Sie hatten die Flußmündungen versanden lassen. Das Ende war Sumpf und Malaria. Paestum verkalkte.

Wir gingen weiter. Da standen die dorischen Tempel, honiggelb der Kalkstein, und durch ihre Säulen und offenen Dächer strahlte die Abendsonne, die hinter uns glühte. Im Osten dahinter die Berge des Cilento, links der tausend Meter hohe Monte Soprano, aus dessen Westflanke rechts ein Zwilling wächst. Mächtige geologische Tempel.

Mutter sah in den Paestum-Führer. Bunt waren sie bemalt, die Tempel, las sie, mit Stuck bekleidet, mit Bronze und Gold beschlagen. Wir versuchten, uns das vorzustellen. Vater schüttelte den Kopf: Wie riesige Schmetterlinge. Goethe war auch nicht zufrieden, als er sie das erste Mal sah, sagte Mutter und las: »Drei

Tempel stehen einer neben dem anderen, länglich-viereckige Massen, enggedrängte Säulen, lästig, furcht-bar.«

Wir setzten uns in den Oleander neben den größten der Hera-Tempel. Immer wieder sahen Menschen von der Straße aus durch die Gitter zu den Tempeln. Wie bei Hagenbeck, flüsterte Nico. Uli lief auf allen Vieren von Oleander zu Oleander und zeigte seinen Hintern. Wir mußten ihn zur Ordnung rufen. Ich zieh dir das Fell über die Ohren, zischte Vater. Du hast deine letzte Mozzarella gegessen, wenn du hier den Affen machst, sagte Nico. Uli streckte ihm den Hintern heraus.

Zum Glück wurde es langsam dunkel. Die Restaurants machten Licht und die Leute verschwanden. Mona ging mit den Stichen Piranesis herum. Nico versuchte, noch einige Aufnahmen zu machen. Knips mal von dieser Stelle, sagte Mona. Sie wurden sich nicht einig. Nico und Mona konnten den Standpunkt Piranesis nicht finden. Er hatte verschiedene Standpunkte zu einem Bild verkoppelt.

Mutter fand das Bild viel schöner als die Wirklichkeit. Die Leere im Inneren hatte Piranesi mit Hirten und Büffeln gefüllt.

Kein Reproduktionen, sondern Produktionen neuer Wirklichkeiten. Ich glaube, sagte Piranesi, wenn man mich mit dem Plan eines neuen Universums beauftrag-te, ich wäre verrückt genug, mich daran zu machen. Es war die Zeit, als der König Caserta baute, das irdische Universum.

Uli wollte die Felle ausprobieren und sich im Tempel eine Koje bauen. Wir gingen nach Süden zum ältesten Heratempel. Er lag weiter vom Eingangstor entfernt.

Das war für uns sicherer. Uli lief die Säulen ab und zählte: Neun an den Frontseiten, achtzehn an den Längsseiten, acht drinnen. Macht? fragte Nico. Zweiundsechzig, rechnete Uli. Achtundfünfzig, sagte Nico, wenn man die Ecksäulen nicht doppelt zählt wie du.

Wir ließen uns im Tempel bei den drei mittleren Säulen nieder, breiteten unsere Bufalofelle aus und sahen uns um. Ein Laufgitter für Menschenzwerge, meinte Mutter und sah an den Säulenwänden entlang. Ein göttliches Aquarium, fand Vater. Durch das offene Dach sahen wir die ersten Sterne. Die Säulen waren bauchig wie Muskeln. Im Paestum-Führer stand ein Goethewort: Der Säulenschaft, auch die Triglyphe klingt, ich glaube gar, der ganze Tempel singt. Ja, sagte Mutter, hätten wir unsere Gitarre hier, könnten wir den Rhythmus spielen.

Der Säulenwald, der uns umgab, belebte sich langsam und wucherte tropisch im Mondlicht. Uli traute sich nicht mehr vom Fell. Mutter zitierte im letzten Licht: Blick auf! Hier steht, bedeutend nah, im Mondenlicht der ewige Tempel da. Hör auf mit Goethe, bat Nico. Uli machte eine Entdeckung. Neben seinem Kopf lag im Gras ein Auge und sah ihn an mit enger Blende. Wir hielten es gegen das Mondlicht. Es war eine japanische Kamera, der Film war verknipst.

Was war hier denn früher drin? wollte Uli wissen, der sich über die Grillen ärgerte, die er nicht fangen konnte. Jedenfalls weder Grillen noch Griechen, meinte Vater, sondern Hera, die Göttin. Es war ihr Haus, ihre Wahrheit ins Werk gesetzt. Kein Grieche betrat es. Sie blieben draußen, auf den Stufen vor den Säulen.

Gab es die Göttin wirklich? fragte Uli. Vater wußte es nicht. Für die Griechen war sie Vater und Mutter, Geburt und Tod, Sturm und Blitz. Parmenides allerdings zweifelte an ihr. In den Tempeln betet ihr, sagte er, und redet mit dem Stein, ich aber sage euch: Hört auf das Sein. Ich weiß nicht, überlegte Mutter, ob ihm da viele zuhörten. Ich auch nicht, sagte Uli und schlug nach einer Grille. Ich finde Hera jedenfalls besser als diesen Käse mit Schein und Sein.

Mutter hielt Mario Napoli gegen das Mondlicht und fand: Zu Parmenides' Zeit gab es nur diesen ältesten Tempel und den an der Sele-Mündung. Die Baumeister kamen aus Elea. Der Tempel an der Sele war dem Mädchen Hera geweiht, dieser hier ihrer Hochzeit mit Zeus. Sie fand nicht in Griechenland statt, sondern hier im Westen bei den Hesperiden, im Garten der Götter.

Bei den großen Hera-Festen zog die Göttin von ihrem Tempel an der Sele auf festlichem Wagen, von Büffeln gezogen, hierher, wo ihr Kultbild gebadet, geschmückt und mit Nektar und Ambrosia ins Brautgemach getragen wurde. Dann ging es zum Tempel der herrschenden Hera. Dort auf der Akropolis endete das Fest. Sie ist noch nicht wiederentdeckt. Das Brautgemach dagegen wurde jetzt gefunden.

Wir lagen auf unseren Fellen um die drei Säulen herum, auf denen hoch oben die Architrave ruhten, und sahen in den Nachthimmel. Kühlender Wind strich von den Bergen des Cilento herunter durch die Skelette der Tempel. Der Stein kommt erst im Tragen zum Sein, seine Schwere erst an den Säulen zum Vorschein. Als hier gebaut wurde, lebten Parmenides, Buddha, die

Propheten, Laotse, Konfuzius und in Rom entstand die Republik. Die Geschichte dreht sich noch heute um diese Achse, die Parmenides glühen sah.

Uli sah in das Gewimmel der Sterne zwischen den Säulen. Wenn man nun immer weiter fliegt, fragte er, an der Milchstraße vorbei, werden die Sterne dann zu Land? Nein, sagte Nico, dann würde der Himmel nachts nicht dunkel, sondern hell bleiben wie die Sonne. Aber wo komme ich hin, wenn ich immer weiterflöge? beharrte Uli. Zum Schluß wieder hierher, sagte Vater, an diese Stelle. Dann bleibe ich hier, sagte Uli und rollte sich in seinen Bufalo. Und nach und nach fielen auch uns anderen die Augen zu, bis jeder gleich war im Traum.

Als am anderen Morgen im Osten das Licht über den Monte Soparno und seinen Zwilling sprang, weckte Vater die Mannschaft und verteilte Büffelkäse mit Stücken von Ulis Apfelsine. Nico hatte von der großen Gemeinschaft des Kosmos geträumt und war gerade dabei, die Strahlensprache zu entziffern, als Vater mit dem Käse kam. Wir rollten unsere Büffelfelle zusammen und schlichen uns davon. Lange saßen wir oben auf der Porta Marina und warteten auf Niccolo. Francesco war schon auf dem Feld. Die Eidechsen saßen noch kalt in den Ritzen des Kalksteins. Eine ließ sich sogar fangen. Aber es war keine blaue. Wir fuhren zurück zur Kleinen Liebe nach Agropoli.

Den Tag verbrachten wir schlafend und badend unter Paestums Akropolis. Uli angelte mit den Jungs am Hafen. Wir sahen zu in der Hoffnung auf Fische. Gewiß, hier waren Fachleute am Werk, doch blieben sie ohne Biß. Sorgfältig hakte Uli die Köder auf. Dabei steckte der Stock zwischen seinen Beinen. Die Blechköder mußten bestimmte Verwindungen haben. Hier sind Raubfische, erklärte Uli: Massen. Der Kleine da hat gestern einen gefangen: so groß! Uli zeigte einen halben Meter und stieß den kleinen Sarazenen an. Si, si, sagte der und breitete die Arme weit aus.

Das Wegwerfen des Hakens, das Ausrauschenlassen der Leine aus der rasselnden Rolle hatte etwas Berauschendes. Dabei blieben die Gesichter der Angler fachlich kühl, nur die gespitzten Lippen zeigten den mitvollzogenen Höhenflug. Im Moment des Sinkens der Angel löste sich die Spannung. Dann kam nur noch das Wiedereinkurbeln, das gleichgültige Lösen des Tangs vom Haken und die erneute Vorbereitung. Dabei gab es knappe Verständigung über Hakenkrümmung oder Köderabstand.

Spätestens beim gelangweilten Einziehen der Angeln hätte Vater auffallen müssen, daß hier ein Ritual ablief. Es hatte sich längst von seinem Zweck, dem Fisch, gelöst und war ein Turnier des Als-ob geworden, ein Spiel der Mittel ohne den Zweck. Auch als Nico kam und seine Klappwurfangel mitbrachte, die Seitenblicke auslöste, war es die gleiche Platte, die immer nur bis: ›Ich fange‹ kam, aber nie bis ›Fisch‹. Dort hatte die Platte ihren Sprung. Parmenides sah uns über die Schulter: Angeln in der Welt des Scheins, Angeln als Turnier, Angeln als Kunst, als Pantomime des Scheins. Uli und Nico brachten es auf zwei Stunden ohne Fisch. So ist die Welt.

Schließlich gingen wir oberhalb des Hafens essen, dort wo vielleicht die Akropolis der Griechen stand. Vater bestellte Fisch. Wir spürten den Hauch des Seins.

Dann sprachen wir über die Rückfahrt nach Ischia. Das dämpfte die Stimmung. Über die Wetteraussichten gab es fünf Meinungen. Nach dem Essen benutzten alle die Toilette, da uns das chemische Mittel fürs Bord-WC ausgegangen war. Nur Nico hielt die Stellung und aß Torte zum Nachtisch. Er hielt öffentliche Toiletten für unhygienisch. Immer, wenn einer von uns wiederkam, machte er dunkle Andeutungen über Krankheiten. Er öffnete die Tür einer öffentlichen Toilette, wenn es mal sein mußte, nur mit dem Ärmel.

Als Uli rausging, sagte er: Leg dir Papier auf die Schuhe. Off korss, sagte Uli, wenn du mir nicht die Torte wegißt. Wird gemacht, sagte Nico. Mutter kaufte in der Drogheria Agropoli soviel Lysoform Casa, daß es später bis Griechenland reichte.

Am Abend entschlossen wir uns, noch einen Tag in Agropoli zu bleiben. Wetter und Stimmung waren zu gut für die Rückfahrt. Morgen ist Sonntag, sagte Mona, da haben sogar die Fischer frei. Mutter fand das auch. Einen Tag verloren wir auf Capri, unkte Vater, und jetzt geht noch der Reservetag flöten. Kein Seemann vergreift sich am eisernen Proviant. Aber er konnte den Gesängen seiner Sirenen nicht widerstehen. Jetzt darf nichts mehr schiefgehen, brummte er, holte sich Opas Tagebuch und legte sich auf die warme Mole. Man beruhigte ihn und die Mannschaft setzte sich wie Niccolo und Gennario und ließ die Beine baumeln. Uli knipste das.

Was Umberto wohl macht, fragte Mona. Uli dachte an Old Boy, Mutter an Larry und Nico an die Amica von Caserta. Vater sagte, Opa sei nur bis Capri gekommen.

Neapel, dann Messina, Syrakus, Malta, Korfu, Istanbul, Alexandria. Vor der Abreise der »Vineta« nach Messina hatte er am 24. April 1912 geschrieben: Die »Hertha« lief in Neapel ein und machte dicht neben uns fest. Ihr Kommen hatte für uns eine hohe Bedeutung, brachte sie doch unsere Weihnachtspost. Vater schreibt: Weil du nicht bei uns sein kannst am Heiligen Abend, so will ich Dir einen guten Rat schicken, alte Griechenweisheit. Sie ist aus Salerno, unserer ältesten Medizinischule, geschrieben 1493 für einen König. Ich gebe Dir die Übersetzung, ich kenne Dein Latein:

Höre, was ich Dir künde!
Sei tüchtig und gesund und
Fort mit den drückenden Sorgen!
Zorn ist, glaub uns, fürs Volk
Nimm kargen Imbiß
Hüt' Dich vor starkem Wein
Hast Du gespeist, so erhebe Dich gern
Halte den Schlaf Dir um Mittag fern
Halte den Harn zurück nicht zu lang
Regt sich's im Darm, so folge dem Drang
Tust Du, was wir Dir weisen
Wirst Du lange durchs Leben reisen.

Niccolo und Gennario sahen Vater über die Schulter. Salerno, sagte Vater und gab ihnen das Tagebuch. Sie sahen sich die Kriegsschiffe auf einer Postkarte an und nickten. Niccolo zeigte auf eine Gedenktafel an der Kaimauer für die im Krieg Ertrunkenen. Salerno, zeigte er, 1943.

VENTOTENE,
Abschied zu Füßen Alitalias

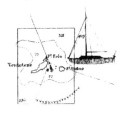

Am Montag, dem 15. Juli 1974, morgens 5 Uhr verließen wir den Hafen von Agropoli. Das Wetter war umgeschlagen, die Sicht schlecht, das Deck feucht, Schirokkowetter. Mit dem schönen Maestrale war es vorbei. Die Haufenwolken gestern waren falsche Propheten. Vorläufig wehte kein Wind, so daß wir den Motor zu Hilfe nahmen.

Der Cilento mit seinen Tausendern war rasch im feuchten Dunst verschwunden. Das Meer blieb grau und unbewegt, die lange Dünung fühlten wir nur. Die KLEINE LIEBE stieg und fiel. Wir waren allein. Eine Meile weit sah man das Kielwasser. Wir pickten die Lifeleinen der Schwimmwesten ein.

Unseren Kurs hatten wir in die Seekarte eingetragen und beobachteten den Kompaß. Von Zeit zu Zeit trug Nico Orte und Uhrzeit in die Karte ein. Sonst saß jeder irgendwo an Deck und starrte in den Dunst. Kurs WNW 285 Grad lag an. Der Schirokko konnte Tage so dauern, stand im Seehandbuch, nach Stunden käme plötzlich der gefürchtete Südwind.

Nico versuchte, das Carena-Funkfeuer von Capri zu

peilen. Vater meinte, wenn der Schirokko durchkommt, müssen wir uns von der Südküste Capris und Ischias freihalten. Wir waren uns einig, daß wir Capri Steuerbord liegen lassen mußten. Nur nicht zu dicht an die Faraglioni, sagte Mutter. Da sind schon größere Leute als wir in Seenot geraten. Aber es blieb alles ruhig. Uli kam aus der Kajüte und sagte: ich habe gebetet, daß kein Schirokko kommt. Du kannst die Maschine abstellen, meinte Nico, er kommt.

Tatsächlich kam ein leichter Wind aus südlichen Richtungen und der Dunst klarte etwas auf. Die Stimmung auf der KLEINEN LIEBE ebenfalls. So könnte es bleiben, sagte Mutter und machte Frühstück. Heute müßten die Fische beißen, meinte Vater. Aber Uli glaubte nicht daran.

Mona studierte Karten. Sie verglich die geologische mit der Seekarte. Die Meerestiefen stimmten da, wo beide gleiche Stellen bezeichneten, überein. Für Häfen aber interessierte sich die geologische Karte nicht. Capri selbst ist auf der geologischen Karte ein Gewirr aus Fels und Gestein, in dem alle Höhenangaben untergehen. Untiefen, markante Punkte, Türme, Leuchtfeuer, Bojen fehlen. Auf der Seekarte sah Capri ganz anders aus. Das gleiche Capri in verschiedenen Netzen gefangen. Eine Untiefe ist eine Untiefe, aber für den Seemann bedeutet sie etwas anderes als für den Geologen. Für Parmenides ist sie ein Begriff, und der ist mehr als die Summe aller Untiefen. Karten sind Weltbilder. Capri an sich gibt es nicht.

Reich mir mal die Karte rüber, verlangte Nico. Er trug unseren Standort ein. Jede Karte hat ihre Sprache. Ihr Maßstab ist ihre Grammatik. Der Punkt, mit dem

Nico unseren Schiffsort in die deutsche Seekarte Nr. 506, Maßstab 1 : 250 000, eintrug, war in Wirklichkeit 200 Quadratmeter groß. Das entsprach zehn Schlachtschiffen. Wir existierten auf dieser Karte gar nicht, hier und jetzt waren wir ein Niemand, unsichtbar wie ein Elementarteilchen. Nur mit der Zeit tauchten wir darin als Kurslinie auf.

Zu uns paßte besser das gute alte Meßtischblatt, die Karte 1 : 25 000, die menschlichste aller Karten. Darauf waren wir keine Null, sondern ein ernstzunehmender Punkt, wenn auch nur mit gut gespitztem Bleistift. Sozusagen eine Dialekt sprechende Karte, die man noch in einem Tag umsegeln kann. Aber wer kennt sie noch? Heute fährt alle Welt nach Auto-Generalkarten, durch die alles Schöne dieser Welt hindurchfällt.

Wir suchten unsere Karten durch und fanden bei den Italienern noch menschliche Maßstäbe. Die italienischen Seekarten Nr. 129 und 132, die südlich Capri beginnen, hatten wir an Bord. Wie hat Odysseus das nur geschafft ohne Karten? fragten wir uns. Vielleicht hatte Circe ihm italienische zugesteckt, sagte Mutter. Vater stand auf und dippte die Flagge. Für Circe, sagte er, und alle Sirenen und Sybillen!

Auf ihrem Kurs haben sich die Menschen viele Karten machen müssen, und noch heute steht längst nicht jede Untiefe drin. Gute Karten wurden wie Staatsgeheimnisse gehütet. Als Ludwig der Vierzehnte Frankreich vermessen ließ, zerriß er die Karte und rief: Ihr Geographen habt mich mehr Land gekostet als meine schlimmsten Feinde! Auf die Geographen, sagte Vater und dippte noch einmal die Flagge.

Der Wind nahm zu, die Gespräche ab und die Stunden

gingen dahin. Wir versuchten, so schnelle Fahrt zu machen wie möglich. Anfangs konnten wir den Südwind mit dem Spinnaker fangen, und der schob uns kräftig durch die aufkommenden Wellen. Doch bald mußten wir das große Tuch wieder wegnehmen. Es drückte uns zu tief nach Lee. Noch immer hielt der Südwind die Gardinen geschlossen. Die Sicht betrug nur zwei oder drei Seemeilen.

Es war jetzt zwölf Uhr. Die Sonne konnten wir nicht einmal ahnen. Den Schiffsort astronomisch zu bestimmen, ging nicht. Das Funkfeuer von Kap Palinuro schien erloschen zu sein, die Feuer von Neapel und Capri lagen zu dicht beieinander. Außerdem war es in der Kajüte zum Schlechtwerden bei dem zunehmenden Seegang. Was unseren Schiffsort anlagte, hatte Nico aber keine Sorgen. Wir mußten kurz vor Capri stehen. Hoffentlich unterschätzt ihr nicht unsere Geschwindigkeit, sagte Mutter und suchte mit dem Fernglas Steuerbord voraus den Dunst ab. Nein, nein, versicherten Vater und Nico, im Gegenteil, meistens überschätzt man sich dabei. Uli wurde seekrank. Demnach mußten wir bei Capri stehen. Unser kleiner Goethe, sagte Nico.

Um zwei Uhr hatten wir Capri immer noch nicht in Sicht. Vielleicht sind wir zu weit nach Westen geraten, meinte Mutter und sind schon dran vorbei. Unmöglich, sagte Vater, wir haben nicht einmal die Abdrift nach Osten berücksichtigt bei diesem Südwind und unserem Nordwestkurs. Wir müßten eher nach Westen vorhalten. Na gut, sagte Mutter, dann werden wir Capri ja gleich haben. Jetzt nahm Vater das Fernglas.

Nach einer halben Stunde rief Vater: Land! Tatsächlich, alle sahen es, sogar mit dem bloßen Auge. Es war gar nicht so weit entfernt. Na bitte, sagte Vater, ging in die Kajüte, kochte für alle heißen Tee und verteilte Schokolade. Um sechs sind wir in Ischia bei Umberto, verhieß er und balancierte mit dem Tee aus der Kajüte. Uli ging es wieder besser.

Nach Vaters Rechnung konnten wir ab fünf Uhr Ischia in Sicht bekommen. Der Wind hatte noch zugenommen, die Sicht aber nicht. Wir steckten das erste Reff ins Großsegel und verkleinerten auch die Fock. Vielleicht sehen wir Ischia etwas eher bei der rauschenden Fahrt, die wir jetzt machen, vermutete Vater. Aber so kam es nicht.

Statt dessen flog Axel von Capri vom Nagel und zerbrach. Vater reichte es. Der Kachel kommt über Bord, verlangte er. Doch nach den Blicken, die er erntete, hieß die Entscheidung: Er oder Axel. Er bereute, reparierte Axel mit Klebeband und steckte ihn in die Bordbibliothek zwischen Parmenides und die Odyssee.

Gegen sechs Uhr stimmte die Welt oder die Karte nicht mehr: Wir hatten Ischia immer noch nicht in Sicht. Nico saß in der Kajüte und versuchte, Ponza mit Neapel Flugfeuer zu kreuzen, um unseren Schiffsort zu bekommen. Wir sahen alle nach Steuerbord und suchten die Insel der seligen Circe. Doch statt ihrer sprangen plötzlich Delphine vor uns aus dem Wasser, vier-, fünfmal kamen sie hoch, zehn waren es vielleicht. Wir fühlten uns nicht mehr so allein.

Nico kam mit bleichem Gesicht aus der Kajüte. Er hatte zu lange am Funkpeiler gesessen. Ihm war schlecht. Mutter legte einen Finger auf den Mund, und Uli unterdrückte seinen Goethe. Vater ging nach unten. Nico hatte noch die Peilungen notiert, aber dann war ihm der Bleistift abgebrochen. Vater fiel in einem Wellental gegen den Tisch, in den Nico ein Kursdreieck gesteckt hatte. Es zerbrach. Da kam auch Vater wieder nach draußen. Ein Winter Theorie in der Seefahrtschule endete hier. Wir sahen weiter angestrengt nach Osten und dachten nach über das verschwundene Ischia. Inzwischen hatten uns auch die Delphine wieder verlassen. Nico opferte nach Lee und auch Mona benutzte die gleiche Richtung. Uli wandte sich ab nach Westen, um das Elend seiner Geschwister nicht zu sehen.

Plötzlich rief er: Ich sehe Land! Zunächst beachtete ihn niemand, da alle anderen auf der Ostseite der KLEINEN LIEBE beschäftigt waren. Da schrie Uli: Eine Insel und dahinter noch eine! Jetzt dreht er durch, sagte Nico leise und wischte sich den Mund. Als Uli aber schrie: Wenn ihr so weitersegelt, sitzen wir drauf! hörte sich das schon anders an.

Mutter, die ihre beiden Ältesten hielt, war unabkömmlich. Aber Vater am Steuer sah es nun auch, das Wunder im Westen. Zuerst glaubte er noch, es sei Ischia und wir seien auf die falsche Seite geraten. Die Insel davor sei Procida. Aber dies Ischia hier hatte keinen Epemeo und war überhaupt viel kleiner. Wo sind wir? Das war nun doch die Frage. Nico und Mona kamen herüber und blinzelten über die Luvseite der KLEINEN LIEBE. Der Wind wehte ihnen ins Gesicht, und das tat gut. Tatsächlich, da war Land in Sicht! Mit brausender Fahrt segelten wir auf die kleinere Insel zu. Sie war so groß wie die der Sirenen vor Positano. Mutter holte Nr. 506, die Seekarte mit dem größten Maßstab und faltete sie auseinander. Ja, wenn es nicht Ponza war – aber die Insel lag zu weit nördlich – dann konnte er nur Ventotene sein, denn weiter im Westen kam nichts mehr außer Sardinien, und das erst übermorgen. Vater zweifelte an unserer Navigation. Wellen, Abdrift, Strom, schralende Winde und Seekrankheit war sie nicht gewachsen. Fortschritte seit Odysseus? Auf kleinen Schiffen nicht.

Wir holten rasch das Seehandbuch und lasen: Die Insel Ventotene ist eine Strafkolonie. Die Küsten sind felsig und schwer zugänglich. Der kleine Hafen an der Ostseite wurde bereits in römischer Zeit aus dem Fels gehauen. Die Einfahrt ist nur dreißig Meter breit und schwer auszumachen. Verdammt! Vater suchte im Denham. Dort war wenigstens eine Zeichnung des Hafens und es hieß: Bis vor wenigen Jahren waren Ventotene und das vorgelagerte Santo Stefano eine Sträflingsinsel, jetzt nur noch in Stefano Landung verboten. Na, Gott sei Dank. Das Seehandbuch war von 1966, Denham von 1969.

Wir fanden den aus dem Riff gehauenen kleinen Hafen, eine Puppenstube für die KLEINE LIEBE. Die Einfahrt ist nur mit Motor zu bewältigen. Schon lagen wir am Kai vor gelben Tuffhöhlen, riesigen Ohren, die das Rauschen der Brandung fingen und in denen allerlei Fanggerät lagerte. Ventotene ist ein Vulkan, zwei Millionen Jahre alt. Wir waren auf seiner Spitze, tausend Meter über dem Grund.

Uns vorzustellen, daß Tiberius' Julia hier schmachtete, dazu waren wir zu müde. Andererseits waren wir zu glücklich, um das Wunder von Ventotene zu verschlafen. Besonders Mutter, die es ja gleich gesagt hatte – das mit der falschen Geschwindigkeit –, war nicht zu halten. Sie zog den kleinlauten Vater und die genesende Restbesatzung die Treppen hinauf ins Fischerdorf, die Karten unter dem Arm. Und auf dem Dorfplatz zwischen Waisenhaus und Kirche wurde unter Weinlaub die Odyssee unserer Heimfahrt besprochen.

Soviel war klar: Woran wir um halb drei im Dunst vorbeigesegelt waren, war nicht Capri, sondern bereits Ischia gewesen. Und so mußte es uns ohne Kursänderung geradezu nach Ventotene verschlagen haben. Kommen, wohin du nicht willst: Odysseus kannte das. Wir hatten es nun gelernt. Ein Glück, daß da noch eine Insel kam, sagte Uli und sah auf die Karte. Odysseus hatte sie nämlich verpaßt und landete in Korsika. Als wir unsere Frutta di mare gegessen hatten, nahmen wir die Weingläser vom Tisch und breiteten die Karten aus. Wirklich, der Kurs von Agropoli nach hier war eine Linie und führte haarscharf an Capri und Ischia vorbei. Diese unfaßliche Geschwindigkeit! sagte Mutter, toll, wie ihr Capri abgehängt habt.

Vater machte sich Sorgen um die Heimkehr. Wir rechneten die Tage zurück und fanden, daß uns einer fehlte. Ein Seemann vergreift sich nie am eisernen Proviant. Morgen wollten wir abtakeln und übermorgen aus Ischia abfahren. Und nun sitzen wir in Ventotene, sagte Vater und bestellte noch einen Wein.

Mutter erinnerte an den Schirokko. Aber der dunstete immer noch vor sich hin. Über vier, fünf Windstärken war er gar nicht gekommen. Inzwischen waren es noch weniger. Wenn wir es schaffen, morgen abend in Ischia zu sein, überlegte Vater, fahrt ihr gleich mit dem Wagen bis Rom. Ich takele die KLEINE LIEBE ab, klare auf und fliege am nächsten Morgen nach. Ihr wartet auf mich am Flugplatz.

Und wenn wir es nicht schaffen? fragte Uli. Dann bleiben wir hier und pfeifen auf Schule! sagte Mutter. Das fand allgemeine Zustimmung, und so stiegen wir zum Hafen hinunter, vorbei an den Pollern der alten Römer, und machten es uns in der KLEINEN LIEBE gemütlich.

Neben uns hatte sich ein Fischerboot gelegt. Am Heck wehte eine weiße Flagge mit einem Mohrenkopf darin. An Deck lagen zwei Männer mit Adlernasen und Lokkenhaar. Sie trugen weiße Stirnbinden. Einer hatte seine über die Augen gezogen und schlief. Der andere beobachtete uns. Netze sahen wir nicht an Deck, auch steckten in den Speigatten keine Fischreste. Den Bug verlängerte ein Klüverbaum, lang wie ein Rammsporn. Das Heck lief spitz zu, wie bei einer alten Tartane. »Sampiero Corso« stand am Heck und daneben: »Bastia«.

Ein dritter Mann kam. Er hatte eine Kiste auf der rechten Schulter. Die beiden anderen verstauten sie unter Deck. Der dritte Mann tauchte seine Stirnbinde ins Wasser und wischte sich den Schweiß ab. Dann schwang er sich über den Klüverbaum an Deck. Die drei schienen italienisch zu sprechen.

Wo liegt Bastia? überlegten wir und einigen uns auf Korsika. Nach der Karte lag es hundertfünfzig Seemeilen von hier. Ist das italienisch? fragte Uli. Französisch, sagte Mona.

Der Abendwind kam und strich wie ein Kater durch den Hafen. Uli zeigte auf die weiße Flagge. Der Mohrenkopf entfaltete sich und hatte eine Stirnbinde. Piraten! rief Uli. Die drei aus Bastia unterbrachen ihr Gespräch. Das mit den Piraten hatten sie gehört. Sie sahen zu uns herüber. Uli verschwand in der Kajüte. Mutter fragte auf französisch, ob sie französische, italienische oder maurische Piraten seien. Sie reagierten nicht. Einer spuckte seine Zigarette über Bord und ging unter Deck. Der Kapitän sah zu uns herüber. Mona kam das spanisch vor: Ist Korsika spanisch? Da lachte der Kapitän der Korsen und sagte auf deutsch: Korsika ist korsisch. Ganz einfach.

Donnerwetter! War uns das entgangen? Wir hatten vier Wochen keine Zeitung mehr gelesen. Sind Sie Bayern? fragte der Korse. Um Gottes willen! sagten wir, wie kommen Sie darauf? Und dann stellte sich heraus, daß er auch bei Ritter Titus v. Lanz in der Münchner Anatomie gesessen hatte.

Wann ist Korsika denn selbständig geworden? fragte Mutter. Korsika war immer korsisch, auch wenn seine Kleider römisch oder fränkisch, spanisch oder genuesisch waren, sagte er. Korsika ist unsere Heimat und Korsikas Heimat ist Europa.

Er zog die Flagge mit dem abgeschlagenen Kopf ein. Die Sonne war untergegangen. Wir schwiegen. Aber was er sagte, klang mächtig in uns nach. Es kam aus verschütteten Tiefen und klang nach Aufstand der Regionen. Schlug uns da ein neuer Morgen?

Inzwischen war ein vierter Korse mit einer weiteren Kiste gekommen. Der Kapitän mit den vereinigten Kleidern war nun zufrieden. Die vier sprachen miteinander in ihrer Sprache. Die Kisten kamen aus Lybien. Umberto erzählte uns später, Gaddafis Mutter sei eine Korsin. Die Männer holten Wein und winkten uns, herüberzukommen.

Und so saßen wir bei ihnen an Deck und sahen die Sterne kommen, tranken korsischen Wein und hörten von Menschen, die sich kannten. Wie viele sind Sie? Eine Viertelmillion, sagten sie, aber nur noch die Hälfte sind wirklich Korsen. Algerienfranzosen ließ man an die Ostküste, Zehntausende sind es, sie machen Billigwein. Zwanzigtausend kamen aus Marokko, die Fremdenlegion kam. Fünfunddreißigtausend Korsen fielen für Frankreich, das nicht einmal unsere Sprache kennt.

Uli fragte nach der Piratenflagge. Der korsische Kapitän nahm sein Stirnband ab und entfaltete es. Im Schein seines Feuerzeugs sahen wir den Mohrenkopf. Er drehte ihn um und sagte: Korsika. Das Gesicht ist unsere Westküste. Richtig herum ist es Sampiero Corso, genannt Othello, der aus Eifersucht seinen Kopf verlor, wegen der schönen Vannina d'Ornanos. Ihre Brüder ließen ihn solange am Stadttor von Ajaccio hängen, bis er schwarz war. Ein Nachkomme ist noch heute dort Bürgermeister.

Wir hörten staunend zu. Uli saß auf den Knien und ließ sich Othellos Geschichte erzählen. Am Ende band ihm der Korse sein Stirnband um und sagte: Es ist deins. Später lasen wir von ihm in den Zeitungen. Sein Kampf um Korsika ist wie Othellos Eifersucht auf seine Geliebte.

Am nächsten Tag wußte der Schirokko immer noch nicht, was er wollte. Vielleicht wollte er gar nicht mehr, denn es flaute ab. Das war auch gut so, denn wir mußten Ostsüdost-Kurs steuern und hatten den Wind spitz von vorne. Und so entging uns diesmal Ischia nicht, die Sicht war besser, die See ruhiger. Das letzte Stück hinter der Insel war ohne Seegang. Wir segelten bei Odysseus am Monte Vico vorbei, dann an Casamicciola, sahen zum verhangenen Epomeo hinauf, und dann bogen wir bei Cesare um die Ecke nach Porto d'Ischia hinein.

Unsere Boje lag noch neben Umbertos Generalsyacht. Umberto war bei den Aliscafi. Er hatte uns schon gesehen, kam langsam und begrüßte uns stumm. Mutter sah ihm in die Augen. Sie wußte Bescheid. Er saß auf der Mole und sah uns beim Abtakeln zu. Seine Hände machten Knoten in ein Bändsel. Mit Vaters Bart war er jetzt zufrieden. Überhaupt hatten wir uns alle herausgemacht, fand er und lobte uns: Selbst Vater machte Bella figura. Nur daß wir bei diesem Wetter draußen gewesen waren, fand er unmöglich und auch, daß wir schon wieder weg wollten und vor allem, daß wir es so eilig hatten. Madonna! sagte er und schlug die Hände über dem Kopf zusammen, als wir ihm die Abreise erklärten. Arbeiten? Santo Dio! wollt ihr denn gar nicht leben?

Auch Herr de Mascias ging alles zu – wie sagt man es deutsch? – Hals über Kopf. Wir ließen uns überreden und setzten uns noch einmal zu Gennaro, speisten Spigola, genossen den weißen Epomeo und am Ende Schokoladentorte und erzählten. Dottore de Mascia überreichte uns zum Abschied ein Buch für die Bordbibliothek, in das er eine Widmung geschrieben hatte. Es hieß Octavius. Ihr habt die alten Römer besucht, sagte, er, aber nicht die alten Christen. Auch das sind unsere Väter. Ohne sie hätten wir nicht so große und schöne Kirchen in Neapel. Wir dankten ihm. Er hatte zwei Worte in das Buch geschrieben: Amici, Fratelli!

Wir sagten uns Auf Wiedersehen auf der KLEINEN LIEBE im nächsten Jahr. Dottore de Mascia nahm Vater beiseite, so daß Umberto es nicht hörte. Totgeburt, sagte er, ein Junge. Umberto überredete Mutter, Uli bis morgen bei ihm und dann mit Vater fliegen zu lassen. Er kostet nur die Hälfte, sagte er und zwinkerte Uli zu. Uli dankte mit einem dicken Schokoladentortenkuß. Dann kann er noch ein bißchen am Hafen spielen, sagte Umberto und wischte sich die Backe.

Endlich fuhren Mutter, Mona und Nico mit der letzten Lauro nach Neapel herüber. Es war schon dunkel. Mit Sack und Pack und Wagen nahmen sie diesmal die Stadt im Handumdrehen. Nicht einmal der Platz vor der Albergo dei Poveri konnte sie schrecken. In Caserta machten sie einen Abstecher bei König Ferdinand, Mario und Padre und brachten ihnen die versprochenen Fotos. Dann eilten sie über die Autostrada del Sole durch die Campagna, durch Latium nach Rom, den Caduta sassi entgegen. Am Flugplatz Leonardo da Vinci legten sie sich auf ihre Seesäcke unter ein Alitalia-Schild. So war es verabredet.

Vater und Uli in Ischia takelten ihre SYBILLE ab, reinigten sie einschließlich Schlauchboot und WC, fanden manch verlorene Kostbarkeit wieder hinter Kojen und unter Bodenbrettern, machten den Motor winterklar, legten den Mast und übergaben Umberto die Schlüssel. Laßt alles drin, sagte er, hier kommt nichts weg. Er

353

entschied, daß die KLEINE LIEBE neben der Generalsyacht blieb. Er traute ihr die Winterstürme zu. Jedenfalls wäre sie bei Cesare con Bratsche nicht besser aufge-
gehoben. Vater ließ sich überzeugen, vor allem vom
Preis.

Das Wetter war immer besser geworden, und von
Südwind war am nächsten Morgen keine Rede mehr.
Es klarte sogar auf, als bei Sonnenaufgang der erste
Laurodampfer ablegte. Umberto tippte auf Sonne
beim Flug. Und so kam es auch. Beim Abflug sahen
Vater und Sohn die Küsten unter dem Vesuv von der
Sonne beschienen. Lieber Gott möchte ich sein, sagte
Uli. Er war glücklich, und das zum halben Preis.

Unter uns sang einst Virgil: Mich nährte das süße Neapel, da Cäsar am Rande des Euphrat stürmte. Dort unten lag sein Grab zwischen den phlegräischen Vulkanen. Wir stiegen höher und sahen Capri, Ischia, später
Ventotene.

Hinter dem Circe-Kap nahm Vater Doktor de Mascias
»Octavius«. Links stand der lateinische Text, rechts
die deutsche Übersetzung, hinten drin klebte noch das
Etikett der Buchhandlung von Ischia Porto. Der Text
stammte aus dem dritten Jahrhundert. Nach dem
Waschzettel war es ein Streitgespräch am Strand von
Ostia. Der eine, Octavius, war Christ und wollte den
anderen bekehren.

Nach einer Stunde Flug senkte sich die Alitalia. In einer langen Kurve sahen wir unten das Meer, Ostia,
dann Rom und in der Sonne die sieben Hügel ertrunken im weißen Häusermeer. Uli knipste es. Das Kapitol ragte heraus und die Peterskuppel. Eine Dame
beugte sich zurück und sagte zu Uli: Il Papa. Sie zeigte

nach unten. Der sah seinen Vater an. Ja, auf dem Kapitol saßen die Kaiser und unter der Kuppel der Papst.
Ganz früher saßen auf jedem Hügel Familien und be-
kämpften sich, bis sie herabstiegen und die beste aller
Welten zeugten.

Il Papa! sagte die Dame und zeigte Uli ein Bild. Dann
mußten alle die Rückenlehnen hochstellen zur Landung. Schon sahen wir die Badenden am Strand von
Ostia.

Auf Roms Flugplatz ging es zu wie auf Capris Piazza.
Ein Jahrmarkt der Eitelkeiten, lustig anzusehen. Vater
und Uli nahmen Platz und bestellten Spaghetti. Die
anderen waren noch nicht da. Uli wollte zum Strand
und baden. Aber Gepäck samt Badehosen waren im
Auto. Da gingen sie spazieren, sammelten Muscheln
und warfen flache Steine ins Wasser. Dann legten sie
sich an den Saum der Brandung. Vater las in Dottore de
Mascias Buch, und so begegnete ihm am Ende Octavius, der letzte Römer:

»Immer, wenn ich meinen Gedanken nachhänge,
kommt mir mein Freund Octavius in den Sinn. Er war
damals nach Rom gekommen. Wir bekamen Lust,
nach Ostia zu fahren. Im morgendlichen Zwielicht
schlugen wir den Weg zum Meere ein, um am Strand
spazieren zu gehen. Als ich einem Götterbild eine
Kußhand zuwarf, sagte Octavius: Das paßt aber nicht
zu einem fortschrittlichen Menschen.«

Uli stand auf und ließ Sand auf seinen Vater rieseln.
Der stellte sich tot und blieb bei Octavius: »Als wir zu
einer Stelle kamen, wo ans Land gezogene Schiffe auf
Holzrollen lagen, sahen wir ein paar Jungen, die um
die Wette Steine ins Meer schleuderten. Sie nahmen

einen von den Wellen polierten Stein, bückten sich und ließen ihn dicht über das Wasser sausen. Er gleitet oder schneidet die Wellen und schnellt aufblitzend in vielen Sprüngen in die Höhe. Sieger ist, wessen Stein am häufigsten springt.«

Von Vater sah noch der Kopf aus dem Sand und Octavius. Laß doch mal einen Stein übers Wasser springen, schlug er vor. Uli suchte und ärgerte sich: Kein flacher Stein war mehr zu finden. Er kam zu Vater und setzte die Berieselung fort. Lesen oder Tod durch Versandung! sagte er. Keine Liebe zu alten Römern, seufzte Vater und bat um die letzten Sätze. Sie wurden gewährt:

»Während Octavius sich von dem Kinderspiel gefangennehmen ließ, schwieg ich lange. Was ist mit dir? fragte Octavius schließlich. Ich ärgere mich über die Worte von meiner mangelnden Fortschrittlichkeit. Du scheinst zu wissen, was fortschrittlich ist, du und deine blassen Christenfreunde. Aber solange der Blitz noch Gute und Böse trifft, finde ich es besser, den Vorfahren Glauben zu schenken, die in der Einfachheit des Weltenbeginns sich Naturgewalten als Götter vorstellten. Ihnen gilt meine Kußhand. Sie unterwarfen sich den Göttern nicht, sondern stimmten ihnen zu.«

Weiter kam Vater nicht. Uli hatte Octavius zugerieselt. Hör auf zu römern, sagte er und ließ einen glatten Tuffstein über das Wasser flitzen. Die Sonne schien ihm durch die Haare. Vater sah auf die Uhr. Laß uns sehen, ob unsere Leute schon da sind, sagte er. Sie gingen nach Ostia zurück und nahmen ein Taxi. Am Flugplatz brauchten sie nicht lange zu suchen. Unter der großen Alitalia-Reklame lagen Mona, Nico und

Mutter im Schatten, jeder auf seinem Seesack. Sie schlichen sich ran. Mona zeigte gerade in die geologische Karte und sagte: Die antike Küstenlinie war hier. Unter den Landebahnen lag Neros Hafen. Uli hielt Mutter von hinten die Augen zu und fragte: Wer bin ich? Nero! rief Mutter. Der brachte noch einmal Leben in die Familie und knipste sein letztes Bild: Abschied zu Füßen Alitalias.

BORDBIBLIOTHEK
Die Bücher in der Reihenfolge ihres Auftretens

1. Reclams Kunstführer Neapel u. Umgebung Bd. 5. Stuttgart 1971.
2. Karten: Deutsche Seekarten Nr. 506, 439, 1128, Italienische Nr.
   Carta Geologica D'Italia Nr. 183, 184, 196, 197.
   Carte Turistiche D'Italia Golfo di Napoli I, II.
   Carte Archeologiche D'Italia Nr. 19, 20.
3. Mittelmeer-Handbuch II Deutsches Hydrographisches Institut 1966.
4. Hafenhandbuch Mittelmeer Teil II Mitte Kreuzerabteilung des DSV.
5. H. M. Denham: Das Tyrrhenische Meer für Sportschiffer Berlin 1970.
6. Ernle Bradford: Reisen mit Homer DTV Taschenbuch 1970.
7. Homer: Odyssee. Übers. Wolfgang Schadewaldt. Rowohlts Klassiker.
8. Kreye: De Odyssee. Weltgeschicht op Platt. Verlag Schuster Leer.
9. Paul Buchner: Gast auf Ischia. Prestel Verlag München.
10. Pichler: Italienische Vulkangebiete I, II. Slg. Geolog. Führer.
11. Ischia, Führer von Don Pietro Monti. Archäol. Museum S. Restituta.
12. Cicero: Atticus-Briefe. Tusculum Bücherei. München 1968.
13. Mommsen: Römische Geschichte. DTV-Taschenbuch Band 5.
14. O. E. Schmidt: Ciceros Villen. WB Darmstadt 1972. Nachdruck.
15. Konrad Kraft: Der goldene Kranz Caesars. WB Darmstadt 1969.
16. Tacitus: Annalen. Stuttgart 1964.
17. Seneca: Briefe an Lucilius. Rowohlts Klassiker. Taschenbuch.

18 Amadeo Maiuri: Die Altertümer der Phlegräischen Felder. Auch: Ischia. Capri. Pompeji. – Ausgrabungs-Führer kauft man am besten und billigsten am Ort, sie sind von Fachleuten geschrieben, originell übersetzt und herausgegeben im Istituto Poligrafico Dello Stato. Viele Bände.

19 Petronius: Satyricon. WB Darmstadt 1969.

20 Virgil: Bucolica Georgica Aeneis. München 1952 Dünndruckausg.

21 Plinius d. J.: Briefe. Tusculum Bücherei München 1968.

22 Edward Lord Bulwer-Lytton: The Last Days of Pompeii, London '57.

23 A. de Franciscis: Führer mit Rekonstruktionen Pompejis. Rom 1971.

24 H. Geist: Pompejanische Wandinschriften, lateinisch/deutsch. 1960.

25 Axel Munthe: Das Buch von San Michele. München 1975.

26 Humbert Kesel: Capri. Biografie einer Insel. München 1971.

27 Ferdinand Gregorovius: Wanderjahre in Italien. München 1968.

28 Sueton: Leben der Caesaren. Rowohlts Klassiker 1960 Taschenbuch.

29 Goethe: Italienische Reise u. Corpus der Goethezeichnungen I '60.

30 Parmenides: Werk. Tusculum Bücherei München 1974.

31 Claudio Sestieri u. Mario Napoli: Paestum u. Velia. Lib. Dello St.

32 Minucius Felix: Octavius. Lateinisch/Deutsch. München 1965.

Bücher der Brigantine

Diese unvergleichliche Sammlung hervorragend ausgestatteter Bücher bringt berühmte Romane, Erzählungen und Erlebnisberichte über Männer und Frauen, denen die Liebe zur See, zu Flüssen, Kanälen und Seen, zu Schiffen und Booten gemeinsam ist.

Koehlers Verlagsgesellschaft mbH · 4900 Herford

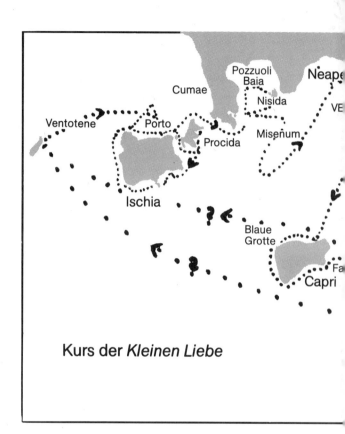

Kurs der *Kleinen Liebe*